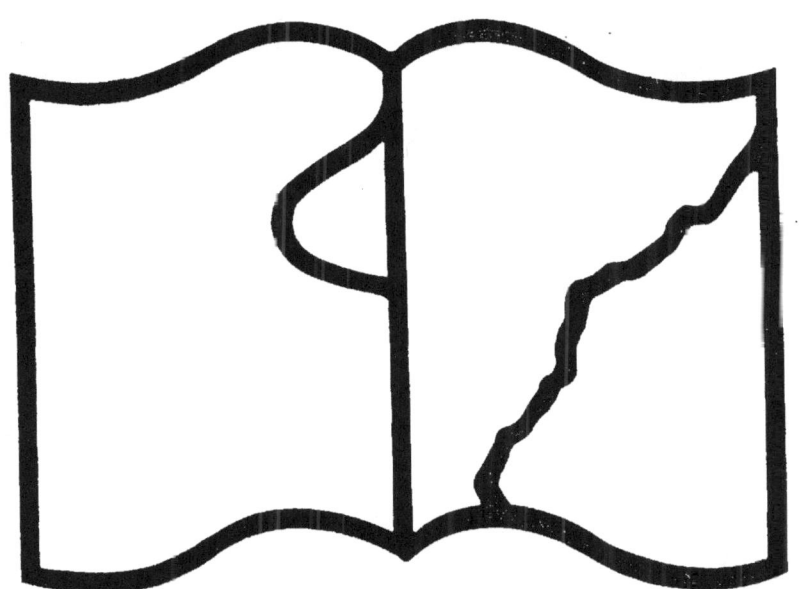

Texte détérioré — reliure défectueuse

NF Z 43-120-11

La Mort vaincue

A l'immortel Esprit d'ALLAN KARDEC

A mes Maîtres et Collaborateurs
Gabriel DELANNE   Léon DENIS
Camille FLAMMARION

A MES FRÈRES EN HUMANITÉ

Je dédie ce Livre.

NOTE DE L'ÉDITION

Ce livre est un résumé des principes les plus essentiels de la doctrine spirite ; il se compose en majeure partie de citations textuelles empruntées aux ouvrages fondamentaux, propres à donner sur les conséquences de la manière dont on emploie la vie une idée plus juste, plus rationnelle, plus saisissante, et surtout plus conforme à la justice de Dieu que la doctrine des flammes éternelles.

L'auteur ne fait de son livre ni une question d'amour-propre, ni d'intérêt ; spirite fervent et dévoué, il l'a publié en vue surtout de propager la doctrine dans les milieux populaires au moyen d'un livre dont le prix soit à la portée de tous.

NOTE DE L'ÉDITION.

RÉMINISCENCES

A Darwin.

Je sens un monde en moi de confuses pensées,
Je sens obscurément que j'ai vécu toujours,
Que j'ai longtemps erré dans les forêts passées,
Et que la bête encor garde en moi ses amours.

Je sens confusément, l'hiver, quand le soir tombe,
Que jadis, animal ou plante, j'ai souffert,
Lorsque Adonis saignant dormait pâle en sa tombe,
Et mon cœur reverdit quand tout redevient vert.

. . . .
Mon âme a trop dormi dans la nuit maternelle ;
Pour atteindre le jour, qu'il m'a fallu d'efforts !
Je voudrais être pur : la honte originelle,
Le vieux sang de la bête est resté dans mon corps.

Et je voudrais pourtant t'affranchir, ô mon âme,
Des liens d'un passé qui ne veut pas mourir ;
Je voudrais oublier mon origine infâme
Et les siècles très longs que tu mis à grandir.

Mais c'est en vain ; toujours en moi vivra ce monde
De rêves, de pensées, de souvenirs confus,
Me rappelant ainsi ma naissance profonde,
Et l'ombre d'où je sors, et le peu que je fus ;

Et que j'ai transmigré dans des formes sans nombre,
Et que mon âme était sous tous ces corps divers,
La conscience, et l'âme aussi, splendide au sombre,
Qui rêve et se tourmente au fond de l'univers !

Jean LAHOR.
Dr CAZALIS de Paris.

ALLAN KARDEC (1804-1869)

Fondateur de la Doctrine Spirite

COLLABORATEURS DE CET OUVRAGE

MM.

Léon DENIS, conférencier de la Ligue de l'Enseignement laïque, publiciste-littérateur-psychologue ;

Gabriel DELANNE, publiciste, ingénieur de l'Ecole Centrale de Paris, directeur de la *Revue scientifique et morale du spiritisme* ;

Camille FLAMMARION, astronome, membre correspondant des Académies, directeur de l'Observatoire de Juvisy.

LA MORT VAINCUE

PRÉFACE

Qu'est-ce que le Spiritisme?

> Naître, mourir, renaître et progresser sans cesse : telle est la loi.
> ALLAN KARDEK.

> La naissance n'est pas un commencement, c'est une suite. Naître n'est pas commencer, c'est continuer une existence antérieure.
> Louis FIGUIER.

Depuis quelque temps, le spiritisme attire plus que jamais l'attention publique. Il est souvent question de maisons hantées, de phénomènes occultes, d'apparitions, de matérialisations d'Esprits. La science, la littérature, le théâtre, la presse s'en mêlent tour à tour, et les expériences de l'Institut psychique avec Eusapia Paladino, les révélations du grand publiciste anglais W. Stead, les enquêtes ouvertes par certaines feuilles parisiennes, donnent à cette question si controversée un véritable caractère d'actualité.

Le moment nous paraît donc venu d'examiner ce problème, et de rechercher pourquoi ce spiritisme, qu'on a si souvent enterré, reparaît sans cesse et voit s'accroître de jour en jour le nombre de ses partisans.

N'est-ce pas là une chose étrange ? Jamais peut-être dans l'histoire rien de semblable ne s'est produit. Jamais on n'avait vu un ensemble de faits, considérés d'abord comme impossibles, dont l'idée ne soulevait, dans la pensée de la majorité des hommes, que l'antipathie, la méfiance, le dédain, qui étaient en butte à l'hostilité de plusieurs institutions séculaires, finir par s'imposer à l'attention et même à la conviction d'hommes instruits, compétents, autorisés par leurs fonctions et leur caractère. Et ces hommes d'abord sceptiques, en sont venus, par leurs études, leurs recherches, leurs expériences, à reconnaître et affirmer la réalité de ces phénomènes.

L'illustre savant anglais, W. Crookes, connu dans le monde entier par sa découverte de la matière radiante, et qui, pendant trois ans, obtint chez lui des matérialisations de l'Esprit Katie King, dans des conditions de contrôle rigoureux, disait, parlant de ces manifestations : « Je ne dis pas que cela est possible ; je dis : cela est ».

Oliver Lodge, recteur de l'Université de Birmingham, membre de l'Académie royale, écrivait : « J'ai été amené personnellement à la certitude de l'existence future, par des preuves reposant sur une base purement scientifique ».

Frédéric Myers, le professeur de Cambridge, que le Congrès officiel international de psychologie de Paris, en 1900, avait élu président d'honneur, dans son beau livre *La Personnalité humaine* en arrive à cette conclusion, que des voix et des messages nous reviennent d'au-delà de la tombe. Parlant du médium Mrs. Thomson, il écrit : « Je crois que la plupart de ces messages viennent d'Esprits qui se servent temporairement de l'organisme des médiums pour nous les donner ».

Le célèbre professeur Lombroso, de Turin, déclarait dans la *Lettura* : « Les cas de maisons hantées, dans lesquelles, pendant des années, se reproduisent des apparitions ou des bruits concordant avec le récit de morts tragiques, et observées en dehors de la présence de médiums, plaident en faveur de *l'action des trépassés* ». — « Il s'agit souvent de maisons inhabitées, où ces phénomènes se produisent parfois pendant plusieurs générations et même pendant des siècles (1) ».

*
* *

C'est en Amérique que nous trouvons le foyer du spiritisme ou spiritualisme moderne. En réalité, les phénomènes d'outre-tombe se rencontrent à la base de toutes les grandes doctrines du passé. Dans presque tous les temps, des rapports ont uni le monde invisible au monde des vivants. Mais, dans l'Inde, en Egypte et en Grèce, cette étude était le privilège d'un petit nombre de chercheurs et d'initiés ; les résultats en étaient soigneusement tenus cachés.

Pour rendre cette étude possible à tous, pour faire connaître les véritables lois qui régissent le monde invisible, pour apprendre aux hommes à voir dans ces phénomènes, non plus un ordre de choses surnaturel, mais un domaine ignoré

(1) Voir les *Annales des Sciences Psychiques*, Février 1908.

de la nature et de la vie, il fallait l'immense travail des siècles, toutes les conquêtes de l'esprit humain sur la matière. Il fallait que l'homme connût sa véritable place dans l'univers, qu'il apprît à mesurer la faiblesse de ses sens, leur impuissance à explorer, par eux-mêmes et sans secours, tous les domaines de la nature vivante.

La science, par ses inventions, a atténué cette imperfection de nos organes. Le télescope a ouvert à notre regard les abîmes de l'espace ; le microscope nous a révélé l'infiniment petit. La vie nous est apparue partout, dans le monde des infusoires comme à la surface des globes géants qui roulent dans la profondeur des cieux. La physique a découvert les lois qui règlent la transformation des forces, la conservation de l'énergie et celles qui maintiennent l'équilibre des mondes. La radio-activité des corps a révélé l'existence de puissances ignorées et incalculables : rayons X, ondes hertziennes, radiations de toute nature et de tous degrés. La chimie nous a fait connaître les combinaisons de la substance. La vapeur et l'électricité sont venues révolutionner la face du globe, faciliter les rapports des peuples et les manifestations de la pensée, afin que l'idée rayonne et se propage sur tous les points de la sphère terrestre.

L'esprit humain a pu plonger ses regards dans cette grande Bible de la nature, dans ce livre divin qui surpasse de toute sa majesté les bibles humaines. Il y a lu couramment les formules et les lois qui président aux évolutions de la vie, à la marche de l'univers.

Aujourd'hui, l'étude du monde invisible vient compléter cette magnifique ascension de la pensée et de la science. Le problème de l'au-delà se dresse devant l'esprit humain avec puissance et autorité.

Vers la fin du xix° siècle, l'homme déçu par toutes les théories contradictoires, par tous les systèmes incomplets dont on a voulu nourrir la pensée, se laissait aller au doute ; il perdait de plus en plus la notion de la vie future. C'est alors que le monde invisible est venu à lui et l'a poursuivi jusque dans ses demeures. Par des moyens divers, les morts se sont manifestés aux vivants, les voix d'outre-tombe ont parlé. Les mystères des sanctuaires orientaux, les phénomènes occultes du moyen âge, après un long silence, se sont renouvelés; le spiritisme est né.

C'est au delà des mers, dans un monde jeune, riche d'énergie vitale, d'expansion ardente, moins assujetti que la vieille Europe à l'esprit de routine et aux préjugés du passé, c'est dans l'Amérique du Nord que se sont produites les premières manifestations du spiritualisme moderne. C'est de là qu'elles se sont répandues sur le globe entier. Ce choix était profondément judicieux. La libre Amérique était bien le milieu le plus propice à une œuvre de diffusion et de rénovation. Aussi y compte-t-on, aujourd'hui, vingt millions de « modernes spiritualistes ».

Mais, d'un côté de l'Atlantique comme de l'autre, quoique avec des intensités diverses, les phases de progression de l'idée spirite ont été les mêmes.

Sur les deux continents, l'étude du magnétisme et des fluides avait préparé certains esprits à l'observation du monde invisible.

D'abord des faits étranges se produisirent de

tous côtés, faits dont on n'osait s'entretenir qu'à voix basse, dans l'intimité. Puis, peu à peu, le ton s'éleva. Des hommes de talent, des savants, dont les noms sont autant de garanties d'honorabilité et de sincérité, osèrent parler tout haut de ces faits et les affirmer. Il fut question d'hypnotisme, de suggestion, puis vinrent la télépathie, les cas de lévitation et tous les phénomènes du spiritisme.

Des tables s'agitaient en une ronde folle ; des objets se déplaçaient sans contact, des coups retentissaient dans les murailles et les meubles. Tout un ensemble de faits se produisait, manifestations vulgaires en apparence, mais parfaitement adaptées aux exigences du milieu terrestre, à l'état d'esprit positif et sceptique des sociétés modernes.

Le phénomène parlait aux sens, car les sens sont comme des ouvertures par où le fait pénètre jusqu'à l'entendement. Les impressions produites sur l'organisme éveillent la surprise, provoquent la recherche, mènent à la conviction. De là, l'enchaînement des faits, la marche ascendante des phénomènes.

En effet, après une première phase matérielle et grossière, les manifestations revêtirent un nouvel aspect. Les coups frappés se régularisèrent et devinrent un mode de communication intelligent et conscient ; l'écriture automatique se propagea. La possibilité de rapports entre le monde visible et le monde invisible apparut comme un fait immense, bouleversant les idées reçues, ébranlant les enseignements habituels, mais ouvrant sur la vie future une issue que l'homme hésitait encore à franchir, ébloui qu'il était devant les perspectives ouvertes devant lui.

En même temps qu'il se propageait, le spiritisme voyait se dresser contre lui de nombreuses oppositions. Comme toutes les idées nouvelles, il dut affronter le mépris, la calomnie, la persécution morale. Comme l'idée chrétienne à ses débuts, il fut accablé d'amertumes et d'injures. Il en est toujours ainsi. Lorsque de nouveaux aspects de la vérité apparaissent aux hommes, c'est toujours l'étonnement, la défiance, l'hostilité qu'ils provoquent.

Cela est facile à comprendre. L'humanité a épuisé les vieilles formes de la pensée et de la croyance, et lorsque ces formes inattendues de la vérité se révèlent, elles semblent peu répondre à l'idéal ancien qui est affaibli, mais non pas mort. Aussi faut-il une assez longue période d'examen, de réflexion, d'incubation, pour que l'idée nouvelle fasse son chemin dans l'opinion. De là les luttes, les incertitudes, les souffrances de la première heure.

On a beaucoup raillé les formes que revêtait le nouveau spiritualisme. Les Puissances invisibles qui veillent sur l'humanité sont meilleurs juges que nous des moyens d'action et d'entraînement qu'il convient d'adopter, suivant les temps et les milieux, pour ramener l'homme au sentiment de son rôle et de ses destinées, sans entraver son libre arbitre. Car, c'est là l'essentiel : il faut que la liberté de l'homme reste entière.

La Volonté Supérieure sait approprier aux besoins d'une époque et d'une race les formes nouvelles de l'éternelle révélation. C'est elle qui suscite, au sein des sociétés, les penseurs, les expérimentateurs, les savants qui indiqueront la voie à suivre et poseront les premiers jalons.

Leur œuvre se déroule lentement. Faibles et insensibles d'abord sont les résultats, mais l'idée pénètre peu à peu dans les intelligences. Le mouvement, pour être inaperçu, n'en est parfois que plus sûr et plus profond.

A notre époque, la science était devenue la maîtresse souveraine, la directrice du mouvement intellectuel. Lassée des spéculations métaphysiques et des dogmes religieux, l'humanité réclamait des preuves sensibles, des bases solides sur lesquelles elle pût asseoir ses convictions. Elle s'attachait à l'étude expérimentale, à l'observation des faits, comme à une planche de salut. De là, le grand crédit des hommes de science à l'heure où nous sommes. C'est pourquoi la révélation a pris un caractère scientifique. C'est par des faits matériels que l'on a frappé l'attention des hommes, devenus eux-mêmes matériels.

Les phénomènes mystérieux que l'on trouve disséminés dans l'histoire du passé se sont renouvelés et multipliés autour de nous ; ils se sont succédés dans un ordre progressif, qui semble indiquer un plan préconçu, l'exécution d'une pensée, d'une volonté.

En effet, à mesure que le nouveau spiritualisme gagnait du terrain, les phénomènes se transformaient. Les manifestations grossières du début s'affinaient, revêtaient un caractère plus élevé. Des médiums recevaient, par l'écriture, d'une manière mécanique ou intuitive, des messages, des inspirations de source étrangère. Des instruments de musique jouaient sans contact. On entendait des voix et des chants ; des mélodies pénétrantes semblaient descendre du ciel et troublaient les plus incrédules. L'écriture directe se produisait à l'intérieur d'ardoises juxtaposées et scellées. Des phénomènes d'incorporation permettaient aux défunts de prendre possession de l'organisme d'un sujet endormi et de s'entretenir avec ceux qui les avaient connus sur la terre. Graduellement et comme par suite d'un développement calculé, les médiums voyants, parlants, guérisseurs apparaissaient.

Enfin, les habitants de l'espace, revêtant des enveloppes temporaires, venaient se mêler aux humains, vivant un instant de leur vie matérielle et terrestre, se laissant voir, toucher, photographier, donnant des empreintes de leurs mains, de leurs visages, et s'évanouissant ensuite pour reprendre leur vie éthérée.

C'est ainsi que, depuis un demi-siècle, tout un enchaînement de faits s'est produit, depuis les plus inférieurs et les plus vulgaires jusqu'aux plus subtils, suivant le degré d'élévation des Intelligences qui interviennent. Tout un ordre de manifestations s'est déroulé sous le regard des observateurs attentifs.

Aussi, malgré les difficultés d'expérimentation, malgré les cas d'imposture et les modes d'exploitation dont ces phénomènes ont été quelquefois le prétexte, l'appréhension et la défiance se sont atténuées peu à peu ; le nombre des examinateurs est allé croissant.

Depuis cinquante ans, et en tous pays, le phénomène spirite a été l'objet de fréquentes enquêtes, entreprises et dirigées par des commissions scientifiques. Des savants sceptiques, des professeurs célèbres, appartenant à toutes les grandes universités du monde, ont soumis ces faits à un examen rigoureux et approfondi. Leur intention était d'abord de faire la lumière sur ce qu'ils croyaient être le résultat de fourberies ou d'hallucinations. Mais tous, d'incrédules qu'ils étaient, après des années d'études consciencieuses et d'expérimentation persistante, ont rappelons-le, abandonné leurs préventions et se sont inclinés devant la réalité des faits.

Les manifestations spirites, constatées par milliers sur tous les points du globe, ont démontré qu'un monde invisible s'agite autour de nous, ou au sein des espaces, un monde où vivent, à l'état fluidique, ceux qui nous ont précédés sur terre, qui y ont lutté et souffert, et constituent par delà la mort une seconde humanité.

Le nouveau spiritualisme se présente aujourd'hui avec un cortège de preuves, avec un ensemble de témoignages tellement imposant que le doute n'est plus possible pour les chercheurs de bonne foi. C'est ce qu'exprimait en ces termes le professeur Challis, de l'Université de Cambridge :

« Les attestations ont été si abondantes et si parfaites, les témoignages sont venus de tant de sources indépendantes les unes des autres et d'un nombre si énorme de témoins, qu'il faut, ou admettre les manifestations telles qu'on les représente, ou renoncer à la possibilité de certifier quelque fait que ce soit par une déposition humaine. »

Aussi le mouvement de propagation s'est-il accentué de plus en plus ; à l'heure présente, nous assistons à un véritable épanouissement de l'idée spirite. La croyance au monde invisible s'est répandue sur toute la surface de la terre. Partout le spiritisme a ses sociétés d'expérimentation, ses vulgarisateurs, ses journaux.

Si la philosophie, dans ses spéculations les

plus hardies, avait pu s'élever à la conception d'un autre mode d'existence après la mort du corps, la science humaine cependant, n'était pas encore parvenue expérimentalement à la certitude du fait en lui-même. Le mérite du spiritisme est donc de nous fournir ces bases expérimentales, en prouvant la communication possible, dans des conditions déterminées, des vivants avec des Intelligences ayant habité parmi nous, avant de passer dans le domaine de la vie invisible. Ces âmes ont pu fournir, dans certains cas, la démonstration de leur identité et de leur état de conscience.

Pour ne citer qu'un exemple entre mille, le docteur Richard Hogdson, décédé en décembre 1906, s'est communiqué depuis à son ami J. Hyslop, professeur à l'Université de Columbia, entrant dans de minutieux détails au sujet des expériences et des travaux de la Société des recherches psychiques dont il a été le président pour la section américaine. Il explique comment il faudrait les conduire, et, par ces détails, il prouve absolument son identité.

Ces communications sont transmises par l'intermédiaire de différents médiums, qui ne se connaissent pas, et elles se confirment les unes par les autres. On y reconnaît les mots et les phrases familiers au communicant pendant sa vie.

*
* *

Si les débuts du spiritisme ont été difficiles, si sa marche fut lente, hérissée d'obstacles, depuis une dizaine d'années il a conquis droit de cité. Il est devenu une véritable science et, en même temps, un corps de doctrine, une philosophie générale de la vie et de la destinée, basée sur un ensemble imposant de faits, de preuves expérimentales, auxquels viennent s'ajouter chaque jour des faits nouveaux. Cette science, cette doctrine nous démontre de plus en plus la réalité d'un monde invisible, incommensurable, peuplé d'êtres vivants qui avaient jusqu'ici échappé à nos sens, et voici que de nouveaux horizons s'ouvrent ; les perspectives de notre destinée s'élargissent. Nous-mêmes, nous appartenons pour une part de notre être — *la plus importante* — à ce monde invisible qui se révèle chaque jour aux observateurs attentifs. Les cas télépathiques, les phénomènes de dédoublement, d'extériorisation des vivants, les apparitions à distance tant de fois relatées par F. Myers, C. Flammarion, Ch. Richet, Dr Dariex, Dr Maxwell, etc., en seraient la démonstration expérimentale, les procès-verbaux de la Société des Recherches psychiques de Londres, sont riches en faits de ce genre.

Les spirites croient que cette partie invisible, impondérable de notre individu, siège inaltérable de nos facultés, de notre moi conscient, en un mot de ce que les croyants de toutes les religions ont appelé l'âme, survit à la mort. Elle poursuit, à travers le temps et l'espace, son évolution vers des états toujours meilleurs, toujours plus éclairés des rayons de la justice, de la vérité, de l'éternelle beauté. Cette âme, ce moi conscient, aurait pour enveloppe indestructible, pour véhicule, un corps fluidique, canevas du corps humain, formé de matière subtile, radiante, invisible, sur laquelle la mort n'aurait aucune action.

Ici, nous nous trouvons en présence d'une théorie, d'une conception susceptible de réconcilier les doctrines matérialistes et spiritualistes, si longtemps aux prises sans pouvoir s'ébranler ni se détruire réciproquement. L'âme ne serait plus une vague abstraction, mais un centre de force et de vie, inséparable de sa forme subtile, bien que matérielle encore. Il y a là une base positive aux espérances et aux aspirations élevées de l'humanité. Tout ne finit pas avec cette vie : l'être perfectible à jamais, recueille dans son état psychique, sans cesse affiné, le fruit des travaux, des œuvres, des sacrifices de toutes ses existences.

La plainte douloureuse, le cri d'appel qui monte vers le ciel des profondeurs de l'humanité, ne reste pas sans réponse. Ceux qui ont vécu parmi nous et poursuivent dans l'espace, sous des formes plus éthérées, leur évolution infinie, ceux-là ne se désintéressent pas de nos souffrances et de nos larmes. Des sommets de la vie universelle découlent sans cesse sur la terre des courants de force et d'inspiration. De là viennent les éclairs du génie ; de là, les souffles puissants qui passent sur les foules aux heures décisives ; de là, le réconfort pour ceux qui ploient sous le lourd fardeau de l'existence. Un lien mystérieux relie le visible à l'invisible. Notre destinée se déroule sur la chaîne grandiose des mondes. Elle se traduit par des accroissements graduels de vie, d'intelligence, de sensibilité.

Mais l'étude de l'univers occulte ne va pas sans difficultés. Là, comme ici, le bien et le mal, la vérité et l'erreur se mêlent, suivant le degré d'évolution des Esprits, avec lesquels nous entrons en rapports. *De là, la nécessité d'aborder le terrain de l'expérimentation avec une extrême pru-*

dence, après des études théoriques préalables. Le spiritisme est la science qui règle ces rapports. Il nous apprend à connaître, à attirer, à utiliser les forces bienfaisantes du monde invisible, à en écarter les influences mauvaises, et, en même temps, à développer les puissances cachées, les facultés ignorées qui dorment au fond de tout être humain.

Léon Denis.

INTRODUCTION

*Un savant qui rit du possible,
est bien près d'être un idiot.*

Victor Hugo.

Depuis la plus haute antiquité jusqu'à nos ours, jamais l'humanité n'a traversé une période où le domaine de la pensée n'ait subi autant de révolutions, où la lutte des doctrines ou systèmes philosophiques n'ait agité les hommes avec autant d'intensité.

C'est que les œuvres des grands littérateurs, des savants et des philosophes ont pénétré jusqu'aux confins des sociétés, les ont illuminées de leur puissante logique, et ont éveillé en elles les sentiments les plus impérieux de l'être humain ; ceux de la justice et de la vérité, et surtout, la connaissance de sa véritable raison d'être ici-bas. Dès ce jour, on a vu surgir des discussions passionnées sur le but de la vie.

L'homme a pris pour ainsi dire conscience de lui-même ; il s'est dressé en face du problème si troublant de la vie et de la mort. Et ce nain, qui jusqu'ici était resté indifférent à sa destinée, plaçant toute son ambition dans les biens et les jouissances matérielles, dont l'intelligence était avilie par les spéculations dogmatiques, ce pygmée, s'est tout à coup mis à penser ! il a lancé son regard vers les perspectives immenses que lui ouvraient depuis longtemps la science et la raison.

Des hommes intègres, dont la personnalité rône au sein des académies, lui ont fourni la preuve de l'immortalité de l'âme, basée sur la révélation scientifique des faits.

Devant l'évidence, il s'est incliné ; devant les conséquences de cette découverte, il a senti que de toutes ses aspirations du passé, aucune n'était à la hauteur de son état actuel et futur. Et, faisant face au destin qui le condamnait en quelque sorte à la vie infinie, il s'est livré sans trêve à l'étude de son rôle de demain, à la connaissance de son action dans la nuit éternelle des temps, et à son avenir véritable.

Jusqu'à ce jour, depuis le peu de temps de son réveil, il a fait des pas de géant.

L'univers lui est apparu comme une immense prairie parsemée de mondes innombrables, de géants formidables, devant lesquels la Terre n'a plus revêtu pour lui que l'apparence d'une goutte d'eau dans l'Océan.

Il est entré en communion intime avec les âmes des générations disparues. Il a même pu photographier ces âmes ; il a ainsi obtenu d'elles, la certitude de la survivance de l'âme au corps, de ses manifestations innombrables après la mort, et la nécessité pour ces âmes, de se conformer à la « loi d'évolution », par des réincarnations (1) successives dans les différents mondes en rapport avec leur degré d'avancement. Et cela, sous la direction incessante de la « Force Souveraine Dieu », qui régit les milliards de mondes perdus au fond de l'Abîme des univers.

Jann SOLAM.

---

(1) Le mot de réincarnation, ne doit pas être interprété dans le sens qu'on lui prête pour la métempsychose, mais exprime seulement, que l'âme humaine, dans ses innombrables pérégrinations, peut animer à chaque réincarnation un corps humain, et non retourner dans un corps d'animal. L'âme ne va jamais en arrière.

PREMIÈRE PARTIE

CHAPITRE I

Historique.

> Les morts ne sont pas des absents, mais des invisibles.
>
> Victor Hugo.

Il est dans la vie des peuples des heures solennelles. A certaines époques de l'histoire, il passe sur le monde, des courants d'idées qui viennent arracher l'humanité à sa torpeur. Des souffles d'en haut soulèvent la grande houle humaine, et, par eux, les vérités oubliées dans la nuit des siècles sortent de l'ombre. Elles surgissent des muettes profondeurs où dorment les trésors de forces cachées, où se combinent les éléments rénovateurs, où s'élabore l'œuvre mystérieuse et divine. Elles se manifestent sous des formes inattendues ; elles reparaissent et revivent. Comme des fantômes, elles inspirent l'étonnement, l'épouvante, aux intelligences à courtes vues. On dirait l'âme des traditions anciennes, les esprits des dieux, des héros, des prophètes qui sortent de la nuit. D'abord elles sont méconnues, raillées par la foule, mais elles poursuivent, impassibles, sereines, leur chemin. Et un jour vient où l'on est obligé de reconnaître que ces vérités méprisées, dédaignées, venaient offrir le pain de vie, la coupe d'espérance à toutes les âmes souffrantes et déchirées, qu'elles nous apportaient une base nouvelle d'enseignement et peut-être aussi un moyen de relèvement moral.

Telle est la situation du Spiritualisme moderne, en qui renaissent tant de vérités oubliées depuis des siècles. Il résume en lui les croyances des sages et des initiés antiques, la foi des premiers chrétiens et celle de nos pères les Celtes ; il reparaît sous des formes plus puissantes pour diriger une étape nouvelle et ascendante de la marche de l'humanité. (1)

Le spiritisme (2) est venu à son heure. Devant les négations d'un scepticisme grossier, l'âme s'est affirmée vivante, après la mort, par des manifestations tangibles, qu'il n'est plus possible de contester maintenant, sans se voir taxé, à juste titre, d'ignorance ou de parti-pris. C'est en vain que l'on a tenté, d'abord, de combattre la nouvelle doctrine par la raillerie. Tous les sarcasmes ont été inefficaces, car la vérité porte en soi un cachet de certitude qu'il est difficile de ne pas reconnaître ; aussi, adoptant une autre tactique, les négateurs ont espéré triompher de cette jeune science, en organisant autour d'elle la conspiration du silence.

Malgré les recherches nombreuses tentées dans ce domaine par des physiciens et des chimistes émérites, la science officielle a fermé obstinément

(1) *Christianisme et spiritisme.* Léon Denis.
(2) Extrait de *L'évolution animique*, de Gabriel Delanne.

les yeux et les oreilles devant des faits qui donnaient un éclatant démenti à ses assertions, et l'on a feint de croire que le spiritisme était mort. C'est là une illusion qu'il faut perdre, car il est, à l'heure actuelle, plus florissant que jamais.

Commencé par le mouvement des tables, ce phénomène a pris des proportions véritablement extraordinaires, répondant, à chacune des critiques formulées contre lui, par des faits établissant péremptoirement la fausseté des hypothèses imaginées pour l'expliquer.

A la théorie des mouvements naissants et inconscients, préconisée par des autorités comme Babinet, Chevreul, Faraday, les Esprits ont opposé le mouvement d'objets inanimés, se déplaçant sans contact visible de la part des opérateurs, ainsi que le constate le rapport de la Société Dialectique de Londres. A la négation d'une force émanant du médium, William Crookes répond en construisant un appareil qui mesure mathématiquement l'action, à distance, de la force psychique (1). Pour détruire l'argument favori des incrédules : l'hallucination, les individualités de l'espace se font photographier, démontrant ainsi, d'une manière irréfutable, leur objectivité.

Il est possible encore d'avoir des moules reproduisant des parties d'un corps fluidique, temporairement formé, mais qui disparaît ensuite, ces empreintes matérielles restant comme des témoins authentiques de la réalité de l'apparition.

(1) Mise hors de doute par les recherches récentes de MM. Richet, Dariex, de Rochas, Lombroso, Carl du Prel, etc. — Voir *l'Extériorisation de la Motricité*, de M. de Rochas.

Entre temps, les Esprits donnaient la mesure de leur pouvoir sur la matière, en produisant de l'écriture, en dehors de tous les moyens usités pour cela, en transportant, sans les endommager, à travers cloisons et murailles, des objets matériels, enfin, ils ont témoigné de leur intelligence et de leur personnalité par des preuves absolues, établissant qu'ils ont vécu antérieurement sur la terre.

On a fait bien souvent le procès du spiritisme, mais tous ceux qui l'ont tenté n'ont pu le détruire, et il sort agrandi, chaque fois, du baptême de la critique. Tous les anathèmes, toutes les négations intéressées ont été forcés de disparaître, devant l'innombrable multitude de documents entassés par la ténacité des chercheurs. Le fait spirite a conquis des adeptes dans toutes les classes de la société.

Des législateurs, des magistrats, des professeurs, des médecins, des ingénieurs, n'ont pas craint d'affirmer la foi nouvelle, résultant pour eux d'un examen attentif et d'une longue expérimentation ; il ne manquait plus aux manifestations que la consécration de la science, elles l'ont obtenue par la voix de ses plus célèbres représentants. En France, en Allemagne, en Angleterre, en Italie, en Russie, aux Etats-Unis, des savants illustres ont donné à ces recherches un caractère si rigoureusement positif, qu'il n'est plus permis aujourd'hui de récuser l'autorité de ces affirmations, mille fois répétées.

La lutte a été longue et acharnée, car les spirites ont à combattre les matérialistes, dont ces expériences anéantissent les théories, et les religions qui sentent vaciller leurs dogmes séculaires, sous la poussée irrésistible des individualités de l'espace. Nous avons exposé méthodiquement, dans un précédent ouvrage (1), le magnifique développement atteint par l'expérimentation. Nous avons discuté, point par point, toutes les objections des incrédules, nous avons établi l'insanité des théories imaginées pour rendre compte de ces phénomènes, soit par les lois physiques actuellement connues, soit par la suggestion ou l'hallucination, et, de notre examen impartial, s'est dégagée l'irrésistible certitude qu'ils sont dus aux âmes des hommes qui ont vécu sur la terre.

A l'heure actuelle, aucune école philosophique ne peut fournir une explication adéquate aux faits, en dehors du spiritisme. Les théosophes, les occultistes, les mages et autres évocateurs du passé, ont vainement tenté d'expliquer ces phénomènes en les attribuant à des êtres imaginaires appelés : Elémentals ou Elémentaires, ou coques astrales, ou inconscient inférieur : toutes ces hypothèses ne résistent pas à un examen sérieux, ne rendent pas compte de toutes les expériences, et n'ont d'autre résultat que de compliquer la question sans nécessité. Aussi, tous ces systèmes n'ont pu se propager, et ont été aussi vite oubliés que produits. La survivance de l'être pensant s'est affirmée, dégagée de toutes ces scories, avec une magnifique splendeur ; le grand problème de la destinée future est résolu, la mort a déchiré ses voiles, et, à travers cette trouée sur l'infini, nous voyons rayonner dans l'immortalité nos amours, que nous croyions évanouis à jamais.

Notre but, dans cet ouvrage, est d'étudier l'es-

(1) *Le Phénomène spirite, témoignage des Savants.* — Chamuel, éditeur.

prit pendant l'incarnation terrestre, en tenant compte des enseignements si logiques du spiritisme, et des dernières découvertes de la science. Les connaissances nouvelles, que nous devons aux intelligences extra-terrestres, nous aident à comprendre toute une catégorie de phénomènes physiologiques et psychiques, qui sont inexplicables sans elles. Les matérialistes, en niant l'existence de l'âme, se sont volontairement privés de notions indispensables à la compréhension des phénomènes vitaux de l'être animé, et les philosophes spiritualistes, en employant le sens intime comme unique instrument de recherche, n'ont pas connu la véritable nature de l'âme, de sorte que, jusqu'alors, on n'a pu concilier, dans une explication commune, les phénomènes physiques et mentaux.

Le spiritisme, en faisant connaître la composition de l'esprit, en rendant tangible la partie fluidique de nous-mêmes, a projeté une vive lumière sur ces difficultés, en apparence insurmontables, car nous pouvons embrasser, dans une vaste synthèse, tous les faits de la vie corporelle et intellectuelle, et en montrer les rapports, qui étaient inconnus jusqu'ici.

Afin de mieux faire comprendre notre pensée, il est utile de rappeler, en quelques mots, les notions nouvelles que nous avons acquises sur l'âme, elles mettront en relief l'originalité et la grandeur de la nouvelle doctrine.

L'âme, ou esprit, est le principe intelligent de l'univers. Elle est indestructible, au même titre que la force et la matière ; son essence intime nous est inconnue, mais nous sommes obligés de lui reconnaître une existence distincte, car ses facultés la différencient de tout ce qui existe. Le principe intelligent, duquel toutes les âmes émanent, est inséparable du fluide universel (1), autrement dit : de la matière sous sa forme originelle, primordiale, c'est-à-dire à l'état le plus quintessencié.

Tous les esprits, quel que soit le degré de leur avancement, sont donc revêtus d'une enveloppe invisible, intangible et impondérable. Ce corps fluidique est appelé périsprit. Ici, le spiritisme apporte des vues neuves, un enseignement nouveau. Contrairement à l'opinion commune, il démontre que l'âme n'est pas une pure essence, une sorte d'abstraction idéale, une vague entité, comme le croient les spiritualistes. C'est, au contraire, un être concret, possédant un organisme physique parfaitement délimité.

Si, à l'état ordinaire, l'âme est invisible, elle peut cependant apparaître, dans des conditions déterminées, avec assez de réalité pour impressionner nos sens. Les médiums la voient, dans l'espace, sous la forme qu'elle avait en dernier lieu sur la terre ; même, parfois, elle se matérialise suffisamment pour laisser des souvenirs durables de son intervention ; en un mot, on peut affirmer, dans ce cas, que, bien qu'elle échappe aux sens, elle est aussi réelle et agissante que l'homme terrestre.

(1) Matière cosmique primitive, *protyle* de Crookes.

CHAPITRE II

Etude de l'âme. — Antiquité (1)

> Eviter le phénomène spirite, lui faire banqueroute de l'attention à laquelle il a droit, c'est faire banqueroute à la vérité.
>
> Victor Hugo.

> Malheur, hélas ! à qui n'aura aimé que des corps, des apparences. La mort lui ôtera tout. Tâchez d'aimer des âmes, vous les retrouverez.
>
> Victor Hugo.

Les croyances à l'immortalité de l'âme et aux communications possibles entre les vivants et les morts étaient générales parmi les peuples de l'antiquité.

Mais à l'inverse de ce qui a lieu aujourd'hui, les pratiques par lesquelles on arrivait à entrer en rapport avec les âmes désincarnées étaient l'apanage exclusif des prêtres, qui avaient soigneusement accaparé ces cérémonies, non seulement pour s'en faire de lucratifs revenus, pour maintenir le peuple dans une ignorance absolue sur le véritable état de l'âme après la mort, mais aussi pour revêtir à ses yeux un caractère sacré, puisque seuls ils pouvaient révéler les secrets de la mort.

---

(1) *Le phénomène spirite*, G. Delanne.

Nous trouvons dans les plus antiques recueils religieux la preuve de ce que nous avançons.

Les annales de toutes les nations constatent que depuis les époques les plus reculées de l'histoire, l'évocation des Esprits était pratiquée par certains hommes qui en avaient fait une spécialité.

Le plus ancien code religieux que l'on connaisse, les Védas, paru plusieurs milliers d'années avant Jésus-Christ, relate l'existence des Esprits. Voici comment le grand législateur Manou s'exprime à ce sujet :

« Les Esprits des ancêtres, à l'état invisible, accompagnent certains Brahmes invités (pour les cérémonies en commémoration des morts); sous une forme aérienne, ils les suivent et prennent place à côté d'eux lorsqu'ils s'asseyent (1) ».

Un autre auteur hindou déclare : « Que longtemps avant qu'elles se dépouillent de leur enveloppe mortelle, les âmes qui n'ont pratiqué que le bien, comme celles qui habitent le corps des Sannyassis et des Vanaprastha — *Anachorètes et Cénobites* — acquièrent la faculté de converser avec les âmes qui les ont précédées au Swarga ; c'est le signe, pour ces âmes, que la série de leur transmigration sur la terre est terminée (2). »

De temps immémorial, les prêtres initiés aux mystères, façonnent des individus nommés Fakirs à l'invocation des Esprits et à l'obtention des phénomènes les plus remarquables du magnétisme. Louis Jacolliot, dans son ouvrage : *le Spiritisme dans le monde*, expose tout au long

(1) Manou, Slocas, 187, 188, 189.
(2) Texte de l'ancien *Bagavatta* cité dans le procemium de l'*Agrouchada-Parickchai*.

la théorie des Hindous sur les *Pitris*, c'est-à-dire les Esprits vivant dans l'espace après la mort du corps. Il résulte des recherches de cet auteur que le secret de l'évocation des morts était réservé à ceux qui pouvaient réaliser *quarante ans* de noviciat et d'obéissance passive.

L'initiation comportait trois degrés :

Dans le premier étaient formés tous les Brahmes du culte vulgaire et les desservants des pagodes chargés d'exploiter la crédulité de la foule. On leur apprenait à commenter les trois premiers livres des Védas, à diriger les cérémonies, à accomplir les sacrifices ; les Brahmes du premier degré étaient en communion constante avec le peuple, ils étaient ses directeurs immédiats, *ses gourous*.

Le second degré comprenait les *exorcistes*, les *devins*, les *prophètes*, les *évocateurs d'esprits*, qui, à certains moments difficiles, étaient chargés d'agir sur l'imagination des masses, par des phénomènes surnaturels. Ils lisaient et commentaient l'Atharva-Véda, recueil de conjurations magiques.

Dans le troisième degré, les brahmes n'avaient plus de relations directes avec la foule ; l'étude de toutes les forces physiques et naturelles de l'Univers était leur seule occupation et, quand ils se manifestaient au dehors, c'était toujours par des phénomènes terrifiants, et de loin.

Depuis des temps immémoriaux, on se livre en Chine à l'évocation des esprits des ancêtres. Le missionnaire Huc rapporte un grand nombre d'expériences qui ont pour but de faire communiquer les vivants et les morts, et, de nos jours, ces pratiques sont encore en usage dans toutes les classes de la société.

Avec le temps, et par suite des guerres qui forcèrent une partie de la population hindoue à émigrer, le secret des évocations se répandit dans toute l'Asie, et on retrouve chez les Egyptiens et les Hébreux la tradition qui leur vint de l'Inde.

Tous les historiens sont d'accord pour accorder aux prêtres de l'ancienne Egypte des pouvoirs qui semblaient surnaturels et mystérieux. Les magiciens des pharaons accomplissent ces prodiges qui sont racontés dans la Bible ; mais, en laissant de côté ce qu'il peut y avoir de légendaire dans ces récits, il est bien certain qu'ils évoquaient les morts, puisque Moïse, leur disciple, défend formellement aux Hébreux de se livrer à ces pratiques : « Que, parmi vous, personne n'use de sortilèges et d'enchantements ou n'interroge les morts pour apprendre la vérité (1). »

Malgré cette défense, nous voyons Saül aller consulter la pythonisse d'Endor, et, par son intermédiaire, communiquer avec l'ombre de Samuel. C'est ce qu'on appellerait de nos jours une matérialisation. Nous verrons plus loin comment on peut obtenir ces manifestations supérieures.

En dépit de l'interdiction de Moïse, il y eut toujours des chercheurs qui furent tentés par ces évocations mystérieuses ; ils se communiquaient les uns aux autres une doctrine secrète, qu'ils nommaient la Kabbale, mais en s'entourant de précautions et en faisant jurer à l'adepte un secret inviolable pour le vulgaire.

« Quiconque, dit le Talmud, a été instruit de ce secret (l'évocation des morts) et le garde avec

---

(1) Deutéronome.

vigilance dans un cœur pur, peut compter sur l'amour de Dieu et la faveur des hommes ; son nom inspire le respect, sa science ne craint pas l'oubli, et il se trouve l'héritier de deux mondes : celui où nous vivons maintenant et le monde à venir. »

En Grèce, la croyance aux évocations était générale. Les temples possédaient tous des femmes nommées pythonisses, chargées de rendre des oracles en évoquant les dieux ; mais parfois le consultant désirait voir et parler lui-même à l'ombre désirée, et, comme en Judée, on parvenait à le mettre en communication avec l'être qu'il voulait interroger.

Homère, dans l'Odyssée, décrit minutieusement par quelles cérémonies Ulysse put converser avec l'ombre du devin Tirésias. Ce cas n'est pas isolé et ces pratiques étaient fréquemment employées par ceux qui désiraient entrer en relation avec les âmes des parents ou amis qu'ils avaient perdus. Apollonius de Thyane, savant philosophe pythagoricien et thaumaturge d'une grande puissance, possédait des connaissances très étendues sur les sciences occultes ; sa vie fourmille de faits extraordinaires ; il croyait fermement aux Esprits et à leurs communications possibles avec les vivants.

Chez les Romains, les pratiques d'évocation étaient excessivement répandues, et, depuis la fondation de l'empire, le peuple ajoutait la plus grande foi aux oracles. Les sibylles romaines évoquant les morts, interrogeant les Esprits, sont sans cesse consultées par les généraux, et nulle entreprise un peu importante n'est décidée sans qu'on ait au préalable pris l'avis de ces prêtresses.

Il arriva en Italie ce qui avait eu lieu dans l'Inde, en Egypte et chez les Hébreux. Le privilège d'évoquer les esprits, primitivement réservé aux membres de la classe sacerdotale, se répandit peu à peu dans le peuple, et, si nous en croyons Tertullien, le Spiritisme s'exerçait chez les anciens par les mêmes moyens qu'aujourd'hui :

« S'il est donné, dit-il, à des magiciens de faire apparaître des fantômes, d'évoquer les âmes des morts, de pouvoir forcer la bouche des enfants à rendre des oracles, si ces charlatans contrefont un grand nombre de miracles, s'ils envoient des songes, s'ils ont à leurs ordres des *Esprits messagers* et des démons par la vertu desquels les chèvres et les *tables qui prophétisent sont un fait vulgaire*, avec quel redoublement de zèle ces esprits puissants ne s'efforcent-il pas de faire pour leur propre compte ce qu'ils font pour le service d'autrui (1). » A l'appui des affirmations de Tertullien, on peut citer un passage d'Ammien Marcellin, au sujet de Patricius et d'Hilarius traduits devant un tribunal romain pour crime de magie, qui se défendirent en racontant « qu'ils avaient fabriqué, avec des morceaux de lauriers, une petite table (*mensulam*) sur laquelle ils avaient placé un bassin circulaire, fait de plusieurs métaux, et contenant un alphabet gravé sur les bords. Alors, un homme vêtu de lin, après avoir récité une formule et fait une évocation au dieu de la divination, tenait suspendu au-dessus du bassin un anneau en fil de lin très fin et consacré par des moyens mystérieux. Que l'anneau sautant successivement, mais sans confusion, sur plusieurs des lettres

---

(1) Tertullien. *Apologétique*, 23.

gravées et s'arrêtant sur chacune, formait des vers parfaitement réguliers, qui étaient les réponses aux questions posées. »

Hilarius ajouta :

« Un jour, ils avaient demandé qui succéderait à l'empereur actuel et, l'anneau, ayant sauté, donna les syllabes *Théo*. Ils n'en demandèrent pas davantage, persuadés que ce serait *Théodore*. » Mais les faits, dit Ammien Marcellin, démentirent plus tard les magiciens, mais non la prédiction, car ce fut *Théodose*.

La défense d'évoquer les morts, que nous voyons édicter par Moïse, fut générale dans l'antiquité.

Le pouvoir théocratique et le pouvoir civil étaient trop intimement liés pour que cette prescription ne fût pas sévèrement observée. Il ne fallait pas que les âmes des morts vinssent contredire l'enseignement officiel des prêtres et porter la perturbation chez les hommes, en leur faisant connaître la vérité. Aussi l'Église catholique, qui plus que toute autre a besoin d'une foi aveugle, sentit la nécessité de combattre ces détestables pratiques, et nous voyons pendant le moyen âge des milliers de victimes brûlées sans pitié sous le nom de sorciers et de magiciens pour avoir évoqué les Esprits. Quelle sombre époque que celle où les Bodin, les Delancre, les Del-Rio, s'acharnaient sur les chairs pantelantes des victimes pour y chercher la marque du diable ! Combien de misérables hallucinés périrent au milieu de tortures dont le récit fait passer dans l'âme des frissons d'effroi et de dégoût, et cela pour la plus grande gloire d'un Dieu de miséricorde et d'amour !

L'héroïque et chaste figure de Jeanne d'Arc, la grande Lorraine, montre que le commerce avec les Esprits peut donner des résultats aussi grandioses qu'inattendus. L'histoire de cette bergère chassant l'étranger de son pays, guidée par les puissances spirituelles, semblerait une merveilleuse fiction si l'histoire ne lui avait donné son inattaquable consécration.

Malgré toutes les persécutions, la tradition se conserva : on peut la suivre dans l'histoire avec les noms de Paracelse, Cornélius Agrippa, Swedenborg, Jacob Boehm, Martinez Pascalis, le comte de Saint-Germain, Saint-Martin, etc. Parfois, les manifestations des Esprits étaient publiques et atteignaient un développement extraordinaire. Ce n'est pas sans étonnement qu'on lit les récits concernant les possédées de Loudun, les faits étranges attribués aux trembleurs des Cévennes et aux crisiaques du cimetière Saint-Médard ; mais cette revue nous entraînerait trop loin. Il nous suffit d'avoir montré que, de tout temps, l'évocation des morts a été pratiquée universellement et que ces phénomènes, qui nous apparaissent comme nouveaux, sont, en réalité, aussi vieux que le monde. Arrivons donc maintenant à l'étude du mouvement spirite contemporain et montrons l'importance considérable qu'il a acquise à notre époque.

CHAPITRE III

L'Étude dans les Temps modernes (1)

En 1847, la maison d'un nommé John Fox, demeurant à Hydesville, petit village de l'Etat de New-York, fut troublée par des manifestations étranges ; des bruits inexplicables se faisaient entendre avec une telle intensité que rapidement le repos de la famille en fut troublé.

Malgré les plus minutieuses recherches, on ne put trouver l'auteur de ce tapage insolite ; mais bientôt on remarqua que la cause productrice semblait être intelligente. La plus jeune des filles de M. Fox, nommée Kate, familiarisée avec l'invisible frappeur, dit : « Fais comme moi », et elle frappa de sa petite main un certain nombre de coups que l'agent mystérieux répéta. Mme Fox lui dit : « Compte dix ». L'agent frappa dix fois. « Quel âge ont nos enfants ? » La réponse fut correcte. A cette question : « Etes-vous un homme, vous qui frappez ? » aucune réponse ne vint ; mais à celle-ci : « Etes-vous un Esprit ? » Il fut répondu par des coups nets et rapides.

Des voisins appelés furent témoins de ces

(1) *Le phénomène spirite*, G. Delanne.

phénomènes. Tous les moyens de surveillance furent pratiqués pour découvrir l'invisible frappeur, mais l'enquête de la famille et celle de tout le voisinage fut inutile. On ne put découvrir de cause naturelle à ces singulières manifestations.

Les expériences se suivirent, nombreuses et précises. Les curieux, attirés par ces phénomènes nouveaux, ne se contentèrent plus de demandes et de réponses. L'un d'eux, nommé Isaac Post, eut l'idée de réciter à haute voix les lettres de l'alphabet, en priant l'Esprit de vouloir bien frapper un coup sur celles qui composaient les mots qu'il voulait faire comprendre. De ce jour, la télégraphie spirituelle était trouvée : ce procédé est celui que nous verrons appliquer aux tables tournantes.

Voilà, dans toute sa simplicité, le début du phénomène qui devait révolutionner le monde entier. Nié par les savants officiels, raillé par la presse des deux mondes, mis à l'index par des religions craintives et jalouses, suspect à la justice, exploité par des charlatans sans vergogne, le spiritisme devait cependant faire son chemin et conquérir des adhérents, dont le chiffre s'élève à plusieurs millions, car il possède cette force plus puissante que tout au monde : la vérité.

Les visiteurs remarquèrent que les phénomènes ne se produisaient qu'en présence des demoiselles Fox; on leur attribua un certain pouvoir qui fut appelé *médiumnité*.

L'esprit qui se manifestait aux demoiselles Fox déclara se nommer Joseph Ryan et avoir été colporteur dans sa vie terrestre. Il engagea les jeunes filles à donner des séances publiques dans lesquelles il convaincrait les incrédules de son existence. La famille Fox alla se fixer à Rochester et, suivant les conseils de leur ami de l'espace, ces jeunes missionnaires n'hésitèrent pas à braver le fanatisme protestant en proposant de se soumettre au plus rigoureux contrôle (1).

Accusés d'imposture et sommés par les ministres de leur confession de renoncer à ces pratiques, M. et Mme Fox, se faisant un devoir suprême de propager la connaissance de ces phénomènes, qu'ils considéraient comme une grande et consolante vérité, utile pour tous, refusèrent de se soumettre et furent chassés de leur Eglise. Les adeptes qui se réunissaient autour d'eux furent frappés de la même réprobation.

On sait que l'esprit clérical est le même, quelle que soit la latitude sous laquelle il règne. Intolérance et fanatisme : telle est sa devise, et, si le bras séculier n'est plus en son pouvoir, il lui reste encore mille moyens de poursuivre ceux qui ne veulent pas s'incliner sous son joug.

Les conservateurs fanatiques de la *foi des aïeux* ameutèrent contre la famille Fox le populaire. Les apôtres de la foi nouvelle offrirent alors de faire la preuve publique de la réalité des manifestations devant la population réunie à Corynthial-Hall, la plus grande salle de la ville. On commença par une conférence où furent exposés les progrès du phénomène depuis les premiers jours. Cette communication, accueillie

(1) Voir Eugène Nus : *Choses de l'autre monde*. Nous citerons librement cet auteur, qui a fort bien résumé les travaux spirites, et nous engageons nos lecteurs à consulter ce livre, aussi spirituel que bien écrit.

par des huées, aboutit pourtant à la nomination d'une commission chargée d'examiner les faits ; contre l'attente générale et contre sa conviction propre, la commission fut forcée d'avouer qu'après l'examen le plus minutieux, elle n'avait pu découvrir aucune trace de fraude.

On nomma une seconde commission qui eut recours à des procédés d'investigation encore plus rigoureux ; on fit fouiller et même déshabiller les médiums, — par des dames, bien entendu, — toujours on entendit des *rappings* (coups frappés dans la table), des meubles en mouvement, des réponses à toutes les questions, même mentales ; pas de ventriloquie, pas de subterfuges, pas de doute possible. Second rapport plus favorable encore que le premier, sur la parfaite bonne foi des spirites et la réalité de l'incroyable phénomène. Il est impossible — dit Mme Hardinge (1) — de décrire l'indignation qui se manifesta à cette seconde déception.

Une *troisième* commission fut immédiatement choisie parmi les plus incrédules et les plus railleurs. Le résultat de ces investigations, encore plus outrageantes que les deux autres pour les pauvres jeunes filles, tourna plus que jamais à la confusion de leurs détracteurs.

Le bruit de l'insuccès de ce suprême examen avait transpiré dans la ville. La foule, exaspérée, convaincue de la trahison des commissaires et de leur connivence avec les imposteurs, avait déclaré que si le rapport était favorable, elle *lyncherait* les médiums et leurs *avocats*. Les jeunes filles, malgré leur terreur, escortées de

(1) Emma Hardinge, *History of American Spiritualism*.

leur famille et de quelques amis, ne se présentèrent pas moins à la réunion et prirent place sur l'estrade de la grande salle, tous décidés à périr, s'il le fallait, martyrs d'une impopulaire mais indiscutable vérité.

La lecture du rapport fut faite par un membre de la commission qui avait juré de découvrir le *truc*, mais il dut avouer que la cause des coups frappés, malgré les plus minutieuses recherches, lui était inconnue. Aussitôt eut lieu un tumulte effroyable : la populace voulut lyncher les jeunes filles, et elles l'eussent été sans l'intervention d'un quaker, nommé Georges Villets, qui leur fit un rempart de son corps et ramena la foule à des sentiments plus humains.

On voit, par ce récit, que le Spiritisme fut étudié sévèrement dès son début. Ce ne sont pas seulement des voisins, plus ou moins ignorants, qui constatent un fait inexplicable, ce sont des commissions régulièrement nommées qui, après enquêtes minutieuses, sont obligées de reconnaître l'authenticité absolue du phénomène.

La persécution a toujours pour résultat de faire des adeptes aux idées qu'elle combat. C'est pourquoi, peu d'années après, en 1850, on comptait déjà plusieurs milliers de spirites aux Etats-Unis. La presse, comme toujours, n'avait pas assez de sarcasmes contre la nouvelle doctrine. On riait des tables tournantes et des esprits frappeurs, et il n'était si mince écrivassier, si morne plumitif, qui ne se tînt pour autorisé à dauber sur ces illuminés, qui croyaient sincèrement que l'âme de leur parent pouvait faire agir le pied d'un meuble.

Il faut dire ici que le phénomène avait pris un autre aspect. Les coups, au lieu de se produire dans les murs et sur les planchers, se faisaient entendre maintenant dans des tables autour desquelles étaient réunis les expérimentateurs. Cette manière de procéder avait été indiquée par les esprits eux-mêmes. On remarqua aussi qu'en mettant les mains sur la table, cette dernière était animée de certains mouvements de bascule, et on trouva dans ce fait un second moyen de communication. Il suffisait d'appeler les lettres de l'alphabet, et le meuble frappait successivement sur chacune des lettres qui composaient le mot que l'esprit voulait dicter.

La manie de faire tourner les tables se propagea rapidement. On peut difficilement se figurer aujourd'hui l'engouement dont ces expériences furent l'objet pendant les années 1850 et 1851. Toutes ces recherches eurent pour résultat d'amener à la nouvelle croyance des hommes d'une autorité morale et intellectuelle reconnue.

Des écrivains, des orateurs, des magistrats, de révérends ministres, prirent fait et cause pour la doctrine bafouée ; des missionnaires éloquents se mirent en voyage ; des écrivains fondèrent des journaux ; des brochures, des pamphlets, répandus à profusion, frappèrent à coups redoublés sur l'opinion publique et ébranlèrent les préventions.

Le mouvement s'accéléra si bien qu'en 1854 une pétition revêtue de 15.000 signatures fut adressée au Congrès siégeant à Washington ; elle avait pour but de faire nommer par le congrès une commission chargée d'étudier les phénomènes nouveaux et d'en découvrir les lois. Cette pétition fut mise de côté, mais l'essor du spiritisme n'en fut pas entravé, car les faits devenaient plus nombreux et plus variés à mesure que l'étude en était poursuivie avec persévérance.

Le phénomène des tables tournantes fut bientôt connu dans toutes ses particularités. Ce mode de conversation, au moyen de coups frappés et de mouvements de bascule de la table, était long et incommode. Malgré l'habileté des assistants, il fallait beaucoup de temps, beaucoup de patience, pour obtenir un message de quelque importance. La table enseigna elle-même un procédé plus prompt. Sur ses indications, on adapta à une planchette triangulaire trois pieds munis de roulettes, et à l'un d'eux, on attacha un crayon, puis on mit l'appareil sur une feuille de papier et le médium posa les mains sur le centre de cette petite table. On vit alors le crayon tracer des lettres, puis des phrases, et bientôt cette planchette écrivit avec rapidité et donna des messages.

Plus tard encore, on s'aperçut que la planchette était tout à fait inutile, et qu'il suffisait au médium de poser simplement sa main armée d'un crayon, sur le papier et que l'esprit la faisait agir automatiquement. Ce genre de communication fut nommé écriture mécanique ou automatique, car le sujet, dans ce cas, n'a nulle conscience de ce que sa main trace sur le papier.

D'autres médiums obtinrent de cette manière des dessins curieux, de la musique, des dictées bien au-dessus de la portée de leur intelligence et parfois même des communications dans des langues étrangères qui leur étaient notoirement inconnues.

L'étude de plus en plus approfondie de ces manifestations nouvelles, amena les chercheurs à des constatations encore plus étranges et plus inattendues des sceptiques.

Le raisonnement avait conduit les premiers observateurs à se dire que, puisque les esprits pouvaient agir sur les tables, sur les médiums, il ne devait pas leur être impossible de faire mouvoir directement un crayon et d'écrire sans le secours des humains. C'est ce qui eut lieu. Des feuilles de papier blanc, enfermées dans des boîtes parfaitement scellées, furent trouvées ensuite couvertes d'écriture. Des ardoises entre lesquelles se trouvait une petite touche de crayon, que l'on ne perdait pas de vue, contenaient, après l'apposition des mains du médium, des communications intelligentes, des dessins, etc.

Le phénomène réservait encore d'autres surprises. Des lumières, de formes et de couleurs variées et de divers degrés d'intensité, apparaissaient dans des chambres sombres, où il n'existait aucune substance capable de développer une action chimique ou une illumination phosphorescente, et ce, en l'absence de tous les instruments par lesquels l'électricité est engendrée et la combustion produite.

Ces lueurs prenaient parfois l'apparence de mains humaines, de figures enveloppées d'un brouillard lumineux. Petit à petit, à mesure que le médium se développait, les apparitions acquirent une consistance plus grande, et il fut possible, non seulement de voir, mais de toucher ces fantômes qui se produisaient dans de si singulières circonstances. On fit mieux : on put les photographier par la suite, ainsi que nous le verrons plus tard.

Les récits de ces expériences étaient accueillis

par une incrédulité universelle ; mais, comme les faits se reproduisaient en grand nombre, que les spirites ne reculaient devant aucun moyen de propager leur foi, l'attention du public savant et lettré se porta sur cette étude et amena bientôt l'adhésion publique d'hommes très haut placés et très compétents.

Nous négligeons, volontairement, de mentionner les innombrables déclarations faites par des publicistes, des médecins, des avocats, afin de réserver toute l'attention du lecteur pour les témoignages authentiques des hommes de science renommés qui se sont occupés de cette question.

Les découvertes de l'astronomie et celles de la géologie ont ruiné les fondements de la religion révélée, car l'histoire de la création, telle que la Bible l'enseigne, n'apparaît plus aux intelligences cultivées que sous la forme d'une enfantine légende orientale, sans valeur positive. Avec elle tombe le dogme de la rédemption et tous ceux que l'on a édifiés sur ce point de départ. L'incrédulité a envahi les masses et le scepticisme est l'attitude de presque tous ceux qui raisonnent, en dépit des démonstrations, incomplètes, il est vrai, mais malgré tout irréfutables, de la philosophie spiritualiste, le prestige des hommes de science étant aujourd'hui supérieur à celui des philosophes.

Cependant des faits, curieux à plus d'un titre, suggèrent l'idée que l'hypothèse matérialiste n'explique pas toutes les énigmes de l'univers, en dépit d'Hæckel et de ses partisans Le magnétisme, l'hypnotisme, le spiritisme ont fait connaître des phénomènes de stigmates expérimentaux, de lecture ou de transmission de pensées, de vision à distance, de connaissance anticipée de l'avenir qui dérangent quelque peu les savants échafaudages du *Monisme*. On entend encore assez souvent des gens raisonnables raconter sérieusement qu'ils ont eu des pressentiments, des visions, et même des communications avec les défunts, toutes choses qui sont accueillies avec un mépris non déguisé par d'autres gens raisonnables. Un chercheur sincère ne peut guère discerner la vérité au milieu de tant d'affirmations contradictoires. C'est cette incertitude, éprouvée par des hommes instruits, qui a été la cause de la fondation, en Angleterre, de la *Société de recherches psychiques*. Rien ne saurait donner une meilleure définition de son but et de ses tendances que les passages suivants, extraits du discours prononcé en 1882 par son premier président, M. Henri Sidgwick, professeur à Cambridge (1) :

« La première question que j'ai entendu poser est celle-ci : Pourquoi donc former une Société pour les recherches psychiques contenant dans son champ d'études non seulement les phénomènes de lecture de pensée (auxquels surtout nous allons vous demander de prêter votre attention cet après-midi), mais encore ceux de clairvoyance, de magnétisme, et la masse de phénomènes obscurs connus sous le nom de spiritiques ?

« Eh bien ! en répondant à cette première question, je serai à même d'énoncer une idée,

---

(1) *Proceedings S. P. R.* Volume I, p. 7 et 8. Pour tous les renseignements concernant la Société, voir la traduction française par M. Sage d'une étude de M. Benett, publiée par les *Annales Psychiques*, n° 3, mai-juin 1903. Nous citerons librement certains passages empruntés à ce travail très bien fait.

sur laquelle j'espère que nous nous accorderons tous, et j'entends par *nous* non seulement la présente assemblée, mais cette assemblée et le monde scientifique tout entier ; et comme, malheureusement, il n'y a que peu d'observations que je puisse faire sur lesquelles un tel accord est possible, je pense qu'il est bon de proclamer notre unanimité à dire que l'état de choses actuel est *une honte* pour le siècle éclairé où nous vivons, je dis que c'est une honte que l'on en soit encore à discuter sur la réalité de ces phénomènes merveilleux, dont il est tout à fait impossible d'exagérer l'importance scientifique, si seulement la dixième partie de ce qui a été attesté par des témoins dignes de foi pouvait être démontrée comme vraie.

« Je répète que c'est une honte, alors que tant de témoins compétents ont déclaré leurs convictions, que tant d'autres personnes ont un intérêt profond à ce que la question soit éclaircie, de voir encore discuter la réalité des faits, et de voir des gens instruits garder en masse l'attitude de l'incrédulité.

« Eh bien ! le but principal de notre société, ce que nous voulons tous, croyants ou non croyants, est d'essayer méthodiquement et avec persévérance de nous délivrer de cette honte d'une façon ou d'une autre. »

Je cite encore quelques passages aussi énergiques de la fin de ce discours :

« L'incrédulité scientifique a mis tant de temps pour grandir, elle a tant et de si puissantes racines, que nous ne la tuerons — si nous parvenons à la tuer en ce qui regarde une quelconque de ces questions — que si nous réussissons à l'enterrer sous un monceau de faits. Il faut que nous ajoutions expérience à expérience. Je suis aussi d'avis que nous ne devons pas chercher à convaincre les incrédules en insistant sur la portée d'un seul fait pris à part, mais que c'est à la masse des preuves que nous devons nous fixer pour amener la certitude. Il va de soi que dans tout compte rendu d'observations ou d'expériences la force de démonstration est conditionnée par la bonne foi de l'investigateur. Nous ne pouvons faire plus que de mettre le critique dans la nécessité de suggérer que l'investigateur est complice. Il se résoudra à ce dernier parti quand il ne lui en restera pas d'autre...

« Nous nous ferons, je l'espère, une loi de ne porter à la connaissance du public aucun fait qui ne réponde à cette condition. Il faut réduire celui qui a des objections à faire à la position suivante : être forcé d'admettre les phénomènes comme inexplicables, au moins pour lui, ou d'accuser les investigateurs soit de mensonge, soit de tricherie, soit d'un aveuglement ou d'un manque de mémoire tels qu'on ne les trouve que chez les idiots... »

Jamais programme ne fut mieux rempli, car de nos jours, les travaux de cette Société font autorité dans le monde des psychologues et peuvent être proposés comme des modèles d'investigations patientes, perspicaces, et surtout bien contrôlées. Voici les noms des présidents qui ont dirigé la Société depuis sa fondation : professeur Sidgwick, de 1882 à 1884 ; le professeur Balfour Stewart, membre de la Société royale, 1885 à 1887 ; professeur Sidgwick, de

1888 à 1892 ; très honorable A.-J. Balfour, membre du Parlement, membre de la Société royale, 1893 ; professeur William James (d'Harward, États-Unis), 1894, 1895 ; Sir William Crookes, membre de la Société royale, 1896, 1899 ; Frédéric Myers, 1900 ; Sir Olivier Lodge, membre de la Société royale, 1901-1903 ; professeur W.-F. Barett, membre de la Société royale, 1904 ; M. Ch. Richet, membre de l'Académie de médecine, 1905 ; M. Gerald W. Balfour, 1906-1907 ; et Mme Sigdwick.

Il existe aujourd'hui plus de vingt gros volumes de procès-verbaux, en plus du *Journal* de la Société. Ce sont des archives d'une valeur inestimable, car elles renferment la plus riche et la plus précieuse collection de phénomènes authentiques qu'on ait jamais réunie.

En 1896, la Société publia sous le titre de *Fantômes de vivants (Phantasms of the living)* un ouvrage en deux forts volumes, résumant le travail de la Société en ce qui concerne la télépathie, dont nous parlerons tout à l'heure. On voit que les savants anglais n'y vont pas par quatre chemins. Ils osent écrire en tête d'un ouvrage sérieux le mot de *fantôme*, qui ferait pâlir d'indignation le plus petit médecin de campagne de notre pays.

DEUXIÈME PARTIE

CHAPITRE I

Les manifestations de l'âme (1)

> Nous estimons que le devoir étroit de la science est de sonder tous les phénomènes.
> Victor Hugo.

> Une bonne expérience est plus précieuse que l'ingéniosité d'un cerveau.
> Sir Humphrey Davy.

Lorsque les spirites annoncent que l'âme est toujours revêtue d'une enveloppe fluidique, aussi bien pendant la vie qu'après la mort, ils ont le devoir de faire la preuve que leurs assertions sont justifiées. C'est parce que nous sentons vivement cette nécessité que nous allons exposer un certain nombre de cas de dédoublement de l'être humain, pris parmi un très grand nombre que notre cadre restreint ne nous permet pas de reproduire.

Le scepticisme contemporain a été violemment ébranlé par la conversion au spiritisme des savants les plus considérables de notre époque.

(1) Extrait de l'*Âme immortelle*, par G. Delanne.

L'invasion des Esprits dans le monde terrestre s'est produite par des manifestations si véritablement stupéfiantes pour les incrédules, que des hommes sérieux se sont pris à réfléchir, et ont résolu d'étudier par eux-mêmes ces faits anormaux, tels que : — la transmission de la pensée, à distance et sans contact entre les opérateurs, la double vue, les apparitions de vivants ou de morts, — rangés, jusqu'alors, parmi les superstitions populaires.

La société anglaise a donné naissance à des branches américaine et française. Dans notre pays, les membres correspondants sont : MM. Baunis, Bernheim, Ferré, Pierre Janet, Liébault, Ribot et Richet. Une revue intitulée : *les Annales psychiques*, éditée sous la direction de M. le Dr Dariex, traite toutes les questions relatives à la science nouvelle. M. Marillier, maître de conférences à l'Ecole des Hautes Etudes, a donné une traduction abrégée des *Phantasms of the living*, sous ce titre impropre : *les Hallucinations télépathiques*. C'est dans ce livre que nous allons puiser la plupart des témoignages nouveaux, qui mettent en évidence la dualité de l'être humain.

Les spirites doivent une grande reconnaissance aux membres de la Société de Recherches Psychiques, car ces messieurs ont passé de longues années à collectionner des observations, bien constatées, d'apparitions de toutes natures. Tous les cas ont été soumis à un examen sévère, aussi complet que possible, certifiés soit par les témoins effectifs, soit par ceux qui les tenaient de ces témoins directs. Etant donné la haute valeur des investigateurs, le soin qu'ils ont pris pour éliminer les causes d'erreur, nous sommes en présence d'une masse considérable de documents authentiques, sur lesquels nous pouvons faire porter nos études.

Les expériences ont eu pour objet, en premier lieu, la possibilité pour deux intelligences de se communiquer leurs pensées, sans aucun signe extérieur. Des résultats remarquables ont été obtenus (1), et cette action d'un esprit sur un autre, sans contact sensible a été nommée *Télépathie*. Mais le phénomène a pris bientôt un autre aspect : il s'est développé à ce point, que certains opérateurs, au lieu de transmettre simplement leur pensée, se sont montrés à leur sujet ; il y a eu une véritable apparition.

Quelle explication pouvait-on donner de ces faits ? Les expérimentateurs ne sont pas spirites, ils n'admettent pas l'existence de l'âme, telle qu'elle est définie par cette doctrine, ils ont donc été contraints de faire une hypothèse. Voici celle à laquelle ils se sont arrêtés : le sujet impressionné n'a pas une vision réelle, mais simplement une hallucination, c'est-à-dire qu'il se figure voir l'apparition, de la même façon qu'il voit une personne ordinaire, mais ce fantôme n'est pas extérieur, il n'existe que dans son cerveau ; la vision est subjective, c'est-à-dire interne et non objective ; cependant cette illusion psychique coïncide avec un fait vrai : l'action volontaire de

---

(1) Voir dans le premier volume des *Phantasms*, pages 39-48 ; vol. II, pages 644-653. Voir aussi *Proceedings of the Society for Psychical Research*, t. I. (1882-1883), p. 83-97 et 175-215 ; t. II (1883-1884), p. 208-215. Partie XI, mai 1887, p. 237 ; Partie XII, juin 1888, p. 169-215, p. 56-116 (expériences de M. Ch. Richet). Consulter aussi le livre si bien documenté du Dr Ochorowicz : *La suggestion mentale*.

l'opérateur, c'est pourquoi on l'appelle *hallucination véridique* ou *télépathique*.

Les observations se multipliant, on a remarqué ensuite que la volonté consciente de l'agent (1) n'était pas nécessaire, et qu'un individu pouvait apparaître à un autre, sans dessein arrêté d'avance ; ce sont ces coïncidences, entre une vision et un événement véridique qui s'y rattache, qui forment la majorité des dépositions reproduites par les *Phantams of the Living*.

Si nous avions le loisir de passer en revue tous les phénomènes d'actions télépathiques relatés dans les deux livres cités et les *Proceedings*, il nous serait facile de faire voir que l'hypothèse de l'hallucination est tout à fait insuffisante pour expliquer tous les faits. Nous pouvons, avec le grand naturaliste anglais Alfred Russel Wallace (2), relever dans ces récits, cinq preuves de l'objectivité de certaines de ces apparitions :

1° — La simultanéité de la perception du fantôme par plusieurs personnes ;

2° — L'apparition est vue par divers témoins comme occupant différentes places, correspondant à un mouvement apparent ; ou bien, elle est vue à la même place, malgré le déplacement de l'observateur ;

3° — Les impressions produites par les fantômes sur les animaux domestiques ;

4° — Les effets physiques produits par la vision ;

5° — Les apparitions, qu'elles soient visibles ou non pour les personnes présentes, peuvent être et ont été photographiées.

(1) On appelle ainsi la personne dont le double apparaît.
(2) Alfred Russel Wallace, *les Miracles et le moderne Spiritualisme*, p. 326.

La théorie de l'hallucination télépathique, provoquée ou spontanée, n'a été imaginée, croyons-nous, que pour ne pas heurter trop de front les idées préconçues du public, encore si peu familiarisé avec ces phénomènes naturels, mais présentant un côté mystérieux qu'ils doivent à leur imprévu et aux circonstances graves dans lesquelles ils se produisent généralement.

Toutes les objections tombent d'elles-mêmes devant la photographie de l'esprit en dehors de son corps. Dans ce cas, plus d'illusion possible ; la plaque photographique est un témoin irréfutable de la réalité du phénomène, et il faudrait un parti pris bien enraciné, pour nier l'existence du périsprit. Voici plusieurs exemples que nous empruntons à M. Aksakof (1).

M. Humber, spiritualiste très connu, photographiait un jeune médium, H. Herrod, dormant sur une chaise, en état de trance. On vit sur le portrait, derrière le médium, *l'image astrale de sa propre personne* (c'est-à-dire de son périsprit) se tenant debout, presque de profil, la tête un peu inclinée vers le sujet.

Un second cas de photographie d'un double est constaté par le juge Carter, dans sa lettre au *Banner of Light*, du 31 juillet 1875, et reproduite dans *Human Nature*, de 1875, pages 424 et 425. Enfin, un troisième cas de photographie d'un double est signalé par M. Glandinning, dans le *Spiritualist*, n° 234 (Londres, 15 février 1877, page 76). Le double du médium était resté à une place occupée par ce dernier, quelques minutes auparavant.

Nous verrons que la pensée est une force

---

(1) Aksakof, *Animisme et Spiritisme*, p. 78.

créatrice et dès lors on pourrait imaginer que ces photographies sont le résultat d'une pensée extériorisée du sujet. Voici une expérience qui établit que cette hypothèse n'est pas exacte, puisque le double n'est pas une simple image, mais un être qui agit sur la matière.

LE CAS DE M. STEAD.

Le *Borderland* du mois d'avril 1896, page 175, contient un article de W.-T. Stead sur une photographie de l'esprit d'un vivant. Voici ce récit résumé.

Mme A... est douée de la faculté de se dédoubler et de se présenter à une grande distance, avec tous les attributs de sa personnalité. M. Z... lui proposa de photographier son double et convint avec elle qu'elle s'enfermerait dans sa chambre entre 10 et 11 heures, puis elle s'efforcerait d'apparaître chez lui, dans son cabinet.

La tentative échoua, ou du moins, si M. Z... sentit l'influence de Mme A..., il ne se servit pas de son appareil photographique, dans la crainte de ne rien obtenir. Mme A... consentit à recommencer le lendemain, et comme elle était indisposée, elle se coucha et s'endormit. M. Z... vit entrer le double dans son cabinet à l'heure convenue et lui demanda la permission de le photographier, puis de couper de ses cheveux pour mettre hors de doute sa présence effective. L'opération faite et la mèche coupée, il se retira dans la chambre noire pour développer la photographie.

Il y était à peine depuis une minute, lorsqu'il

entendit un grand craquement qui le fit accourir. En entrant dans le cabinet, il s'y rencontra avec sa femme qui était montée vivement en entendant le bruit. Le double avait disparu. Mais l'écran qui avait servi comme fond pendant l'exposition avait été arraché de son support, déchiré en deux et jeté sur le sol. Mme A... qui était couchée dans son lit, n'avait pas, à son réveil, la moindre idée de ce qui était arrivé. La photographie de son double existe, et M. Stead en possède le négatif. Le souvenir de ce qui s'est passé pendant le dégagement de l'âme est oublié en revenant à l'état normal. Voici un autre cas où la mémoire est conservée.

AUTRES PHOTOGRAPHIES DE DOUBLES.

Dans son livre sur l'iconographie de l'invisible (1), le docteur Baraduc, à la page 122 (Explications XXIV *bis*), reproduit une photographie obtenue par télépathie entre M. Istrati et M. Hasdeu, de Bukarest, directeur de l'enseignement en Roumanie. Voici, textuellement, comment elle fut obtenue :

« Le docteur Istrati se rendant à Campana, il est convenu qu'il doit, à date fixe, apparaître à Bukarest sur une plaque du savant roumain, à une distance d'environ Paris-Calais.

« Le 4 août 1893, le Dr Hasdeu évoqua l'esprit de son ami en se couchant, un appareil au pied, l'autre à la tête de son lit.

(1) Dr H. Baraduc, *l'Ame humaine, ses mouvements, ses lumières*, G. Carré, éditeur.

« Après une prière à l'ange protecteur, le Dr Istrati s'endort à Campana, en voulant, avec toute sa force de volonté, apparaître dans un appareil de M. Hasdeu. Au réveil, le docteur s'écrie : « Je suis sûr que je suis apparu dans l'appareil de M. Hasdeu, comme une petite figurine, car je l'ai rêvé très clairement. »

« Il écrit au professeur P... qui va lettre en main et trouve M. Hasdeu en train de développer.

« Je copie textuellement la lettre de M. Hasdeu à M. de R..., qui me l'a communiquée :

« Sur la plaque A., on voit trois essais, dont l'un, celui que j'ai noté au dos avec une croix, est extrêmement réussi. On y voit le docteur regarder attentivement dans l'obturateur de l'appareil dont l'extrémité en bronze est illuminée par la lumière propre de l'esprit.

« M. Istrati revient à Bukarest et reste tout étonné devant son profil physionomique ; son image fluidique est très caractéristique, en ce sens qu'elle l'exprime plus exactement que son profil photographique. La réduction du portrait et la photographie télépathique sont très ressemblants. »

Pour terminer, nous rappellerons que M. le capitaine Volpi a pu, lui aussi, obtenir la photographie du double d'une personne vivante, en allant se faire photographier (1). L'image astrale est très visible et présente des caractères particuliers, qui ne permettent pas de mettre en doute son authenticité.

(1) Voir : *Revue scientifique et morale du Spiritisme*, numéro d'octobre 1897, où cette photographie est reproduite.

Expérience du Capitaine VOLPI.

Voici la photographie obtenue par M. le capitaine Volpi, que nous connaissons personnellement et dont nous garantissons absolument la sincérité. L'apparition que l'on voit à gauche est celle d'une jeune fille qui, au moment de la pose, était souffrante et couchée. On remarquera que le fantôme, bien qu'il ne fût pas visible pour le capitaine ou pour l'opérateur, avait assez de matérialité pour voiler, en partie, les objets placés derrière lui. Ceci est particulièrement net pour la main qui est sur le dossier de la chaise. Le corps de l'apparition est *en même temps* derrière la balustrade, ce qui montre que cette image n'existait pas sur la plaque avant la pose du capitaine Volpi. Des observateurs très compétents, comme l'ingénieur Mac-Nab, l'ingénieur Deinhard, vice-président de la Société de psychologie expérimentale de Munich et le docteur Otéro-Acévédo, affirment le caractère transcendant de cette photographie ; celle-ci, d'ailleurs, présente des particularités qui militent en faveur de son origine supra normale. Voici comment le capitaine Volpi, qui a étudié pendant de longues années la photographie, les signale :

« Tant que mes adversaires ne pourront pas m'opposer un cliché qui présente les caractères exceptionnels en question, je reste convaincu que le public s'appuiera sur mes expériences et sur celles d'autres, qui ne sont pas les premiers venus dans l'art de la photographie et dans l'investigation spirite, plutôt que sur des assertions basées sur des présomptions superficielles.

« J'ai la certitude mathématique de ce que je dis ; elle est fondée sur une loi photographique à laquelle je suis arrivé en faisant des expériences de contre-épreuve, et sur la loi de la réflexion de la lumière qui est non moins certaine et absolue.

« La première nous dit qu'il existe un rapport entre un corps volumineux qui pose et le relief qui en est la conséquence sur le négatif et le positif ; un corps plan, c'est-à-dire une simple surface présentée à l'objectif, ne *donne pas le même relief qu'un corps solide*.

« Cette loi, dans notre cas (celui de la photographie ci-contre) fait disparaître toute supposition qu'il y ait eu une manipulation au moyen de plaques, de miroirs, de portrait préparé d'avance ; en un mot d'une surface plane de quelque genre que ce soit. Ce fait ressort d'une manière indubitable, en comparant les deux figures qui se voient sur la photographie, dont l'une représente ma propre personne. Or, la figure que je déclare transcendantale, présente une *densité moindre* que l'autre tandis qu'elle présente *un relief égal* à cette dernière, relief qui est aussi en harmonie avec celui des meubles qui faisaient partie de la pose.

« Donc cette figure moins dense a dû être nécessairement l'impression photographique d'une personne qui avait les dimensions d'un corps humain, et cela en raison de la loi que je viens d'énoncer.

« On ne peut pas dire qu'elle est moins dense que l'autre pour avoir été moins longtemps en pose, puisque les *parties blanches sont aussi parfaitement développées* que celles de la figure qui me représente. La main droite de la première qui est placée sur le dossier d'un siège, ainsi que le commencement du bras, sont transparents à vue d'œil, puisqu'ils laissent apercevoir les objets qui se trouvent derrière eux. On peut aussi reconnaître la transparence totale de la forme en question au moyen de la loi de réflexion de la lumière. Celle-ci venait du côté gauche de la pose ; or, elle a été réfléchie par ma personne et par les meubles existants ; mais non par la personne qui reste invisible aux yeux de tout le monde. On peut s'en assurer en observant les clairs obscurs de la photographie qui nous occupe...

« Une matière très ténue ayant des vibrations au-delà du violet, qui reste invisible à mes yeux et à ceux des assistants, laisse son empreinte sur la plaque sensible. Voilà l'explication que j'ai toujours donnée de ce fait, bien avant la découverte de Rœntgen. Cette matière avait la forme humaine. J'ajoute que par une série de faits compliqués — y compris la ressemblance physionomique — j'ai acquis la conviction absolue que la figure de l'apparition transcendantale est l'effet d'un cas de télépatsie, compliqué du dédoublement de la personne vivante qui s'est présentée devant la plaque avec son corps fluidique, alors que son corps matériel était dans un lit, retenu par la maladie et plongé dans un assoupissement qui durait depuis quelques jours. »

Nous attendons une réfutation sérieuse de cette argumentation ; jusque-là, nous la tenons pour concluante. Remarquons que le double est vêtu comme l'était ordinairement la jeune fille pendant la journée, et non comme le corps physique, à ce moment couché dans un lit. Cette observation a son importance pour l'étude qui nous occupe, d'autant plus que nous la voyons se répéter assez souvent, aussi bien dans la photographie des doubles que dans les cas spontanés d'apparitions relatés dans les *Phantasms of the living*.

MATÉRIALISATION D'UN DÉDOUBLEMENT.

Le point culminant de l'expérimentation, en ce qui regarde le dédoublement, a été obtenu avec le médium Eglinton. Un comité de chercheurs dont faisaient partie le Dr Carter Blake et MM. Desmond, G. Fitz-Gerald, M. S. Tel, E., ingénieurs télégraphistes, affirme que le 28 avril 1876, à Londres, ils obtinrent un moule en paraffine, reproduisant exactement le pied droit du médium, qui n'avait pas une fois été perdu de vue par quatre des assistants.

Voici l'attestation de la réalité de ce phénomène, parue dans le *Spiritualist* de 1876, page 300.

« *Dédoublement du corps humain.* Le moule en paraffine d'un pied droit matérialisé, obtenu à une séance, Great Russell street, 38, avec le médium Eglinton, dont le pied droit est visible pendant toute la durée de l'expérience, pour les observateurs placés en dehors du cabinet, s'est trouvé être la *reproduction exacte* du pied de M. Eglinton, ainsi qu'il résulte de l'examen minutieux du Dr Carter Blake » (1).

L'exemple n'est pas unique ; mais il est remarquable à cause de la haute compétence scientifique des observateurs et des conditions dans

(1) Aksakof, *Animisme et Spiritisme*, pages 164 et 165.

lesquelles cette preuve si palpable du dédoublement a été obtenue.

Dans les expériences faites par M. Siemiradski, avec Eusapia, des empreintes de son double, sur du noir de fumée, furent obtenues plusieurs fois à Rome. Voir l'ouvrage de M. de Rochas : (*L'extériorisation de la motricité.*)

Comment nier en présence de semblables témoignages ? Toutes les conditions sont remplies pour que la certitude s'impose avec une puissance de conviction irrésistible.

Nous recommandons tout spécialement à ceux qui dénient au spiritisme le titre de science, ces remarquables études. Elles montrent la justesse des déductions qu'Allan Kardec a tirées de ses travaux, il y a cinquante ans, en même temps qu'elles nous ouvrent les portes de la véritable psychologie positive, de celle qui emploiera l'expérimentation comme adjuvant indispensable du sens intime.

Que dire et que penser des savants qui ferment les yeux devant ces évidences ? Nous voulons bien croire qu'ils n'ont pas connaissance de ces recherches ; qu'aveuglés par le préjugé, ils en sont encore à se figurer que le spiritisme réside tout entier dans le mouvement des tables ; car s'il en était autrement, ce serait une véritable lâcheté morale de leur part, que ce mutisme qu'ils observent vis-à-vis de notre philosophie.

La conspiration du silence ne peut indéfiniment se prolonger ; les phénomènes ont eu et ont encore trop de retentissement, les expérimentateurs, une valeur scientifique trop bien établie, pour qu'on ne se mette pas résolument à l'étude. Nous savons bien, parbleu ! que cette démonstration irréfutable de l'existence de l'âme est la pierre d'achoppement qui nous vaut cette inimitié, ces sarcasmes, cette mise hors la science. Mais qu'ils le veuillent ou non, les matérialistes sont d'ores et déjà battus. Leurs affirmations erronées sont détruites par les faits. C'est en vain qu'ils allégueront les grands mots de superstition, fanatisme, etc.., la vérité finira par éclairer le public, qui délaissera ces théories démodées et démoralisatrices, pour en revenir à la grande tradition de l'immortalité, aujourd'hui assise sur des fondements inébranlables.

Maintenant que nous avons la preuve scientifique du dédoublement de l'être humain, il sera beaucoup plus facile de comprendre les phénomènes très variés que l'âme peut produire lorsqu'elle sort de son corps physique.

La grande loi de continuité qui régit les phénomènes naturels, devait amener les spirites à se dire que, puisque l'âme humaine — pendant son dégagement — est capable d'impressionner une plaque photographique, elle devait posséder encore ce pouvoir après la mort. C'est effectivement ce que l'on est arrivé à constater, lorsque l'on a pu réaliser les conditions nécessaires à ces manifestations transcendantes.

Ici, toutes les objections disparaissent. La preuve photographique a une valeur documentaire d'une importance extrême, parce qu'elle montre que la fameuse théorie de l'hallucination est notoirement inapplicable à ces faits. La plaque sensible est un témoin scientifique qui certifie que l'âme survit à la désagrégation du corps, qu'elle conserve une forme physique dans l'espace et que la mort n'a pu amener sa destruction.

Que deviennent toutes les déclamations ampoulées sur le surnaturel et le merveilleux devant de semblables résultats ? Il faut avouer que les Esprits ont mis une singulière obstination à contrecarrer leurs négateurs. Non contents de se faire voir à leurs parents ou amis, ils sont apparus sur des photographies, et il a bien fallu reconnaître que, cette fois, le phénomène était vraiment objectif, puisque la plaque collodionnée en conservait la trace indélébile. Résumons sommairement, d'après Russel Wallace, l'éminent naturaliste, les faits bien constatés (1).

On se moque fréquemment de ce qu'on appelle les *photographies spirites*, parce qu'on peut facilement en imiter quelques-unes. Mais un peu de réflexion montrera que cette facilité même permet également de se mettre en garde contre l'imposture, puisque les moyens d'imitation sont si bien connus. Dans tous les cas, on admettra qu'un photographe expérimenté qui fournit les plaques et surveille les opérations, ou les fait lui-même, ne peut être trompé à ce point.

D'ailleurs, un moyen très simple de constater si la figure qui apparaît est bien celle d'un Esprit désincarné, c'est de voir si elle est reconnue par la personne qui pose ou par les membres de sa famille ; si oui, le phénomène est réel. C'est le cas de Wallace, qui le raconte comme il suit :

« Le 14 mars 1874, je suis allé chez M. Hudson, ayant été invité à le faire, pour la première et la seule fois, accompagné par Mme Guppy comme médium. Je m'attendais à ce que, si j'obtenais quelque portrait spirite, ce serait celui de mon frère aîné, au nom duquel des messages

(1) Alfred Russel Wallace, *les Miracles et le moderne Spiritualisme*, p. 255 et suivantes.

avaient été fréquemment reçus par l'entremise de Mme Guppy. Avant d'aller chez Hudson, j'eus une séance avec Mme Guppy, et j'eus une communication par coups frappés me faisant connaître que ma mère apparaîtrait sur la plaque, si elle le pouvait.

« Je posai trois fois, en choisissant toujours ma propre position. Chaque fois, sur l'épreuve négative, une seconde figure apparut conjointement avec la mienne. La première représentait une personne mâle, tenant une courte épée. La seconde, une personne en pied, se tenant apparemment à mon côté et un peu derrière moi, regardant en bas vers moi et tenant un bouquet de fleurs. A la troisième séance, après m'être placé et après que la plaque préparée fut mise dans la chambre noire, je demandai que l'apparition vînt près de moi, et la troisième plaque montre une figure de femme se tenant tout contre moi et devant moi, de telle sorte que la draperie dont elle est vêtue couvre toute la partie inférieure de mon corps.

« J'ai vu toutes les plaques développées, et, dans chacun des cas, la figure de développement se montra au moment où le liquide de développement fut étendu, tandis que mon portrait ne devint visible que peut-être vingt secondes plus tard. Je ne reconnus aucune de ces figures sur les négatifs, mais au moment où j'obtins les épreuves, le premier coup d'œil me montra que la troisième plaque contenait un *portrait incontestable de ma mère*, et ressemblant quant aux traits et à l'expression ; ce n'était pas une ressemblance comme celle existant dans un portrait pris pendant la vie, mais une ressemblance quelque peu idéalisée, pourtant toujours pour moi une ressemblance à laquelle je ne pouvais me méprendre.

« La seconde photographie est beaucoup moins distincte ; les yeux regardent vers le bas ; le visage a une expression différente de celle de la troisième, de telle façon que je conclus d'abord que c'était là une personne différente. Ayant envoyé les deux portraits de femme à ma sœur, elle fut d'avis que le second ressemblait beaucoup plus à ma mère que le troisième, et qu'en fait il présentait une bonne ressemblance, bien qu'indistincte, tandis que le troisième avait quelque ressemblance avec elle comme expression, mais avec quelque chose d'inexact à la bouche et au menton. Il fut constaté que cela était dû, en partie, à ce que le photographe avait complété les blancs ; en effet, lorsque la photographie eut été lavée, elle se trouva toute recouverte de taches blanchâtres, mais *meilleure, comme ressemblance avec ma mère.* Je n'avais pas encore constaté la ressemblance du second portrait quand, l'ayant examiné quelques semaines plus tard avec un verre grossissant, j'aperçus tout de suite un trait spécial remarquable du visage naturel de ma mère, savoir : la lèvre et la mâchoire inférieures extraordinairement saillantes...

Les deux spectres portent un bouquet de fleurs exactement pareil ; il est digne de remarque que, tandis que je posais pour le second groupe, le médium ait dit : « Je vois quelqu'un et il y a des fleurs ».

Ce portrait fut reconnu aussi par le frère de R. Wallace (1), qui n'est pas spirite.

(1) Russel Wallace, *les Miracles et le moderne Spiritualisme*, p. 268 et suivantes.

Si un médium déclare qu'il voit un Esprit, alors que les autres assistants ne voient rien, que cet Esprit est à tel endroit, qu'il a une figure, des vêtements dont le voyant fournit la description, et qu'ensuite la plaque photographique confirme en tout point cette description, on ne pourra nier que l'Esprit existe, positivement, à la place indiquée. Voici plusieurs exemples de ces remarquables manifestations.

L'auteur de ces expériences est M. Beattie, de Clifton, dont l'éditeur du *British Journal of Photography* parle en ces termes :

« Quiconque connaît M. Beattie le considère comme un photographe attentif et habile, l'un des derniers hommes du monde pouvant être trompés, du moins dans tout ce qui concerne et se rapporte à la photographie, il est incapable de tromper les autres.

« M. Beattie a été aidé dans ses recherches par le Dr Thomson, docteur-médecin à Edimbourg, qui a fait de la photographie en amateur pendant vingt-cinq années. Ces observateurs ont expérimenté dans l'atelier d'un ami non spiritualiste (mais qui devint un médium au cours des expériences) ; ils usèrent des services, comme médium, d'un négociant avec lequel ils étaient très liés. L'ensemble du travail photographique a été fait par MM. Beattie et Thomson, les deux autres personnes restant assises à une petite table. Les épreuves furent prises par séries de trois, à quelques secondes l'une de l'autre, et plusieurs de ces séries furent prises dans chaque séance...

« Il a deux autres épreuves prises, comme

toutes les précédentes, en 1872, et dont le médium décrivit toutes les phases pendant l'exposition de la plaque. La première apparition, dit-il, était un épais brouillard blanc ; l'épreuve sortit toute ombrée de blanc, sans trace d'aucun des modèles. L'autre photographie fut décrite à l'avance, comme devant être un brouillard nuageux, avec une personne au milieu : on ne voit, dans l'épreuve, qu'une figure humaine blanche au milieu d'une surface presque uniformément nuageuse. Durant les expériences faites en 1873, le médium, *dans chaque cas*, décrivit minutieusement et correctement les apparences qui devaient se montrer ensuite sur la plaque. Dans l'une de celles-ci il y a une étoile lumineuse qui rayonne, de grande dimension, portant au centre un visage humain assez visible. Elle est la dernière des trois sur laquelle une image s'est manifestée, et le tout avait été soigneusement annoncé par le médium.

« Dans une autre série de trois, le médium décrivit tout d'abord ce qui suit : « Une lumière derrière lui, venant du parquet » ; ensuite : « Une lumière montant sur le bras d'une autre personne, et provenant ou semblant provenir de la jambe » ; pour la troisième : « La même lumière existait, mais avec une colonne montant sur la table, elle était chaude, jusqu'à ses mains ». Alors il s'écria soudain : « Quelle brillante lumière, en haut, là ! Ne pouvez-vous la voir ? » Il fit un geste indicateur avec la main. Toutes ces paroles *décrivaient très fidèlement* ce que furent les trois épreuves, et dans la dernière on apercevait la main du médium montrant une tache blanche qui apparaissait au-dessus de sa tête. »

Mentionnons encore une photographie isolée et très saisissante.

« Pendant la pose, l'un des médiums dit qu'il voyait, sur l'arrière-plan, une figure noire ; l'autre médium apercevait une figure brillante à côté de la noire. Dans la photographie, ces deux figures apparaissent, la brillante très faiblement, la noire beaucoup moins distinctement ; cette dernière est de dimension géante, avec une figure massive, aux traits grossiers et une longue chevelure. »

Ces expériences n'ont pu être faites sans peine et sans persévérance. Parfois, vingt épreuves consécutives ne présentaient rien d'anormal. Il en a été pris plus de cent, et plus de la moitié ont constitué un échec complet. Mais les succès obtenus valent bien la peine qu'on s'est donnée. Ils démontrent avec certitude : 1° l'existence objective des Esprits ; 2° la faculté, chez certains êtres appelés médiums, de voir ces formes invisibles pour tout le monde.

La preuve photographique de la vue médianique étant de la plus haute importance, nous citerons le fait suivant, emprunté à l'ouvrage de M. Aksakof : *Animisme et Spiritisme*, page 67 et suivantes.

Voici une lettre de M. Bromson Murray (1)

---

(1) C'est un spiritualiste de New-York, bien connu, qui n'appartient pas à la catégorie des personnes croyant aveuglément à tout ce que l'on dit être des phénomènes médianimiques ; il a fait partie de plusieurs commissions qui ont démasqué les impostures de soi-disant médiums.

(Note de M. Aksakof).

publiée dans le *Banner of Light*, du 25 janvier 1873 :

« Monsieur le Directeur,

« Dans les derniers jours du mois de septembre dernier, Mme W.-H. Mumler, de notre ville (Boston), 170, West Springfield street, se trouvant dans un état de trance, au cours duquel elle donnait des conseils médicaux à l'un de ses malades, s'interrompit pour me dire que lorsque M. Mumler ferait ma photographie, sur la même plaque, il apparaîtrait à côté de mon portrait l'image d'une femme, tenant d'une main une ancre faite de fleurs ; cette femme désirait ardemment annoncer sa survivance à son mari, et vainement elle avait cherché jusqu'à présent une occasion de se rapprocher de lui ; elle croyait y arriver par mon intermédiaire. Mme Mumler ajouta : « Au moyen d'une loupe, on pourra distinguer sur cette plaque les lettres : *R. Bonner* ». Je lui demandai en vain si ces lettres ne signifiaient pas Robert Bonner. Au moment où je me préparais à poser pour avoir ma photographie, je tombai en trance, ce qui ne m'était jamais arrivé ; M. Mumler ne réussit pas, malgré tous ses efforts, à me mettre dans la position voulue. Il lui fut impossible de me faire rester droit et de m'appuyer la tête contre le support. Mon portrait fut par conséquent pris dans la situation que l'épreuve indique, et, à côté, apparut la figure de femme avec l'ancre et les lettres composées de boutons de fleurs ainsi que cela m'avait été prédit. Malheureusement, je ne connaissais personne du nom de Bonner, personne qui pût reconnaître l'identité de la figure photographiée.

« De retour dans la ville, je racontai à plusieurs personnes ce qui était arrivé ; l'une me dit avoir récemment rencontré un M. Bonner, de Géorgie ; elle désirait lui faire voir la photographie. Quinze jours plus tard, elle me fit prier de passer chez elle. Quelques instants après, un voisin entra : C'était un M. Robert Bonner. Il me dit que la photographie était celle de sa femme, qu'il l'avait vue chez la dame en question, et trouvait la ressemblance parfaite. Presque personne ne conteste d'ailleurs la ressemblance que cette photographie présente avec un portrait de Mme Bonner fait deux ans avant sa mort (1). »

M. Bonner obtint encore la photographie de sa femme décédée, dans une pose désignée à l'avance, par un médium de New-York qui ne la connaissait pas, non plus le photographe qui était à Boston.

Le journal *Le Médium*, de 1872, signale aussi une photographie d'Esprit obtenue en même temps que le médium le déclarait :

Au moment où la plaque allait être découverte, Mme Connant (le médium) se tourna vers la droite en s'écriant : « Oh ! voilà ma petite Wash-Ti ! » (une petite fille indienne qui se manifestait très souvent par son entremise), et elle étendit vers elle sa main gauche, comme pour lui prendre la main. On voit sur la photographie la figure parfaitement reconnaissable de la petite Indienne, avec les doigts de la main

(1) Voir à la fin du livre d'Aksakof les portraits fluidiques de l'esprit de cette dame, dans différentes poses, et son portrait pendant la vie.

droite *dans la main de Mme Connant*. Ici, nous avons donc *la photographie d'une figure astrale signalée et reconnue par le sujet sensitif* au moment de l'exposition. C'est une autre confirmation des expériences de M. Beattie.

Nous pourrions multiplier le nombre des citations semblables, mais l'exiguïté de notre cadre nous oblige à renvoyer le lecteur aux ouvrages cités de l'éminent naturaliste et du savant russe. Nous avons reproduit dans un travail précédent (1) la photographie d'un Esprit obtenue en pleine obscurité par M. Aksakof, assisté d'un médium Eglinton ; nous verrons tout à l'heure le grand physicien anglais, William Crookes, prendre, lui aussi, une série de photographies d'une forme matérialisée.

Examinons un autre aspect du phénomène.

EMPREINTES ET MOULAGES DE FORMES MATÉRIALISÉES

Les cas d'apparitions de doubles personnes vivantes ou d'Esprirs se manifestant après leur mort terrestre, rapportés et contrôlés par la *Société de Recherches psychiques*, sont des manifestations isolées, réelles mais relativement assez rares, et se produisant dans des circonstances si exceptionnelles qu'il était difficile d'en faire une autre analyse que celle résultant du récit véridique de l'événement. Les spirites, qui sont depuis longtemps familiarisés avec ces phéno-

---

(1) *Le Phénomène spirite* Voir pour ces expériences et celles rapportées aux deux paragraphes suivants, le chapitre intitulé : *Spiritisme transcendantal*.

mènes, ont fait une étude minutieuse de tous les genres possibles de communication des Esprits avec nous. Parmi les plus remarquables, on peut citer les empreintes diverses, laissées dans des substances molles ou friables, par les êtres de l'espace, pendant les séances où on les évoquait. Résumons en quelques mots ces expériences si probantes, sur lesquelles nous reviendrons dans le chapitre suivant.

Les sceptiques prétendent qu'on ne peut être certain de n'avoir pas été halluciné, en constatant la présence d'une apparition, que si la forme laisse une trace de son passage qui subsiste après la disparition de l'image.

Les faits suivants répondent à ce désidératum.

Zœllner, l'éminent astronome allemand, obtint, sur des feuilles de papier noircies et placées entre des ardoises posées sur ses genoux, deux empreintes, l'une d'un pied droit, l'autre d'un pied gauche, sans que le médium eût touché aux ardoises. Dans une autre circonstance, le papier noirci fut placé sur une planchette, une empreinte de pied s'y imprima, elle avait *quatre centimètres* de moins que celui de Slade (1). Dans un vase rempli de fleur de farine, l'impression d'une main fut trouvée, avec toutes les sinuosités de l'épiderme distinctement visibles.

Nous avons fait remarquer que toujours les apparitions ressemblent trait pour trait aux personnes dont elles sont le dédoublement; nous ferons observer que les Esprits qui se matérialisent ont momentanément un corps physique identique à un corps matériel ordinaire, car les

(1) Slade était le médium; c'est lui qui prêta plus tard son concours au Dr Gibier. Voir le *Spiritisme ou Fakirisme occidental*, où ces expériences sont relatées.

empreintes qu'ils laissent offrent une similitude parfaite avec celles que produiraient les mêmes parties d'un corps vivant.

Le professeur Chiaïa, de Naples, avec l'aide d'Eusapia Paladino, eut l'idée de se munir de l'argile des sculpteurs, et l'Esprit imprima son visage sur cette matière plastique. En coulant du plâtre dans l'empreinte ainsi obtenue, il fut en possession d'une belle tête d'homme, à l'expression mélancolique (1).

En Amérique, des résultats du même ordre furent constatés, et même on découvrit un moyen nouveau d'obtenir des reproductions fidèles des apparitions. En faisant fondre de la paraffine dans de l'eau chaude, elle monte à la surface. On prie l'Esprit d'y tremper, à plusieurs reprises, la partie du corps qu'on désire conserver, et en se dématérialisant, lorsque cette enveloppe est sèche, l'apparition laisse un moule parfait. Il n'y a plus qu'à couler du plâtre à l'intérieur pour avoir un souvenir durable de l'Esprit désincarné. Donnons ici le récit d'une de ces séances. Nous le reproduisons d'après M. Aksakof, le savant russe bien connu (2).

« Pour compléter les expériences de M. Reimers, j'y joindrai le procès-verbal d'une séance qui eut lieu à Manchester, le 17 avril 1876, et dont rendit compte *the Spiritualist*, du 12 mai suivant ; une traduction allemande en a paru dans *Psychische Studien*, 1877, pp. 550-553.

---

(1) *Revue spirite*, 1887, p. 427. Voir aussi les expériences du Dr Vizani-Scozzi avec Eusapia Paladino, *Revue scientifique et morale du Spiritisme*, septembre et octobre 1898.
(2) Voir *Animisme et Spiritisme*, du savant russe, où sont consignées un grand nombre d'observations rigoureuses.

Parmi les cinq témoins : MM. Marthèze, Oxley et Reimers, me sont personnellement connus comme les plus dignes de créance :

« Nous, soussignés, certifions par la présente les faits qui se produisirent en notre présence dans l'habitation de M. Reimers, le 17 avril 1875. Nous pesâmes soigneusement trois quarts de livre de paraffine, la mîmes dans une cuvette et y versâmes de l'eau bouillante, ce qui la fondit bientôt. Si une main est plongée plusieurs fois dans ce liquide, le dépôt de paraffine refroidi forme un moule parfait. Ce vase, ainsi qu'un autre renfermant de l'eau froide, fut placé dans un coin de la chambre. Deux rideaux de six pieds de haut et de quatre de large, suspendus à des tringles, formaient un cabinet carré ayant à chaque extrémité des ouvertures de quinze pouces de largeur ; le mur, étant séparé de la maison suivante, et le cabinet étant presque rempli par les meubles, l'idée de trappe ne pouvait être émise, le plancher aussi était couvert de vases, chaises, etc.

« Une dame de nos amies, douée de ce mystérieux pouvoir appelé médiumnité, fut enveloppée dans un filet couvrant la tête, les bras, les mains et le ruban passant dans les coulisses fut serré aussi fort que possible, ensuite noué ; on inséra en outre un morceau de papier qui serait tombé si le nœud eût été défait. Tous les témoins furent d'accord qu'il était impossible au médium *seul* de se délivrer sans se trahir. En cet état elle fut conduite dans le coin du cabinet qui était, à part la chaise, vases et bibliothèque, parfaitement vide. Il n'y avait rien de *visible* près de ces objets que nous examinâmes à la pleine lumière du gaz.

« La chambre fut fermée. Nous baissâmes le

gaz, mais il était encore possible de distinguer quelque chose dans la chambre, et nous nous assîmes à une distance de quatre à six pieds du rideau. Après quelque temps passé à chanter ou à faire de la musique, une figure apparut à l'ouverture de face et se mut jusqu'à l'autre. Sa belle et brillante couronne, sa coiffe blanche, et autour du cou son ruban noir, auquel pendait une croix d'or, furent vus distinctement, également par tous les assistants. Bientôt, une autre figure féminine apparut aussi avec une couronne visible *se montrant en même temps* que la première, et s'élevant au-dessus du cabinet vers le plafond, elle salua gracieusement les assistants. Une très forte voix d'homme sortant du coin annonça leur essai de faire des moules.

« Alors la première figure apparut de nouveau à l'ouverture, faisant signe à M. Marthèze d'approcher pour lui serrer la main, elle prit l'anneau de son doigt, et M. Marthèze vit en même temps le médium dans le coin opposé, enveloppé du filet. La *figure*, toutefois, s'évanouit rapidement dans la direction du médium.

« M. Marthèze s'étant rassis, la voix du cabinet demanda quelle main nous désirions, et peu après M. Marthèze fut de nouveau mandé à l'ouverture pour recevoir le moule d'une main gauche ; en l'inspectant, on découvrit la bague à l'un des doitgs du moule. M. Reimers fut alors appelé et reçut de la même manière la main droite destinée à ses savants amis de Leipzig, d'après le vœu qui en avait été expressément formulé. Ensuite, on entendit tousser le médium ; sa toux avait été supprimée tout le temps (plus d'une heure) ; cela avait donné lieu à des craintes d'insuccès, tellement au début les accès avaient été violents. Quand elle sortit du cabinet, nous examinâmes les nœuds, et... et nous trouvâmes le tout dans le même état qu'antérieurement. Nous enlevâmes toute la paraffine restant dans le vase, et; la pesant conjointement avec les deux moules obtenus, nous trouvâmes un peu plus de trois quarts de livre, ce petit excédent étant dû à l'eau adhérente à la paraffine, comme cela fut constaté en la secouant bas. La proportion d'eau des moules rendait parfaitement compte du reste ; ceci termina nos expériences.

« Les mains obtenues diffèrent considérablement sous tous les rapports de celles du médium, mais toutes montrent les petites marques (fort bien révélées par des verres grossissants) d'une petite main, de la même individualité qui nous a plus d'une fois donné des moules dans les mêmes conditions expérimentales

« Ont signé : MM.

« J. N. Tiedman Marthèze, Palmeira square, Brington ;
« Christian Reimers, 2, Ducie avenue, Oxford Road, Manchester ;
« William Oxley, 65, Burwen road, Manchester ;
« Thomas Gaskell, 69, Oldham road, Manchester ;
« Henry Marsh, Birch cottage, Fairy lane, Bury new-road, Manchester. »

On remarquera que toutes les précautions sont prises par les expérimentateurs spirites pour se mettre à l'abri d'une cause d'erreur quelconque, provenant de leur fait ou de celui du médium. Ces expériences ou d'autres analogues, fréquemment répétées, ont permis d'avoir des centaines de moulages reproduisant des parties diverses des matérialisations d'Esprits de tout âge et de tout sexe. Dans toutes les expériences, ce sont bien des membres semblables à ceux qu'on obtiendrait par la même opération, pratiquée sur des vivants.

M. de Bodisco, chambellan du czar, a publié (1) de curieuses expériences de matérialisations faites avec un médium, Mlle K.

« Je n'hésite pas, dit-il, à déclarer que le corps astral (ou psychique) est le plus important de tous les corps dans la nature, malgré la persistance des sciences expérimentales à l'ignorer. Ce corps est gouverné par des lois dont l'étude portera la lumière dans bien des cœurs, cherchant à être consolés par une preuve réelle de la vie future. Ce corps constitue la seule partie du corps humain qui soit *impérissable*, c'est le *zoo-éther*, ou matière primordiale, ou force vitale. »

Quatre photographies ont été prises par M. de Bodisco ; elles montrent les divers états de matérialisations, depuis l'apparition astrale ou psychique entourant le corps du médium, jusqu'à la condensation d'une forme dont on ne voit que la tête, le reste du corps semblant drapé dans une sorte de gaze. A côté de la forme, on aperçoit le corps du médium en léthargie sur le fauteuil.

---

(1) *L'Initiation*, n° de février 1883. Voir aussi son ouvrage : *Traits de lumière*, Chamuel, éditeur.

HISTOIRE DE KATIE KING

Les phénomènes de matérialisation sont les plus hautes et les plus irréfragables démonstrations de l'immortalité.

Voir un être défunt apparaître devant des assistants avec une forme corporelle, l'entendre causer, le voir marcher, écrire puis disparaître, soit instantanément, soit par degrés sous les yeux des observateurs, c'est certainement le plus captivant et le plus étrange des spectacles. Pour un incrédule ceci dépasse les bornes de la vraisemblance, et il ne faut pas moins que des preuves physiques irréfutables pour que le phénomène ne soit pas mis sur le compte de la fraude ou de l'hallucination.

Fort heureusement, il existe un bon nombre d'observations relatées par des hommes impartiaux et possédant la froideur et la compétence nécessaires pour donner à ces phénomènes l'appui de leur autorité.

M. Aksakof a fait en compagnie du médium Eglinton, une série d'expériences dans lesquelles les plus minutieuses précautions furent prises, ce qui lui permit d'arriver à des résultats tout à fait inattaquables au point de vue scientifique. Le grand nombre de matières que nous avons à traiter nous oblige, bien à regret, à renvoyer le lecteur aux ouvrages originaux où ces cas sont longuement exposés. On consultera avec fruit *Animisme et Spiritisme* d'Aksakof; *Essai de Spiritisme scientifique* de Metzger; *Après la mort* de Léon Denis et le *Psychisme expérimental* d'Erny.

Ici, nous désirons donner quelques renseignements peu connus sur la célèbre Katie King dont l'existence a été mise hors de doute par les travaux, désormais classiques, de William Crookes, consignés dans son livre : *Recherches expérimentales sur le Spiritisme*. Nous nous servirons des études publiées dans la *Revue spirite* (1) par Mme de Laversay, en abrégeant le plus possible cette intéressante traduction de l'ouvrage d'Epes Sergent, paru à Boston en 1875.

Beaucoup de personnes, peu au courant de la littérature spirite, s'imaginent que l'esprit de Katie King ne fut examiné que par William Crookes ; nous allons voir qu'il existe un très grand nombre d'attestations relatives à son existence, émanant de témoins bien connus dans le monde littéraire et scientifique. Lorsque l'illustre chimiste eut à vérifier la médiumnité de miss Cook, il y avait déjà longtemps que Katie se matérialisait. Les grands médiums, qui sont si rares, ne se manifestent pas d'emblée. Il faut un certain temps pour arriver à produire des phénomènes physiques. D'un côté, le médium a besoin d'entraînement, et de l'autre, l'Esprit qui dirige les manifestations est obligé de s'exercer longuement pour manipuler les fluides subtils avec la précision nécessaire.

Miss Cook, en 1872, avait seize ans. Depuis sa plus tendre enfance, elle voyait des Esprits et entendait des voix; mais comme elle était seule à constater ces faits, ses parents n'avaient aucune confiance dans ses récits. Après avoir assisté à des séances spirites, on apprit que la jeune fille était médium et qu'elle obtiendrait les plus belles

(1) *Revue spirite* : *Histoire de Katie King*, par Mme de Laversay, mars, avril, mai, juin, juillet, août, septembre, octobre 1897.

manifestations. M. et Mme Cook s'y opposèrent d'abord. Cependant, après avoir été hantés par les Esprits, ils se décidèrent à céder au désir des acteurs invisibles, et c'est alors qu'eurent lieu des phénomènes tout à fait probants.

Le 21 avril 1872, dit M. Harrisson dans le journal *le Spiritualiste*, un incident curieux se produisit. Tout à coup on entendit frapper sur les vitres, on ouvrit la fenêtre et les volets sans rien découvrir. La voix d'un Esprit se fit alors entendre, s'écriant : « Monsieur Cook, il faut débarrasser la gouttière, si vous ne voulez pas que les fondations de votre maison soient attaquées. La gouttière est engorgée. » Fort étonné, il fit un examen immédiat. C'était vrai ! il avait plu et la cour de la maison était remplie d'eau qui avait débordé. Personne n'était instruit de cet accident avant que l'esprit ne l'eût annoncé de cette façon remarquable. En suivant la marche de la médiumnité de miss Cook, on assiste au développement de la série des phénomènes qui se produisent successivement, en devenant chaque jour plus puissants, pour aboutir à la matérialisation de Katie. Voici la première séance où elle se montre.

Jusqu'alors, les séances avaient eu lieu dans l'obscurité. M. Harrisson voulut remédier à cet état de choses, et fit plusieurs essais chez M. Cook avec des lumières différentes. Il obtint une lumière phosphorescente au moyen d'une bouteille chauffée, revêtue intérieurement d'une couche de phosphore, mélangée avec l'huile de clous de girofle. Grâce à ce luminaire, on pouvait voir ce qui se passait pendant la séance obscure. Le 22 avril 1872, Mme Cook, les enfants, la tante et la domestique se réunirent et l'Esprit de Katie King se matérialisa partiellement. Miss Cook ne dormait pas, ainsi que cela résulte de la lettre qu'elle adressa à M. Harrisson le lendemain. Voici ce récit :

« Dans l'après-midi, hier, Katie King nous dit qu'elle essaierait de produire quelques phénomènes, si toutefois nous consentions à faire un cabinet noir à l'aide de rideaux. Elle ajouta qu'il fallait lui donner une bouteille d'huile phosphorescente, parce qu'elle ne pouvait prendre le phosphore nécessaire sur moi, à cause du peu de développement de ma médiumnité ; elle désirait éclairer sa figure pour se rendre visible.

« Enchantée de l'idée, je fis les préparatifs nécessaires ; on fut prêt à huit heures et demie, hier soir ; ma mère, ma tante, les enfants et la bonne prirent place dehors, sur les marches de l'escalier. On me laissa toute seule dans la salle à manger (je n'étais pas fière, car j'étais très effrayée).

« Katie vint se montrer à l'ouverture du rideau ; ses lèvres s'agitèrent et enfin elle put parler. Elle causa avec maman pendant quelques minutes ; tout le monde a pu voir le mouvement de ses lèvres. Comme je ne la voyais pas bien de ma place, je lui demandai de se tourner vers moi. L'Esprit me répondit : « Certainement, je veux bien. » Alors je vis que le haut de son corps, seulement, était formé jusqu'au buste, le reste de l'apparition était comme un nuage, vaguement lumineux.

« L'Esprit Katie commença, après quelques instants d'attente, par apporter quelques feuilles fraîches de lierre ; il n'y en avait pas de pareilles dans notre jardin. Puis on vit paraître, hors du rideau, un bras et une main tenant la bouteille lumineuse. Une figure se montra la tête couverte d'une quantité de draperies blanches. Katie approcha la bouteille de sa figure et nous l'aperçûmes tous, distinctement. Elle resta deux minutes, puis elle disparut. La figure était ovale, le nez aquilin, les yeux vifs et la bouche fort jolie.

« Katie dit à maman de bien la regarder, car elle savait qu'elle avait un air lugubre Pour ma part, j'étais très impressionnée lorsque l'esprit s'approcha de moi ; j'étais trop émue pour parler, ou même faire un geste. La dernière fois qu'elle se montra au rideau, elle resta cinq bonnes minutes et chargea maman de vous demander de venir ici un jour de cette semaine . Katie King termina la séance en appelant la bénédiction de Dieu sur nous. Elle témoigna sa joie d'avoir pu se montrer à nos yeux. M. Harrison se rendit à l'invitation de Katie le 25 avril ; la seconde séance de matérialisation eut lieu devant lui. Il prit des notes intéressantes qu'il publia dans son journal *(The Spiritualist)* ; en voici des extraits :

Témoignage de M. Harrison. — « Une séance eut lieu le 25 avril, chez M. Cook, en ma présence. Le médium miss Cook était assise dans un cabinet obscur. On entendait gratter de temps en temps ; l'esprit Katie tenait un tissu léger qu'elle avait fabriqué, avec lequel elle s'efforçait de récolter, autour du médium, les fluides nécessaires pour se matérialiser complètement. Elle frottait donc le médium avec le tissu qu'elle tenait. La conversation suivante à voix basse eut lieu entre le médium et l'esprit.

« *Miss Cook*. — Allez-vous-en, Katie, je n'aime pas à être frictionnée ainsi.

« *Katie*. — Ne soyez pas sotte, ôtez ce que vous avez sur la tête et regardez-moi. (*Elle frictionnait toujours*).

« *Miss Cook*. — Je ne veux pas. Laissez-moi, Katie. Je ne vous aime pas, vous me faites peur.

« *Katie*. — Que vous êtes sotte. (*Elle frictionnait tout le temps.*)

« *Miss Cook*. — Je ne veux pas me prêter à ces manifestations, je ne les aime pas, laissez-moi tranquille

« *Katie*. — Vous n'êtes que mon médium, et un médium est une simple machine dont les Esprits se servent.

« *Miss Cook*. — Eh bien ! si je ne suis qu'une machine, je n'aime pas à être effrayée de la sorte. Allez-vous-en.

« *Katie*. — Ne soyez pas étourdie. »

On voit par cette conversation que l'apparition n'est pas le double du médium, puisque la volonté consciente de la jeune fille est en opposition absolue avec celle du fantôme qui est devant elle. Mme d'Espérance, autre médium célèbre (1), résolut de ne plus tomber en trance pendant les manifestations et elle y réussit, ce qui montre l'indépendance de son individualité psychique pendant les manifestations. M. Harrison put voir le phénomène se développer à des séances ultérieures, il en donne le témoignage suivant :

« La figure de Katie nous apparut, toute sa tête enveloppée de blanc, afin, dit-elle, « d'em-

---

(1) Mme d'Espérance, *Au Pays de l'Ombre*.

pêcher le fluide de se disperser trop vite. » Elle nous déclara que sa figure seulement était matérialisée ; tout le monde put voir ses traits distinctement. On remarqua que ses yeux étaient fermés. Elle se montrait pendant une demi-minute puis disparaissait. Après, elle me dit : « Willie, regardez-moi sourire, regardez-moi parler » : alors elle s'écria : « Cook, augmentez la lumière. » On s'empressa de lui obéir, et chacun put voir la figure de Katie King, brillamment éclairée ; elle avait une figure jeune, jolie, heureuse, des yeux vifs quelque peu malicieux. Son visage n'était plus mat et indéterminé, comme lors de sa première apparition, le 22 avril, parce que, disait Katie, « je sais mieux comment il faut faire. » Lorsqu'on vit apparaître la figure de Katie, en pleine lumière, ses joues semblaient colorées naturellement ; tous les assistants s'écrièrent : « Nous vous voyons parfaitement à « présent. » Katie témoigna sa joie, en avançant « son bras hors du rideau et en frappant contre « le mur avec un éventail qu'elle avait trouvé à sa « portée. »

« Les séances continuèrent avec succès. Les forces de Katie King s'augmentèrent de plus en plus, mais pendant longtemps elle ne permit qu'une faible lumière pendant qu'elle se matérialisait. Sa tête était toujours entourée de voiles blancs, parce qu'elle ne la formait pas d'une manière complète, afin d'user moins de fluide et de ne pas fatiguer le médium. Après un bon nombre de séances, Katie réussit à montrer, en pleine lumière, sa figure découverte, ses bras et ses mains.

« A cette époque, miss Cook était presque toujours éveillée pendant la présence de l'Esprit ;

mais quelquefois, quand le temps était mauvais, ou que d'autres conditions étaient défavorables, miss Cook s'endormait sous l'influence spirite, ce qui augmentait le pouvoir, et empêchait l'activité mentale du médium de troubler l'action des forces magnétiques. Dans la suite, Katie ne parut plus sans que le médium fût *entrancé*. Quelques séances eurent lieu pour obtenir l'apparition d'autres Esprits ; mais on dut faire ces séances avec très peu de lumière et elles furent moins parfaites que celles où Katie se montrait ; cependant on constata l'apparition de figures connues dont l'authenticité fut bien prouvée. Nous verrons tout à l'heure le témoignage de Mme Florence Marryat, l'écrivain bien connu.

« Dans une séance, qui eut lieu le 20 janvier 1873, à Hackney, sa figure se transforma, et de blanche elle devint noire, en quelques secondes; cela eut lieu plusieurs fois de suite ; pour montrer que ses mains n'étaient pas mues mécaniquement, elle fit une couture au rideau qui s'était déchiré. Dans une autre séance, le 12 mars et au même endroit, les mains de miss Cook furent attachées avec des liens sur lesquels on apposait des cachets de cire. Katie King se montra alors, à une certaine distance, en avant du rideau, les mains complètement libres.

« On le voit, ce n'est qu'à la suite de longues expériences, très imparfaites d'abord, et se complétant successivement, que l'esprit de Katie King acquit le développement qui lui permit de se manifester libre, en pleine lumière, sous une forme humaine, en dehors et en avant du cabinet noir, devant un cercle de spectateurs émerveillés.

« A partir de ce moment, des contrôles très sévères furent organisés et c'est après avoir étudié avec toute la rigueur possible que M. Benjamin Coleman, le docteur Gully, le docteur Sexton, proclamèrent la réalité de ces manifestations transcendantes. Plusieurs photographies de Katie King furent prises à la lumière du magnésium, elle était complètement matérialisée, debout dans la salle, dans des conditions de contrôle très sévères. Dès les débuts de la médiumnité de miss Cook, M. Ch. Blackburn, de Manchester, avec une sage libéralité, lui fit une donation importante qui assura son existence ; il agit ainsi pour l'avancement de la science. *Toutes les séances de miss Cook furent données gratuitement.*

PREMIÈRES PHOTOGRAPHIES DE KATIE KING.

« Au printemps de 1873, plusieurs séances avaient eu lieu dans le but d'obtenir des photographies de Katie King. Le 7 mai, quatre photographies furent prises avec succès ; l'une d'elles a été reproduite par la gravure.

« M. Harrison nous dit que, dans la photographie, les traits sont plus fins et plus beaux et qu'il y a une expression de dignité dans la physionomie quasi-éthérée, que rend mal la reproduction de la gravure qui a été éditée.

« Les expériences photographiques sont bien décrites dans le procès-verbal ci-dessous, qui a été dressé après une séance et signé des noms suivants : Amélia Corner, Caroline Corner, M. Luxmore, G. Tapp et W. Harrison. Voici les précautions qui avaient été prises au commencement de la séance. Mme Corner et sa fille avaient accompagné miss Cook dans sa chambre où elles l'avaient priée de se déshabiller, pour bien examiner ses vêtements. On lui fit mettre un grand manteau en drap gris, en place de sa robe qu'elle avait retirée, puis elle fut conduite à la salle des séances; ses poignets furent attachés solidement avec du ruban en fil. Les nœuds furent examinés par l'assistance, et des cachets furent posés sur les bouts du ruban. Le cabinet fut examiné dans tous les sens, puis miss Cook s'y assit. Le ruban qui la liait fut passé dans un anneau fixé au parquet, puis sous le châle, et le bout fut attaché à une chaise placée en *dehors du cabinet ;* de cette façon, si le médium eût bougé, on eût pu s'en apercevoir de suite.

« La séance commença à six heures du soir et dura deux heures environ, avec un intervalle d'une demi-heure. Le médium s'endormit aussitôt qu'elle fut installée dans le cabinet, et quelques instants après Katie parut et s'avança dans la chambre. Mme Cook assistait aussi à la séance avec ses deux jeunes enfants, qui s'amusaient beaucoup à causer avec l'Esprit.

« Katie était vêtue de blanc ; ce soir-là sa robe était décolletée et ses manches fort courtes, de sorte qu'on pouvait admirer son cou merveilleux et ses beaux bras. Sa coiffure même, qui lui serrait toujours la tête, était légèrement repoussée et laissait voir ses cheveux châtains. Ses yeux étaient grands et brillants, de couleur grise ou bleu foncé. Elle avait le teint clair et rose, ses lèvres étaient colorées, elle paraissait très vivante. Voyant notre plaisir à la contempler ainsi devant nous, Katie redoubla ses efforts pour nous permettre d'avoir une bonne séance. Puis, quand elle cessa de poser devant l'appareil, elle se promena, causant avec tout le monde, critiquant les assistants, le photographe et ses arrangements, tout à son aise. Peu à peu, elle s'avança plus près de nous, s'enhardissant davantage. Katie s'appuya sur l'épaule de M. Luxmore pendant qu'on la photographiait; elle tint même la lampe une fois pour mieux éclairer son visage.

« Elle permit à M. Luxmore et à Mme Corner de passer leurs mains sur sa robe pour s'assurer qu'elle ne portait qu'un vêtement. Puis Katie s'amusa à taquiner M. Luxmore; elle lui tapa sur les joues, lui tira les cheveux et prit son lorgnon pour regarder les personnes dans la salle. Les photographies furent prises à la lumière du magnésium; le reste du temps l'éclairage consistait en une bougie et une petite lampe. Lorsqu'on emporta la plaque pour la développer, Katie courut quelques pas derrière M. Harrison pour le voir développer.

« Une chose curieuse se passa aussi ce soir-là: au moment où Katie se reposait devant le cabinet, en attendant de poser, on vit paraître à l'ouverture supérieure un grand bras d'homme, nu jusqu'à l'épaule et qui agitait les doigts. Katie se retourna, fit des reproches à l'intrus, disant que c'était très mal à un autre Esprit de venir déranger tout quand elle posait pour son portrait, et lui ordonna de se retirer au plus vite. Vers la fin de la séance, Katie déclara que ses forces s'en allaient, qu'elle *était en train de fondre*. Son pouvoir était tellement affaibli, que la lumière qui pénétrait dans le cabinet où elle s'était retirée sembla la dissoudre; on la vit alors s'affaisser, n'ayant plus de corps du tout et son cou touchant le sol. Le médium était toujours attaché comme au commencement. »

Nous appelons tout particulièrement l'attention du lecteur sur ce détail, qui montre avec évidence que l'apparition n'est pas un mannequin apprêté, ni le médium déguisé. Voici, sur ce point, un autre témoignage aussi démonstratif : c'est celui de Mme Florence Marryat (1).

« On demanda un jour à Katie King pourquoi elle ne pouvait pas se montrer avec une lumière plus forte. (Elle ne permettait qu'un seul bec de gaz et encore fallait-il le baisser beaucoup.) La question sembla l'irriter énormément : elle nous fit la réponse suivante : « Je vous ai souvent déclaré que je ne pouvais subir l'intensité d'une grande lumière. *Je ne sais pas pourquoi* cela m'est impossible et si vous doutez de mes paroles, allumez partout, et vous verrez ce qui arrivera. Je vous préviens seulement que si vous me mettez à l'épreuve, je ne pourrai pas reparaître devant vous ; ainsi choisissez. »

« Les personnes présentes se consultèrent, on décida de tenter l'expérience afin de voir ce qui adviendrait. Nous voulions trancher définitivement la question de savoir si le plus ou moins d'éclairage gênait le phénomène de matérialisation. Katie fut avisée de notre décision et consentit à faire l'essai. Nous sûmes plus tard que nous lui avions causé une grande souffrance.

« L'Esprit Katie se plaça debout devant le

---

(1) Florence Marryat, *There is no death* (Il n'y a pas de mort).

mur du salon et elle étendit les bras en croix en attendant sa dissolution. On alluma les trois becs de gaz. (La chambre mesurait seize pieds carrés environ.)

« L'effet produit sur Katie King fut extraordinaire. Elle ne résista qu'un instant, puis nous la vîmes fondre sous nos yeux, tout comme une poupée de cire devant un grand feu. D'abord ses traits s'effacèrent, on ne les distinguait plus. Les yeux s'enfoncèrent dans les orbites, le nez disparut, le front sembla rentrer dans la tête. Puis les membres cédèrent et tout son corps s'affaissa comme un édifice qui s'écroule. Il ne resta plus que sa tête sur le tapis, puis un peu de draperie blanche qui disparut comme si on eût subitement tiré dessus : nous restâmes quelques instants les yeux fixés sur l'endroit où Katie avait cessé de paraître. Ainsi se termina cette séance mémorable. »

L'esprit, avec l'exercice, prit davantage de force puisque William Crookes put faire ensuite plus de quarante clichés au moyen de la lumière électrique. Nous venons de constater qu'un Esprit avait essayé de se matérialiser en même temps que Katie. C'est qu'en effet cet esprit n'était pas le seul qui se montrât. Voici encore une attestation de Mme Marryat qui reconnut une déformation caractéristique de la lèvre de sa fille, sur une apparition qu'elle tenait dans ses bras. Ecoutons son récit :

« La séance eut lieu dans une très petite salle de l'association ; elle ne contenait aucun meuble, ni tapis. Trois chaises cannées furent placées dans la pièce pour nous permettre de nous asseoir. Dans un coin, on suspendit un vieux châle noir pour former le cabinet nécessaire. On y mit un coussin pour que miss Cook pût y appuyer sa tête.

« Miss Florence Cook est une petite brunette, mince, aux yeux noirs, aux cheveux bouclés; elle était vêtue d'une robe grise de mérinos, garnie de rubans cerise. Elle m'informa avant de commencer la séance, que depuis quelque temps elle était énervée pendant ses trances, et qu'il lui arrivait de venir endormie dans la salle. Elle me pria donc de bien la gronder si pareille chose se renouvelait et de *lui ordonner* de retourner à sa place, comme si elle n'était qu'une enfant; je promis de le faire, et là-dessus miss Cook s'assit par terre, derrière le châle noir qui formait rideau. Nous pouvions voir la robe grise du médium, car le châle n'arrivait pas jusqu'à terre. Le gaz fut baissé et nous prîmes place sur les trois chaises cannées.

« Tout d'abord le médium semblait mal à l'aise. Il se plaignait d'être maltraité; après quelques instants le châle fut agité et nous vîmes une main paraître et disparaître, se retirer plusieurs fois de suite. Puis une forme apparut, se traînant sur les genoux, pour passer sous le châle, et, finalement, elle se dressa de toute sa hauteur. La lumière était insuffisante pour reconnaître les traits. M. Harrison demande si nous étions en présence de Mme Stewart? L'Esprit secoue la tête. « Qui cela peut-il être? demandai-je à M. Harrison.

« Ne me reconnaissez-vous pas, ma mère? »

« Je voulus m'élancer vers elle, mais elle me dit : « Restez à votre place, et j'irai près de vous. » Un instant après, *Florence* vint s'asseoir sur mes genoux. Elle avait les cheveux longs et flottants, ses bras étaient nus ainsi que ses pieds. Sa robe n'avait aucune forme, on eût dit qu'elle s'était enveloppée de quelques mètres de mousseline ; par extraordinaire, cet Esprit ne portait pas de coiffure, sa tête était nue.

« Florence, ma chérie, m'écriai-je, est-ce vraiment toi ? — Faites plus de lumière, répondit-elle, et regardez ma bouche. » Nous vîmes alors, distinctement, sa lèvre déformée comme à sa naissance, cependant les médecins qui l'avaient vue alors avaient déclaré que le cas était fort rare. Mon enfant n'avait vécu que quelques jours. Elle semblait avoir 17 ans.

« En voyant cette preuve indéniable d'identité, je fondis en larmes, sans pouvoir dire un mot.

« Miss Cook s'agitait beaucoup derrière le châle ; puis, tout à coup, elle s'élança vers nous en s'écriant : « C'est trop, je n'en puis plus. »

« *Nous la vîmes donc dehors en même temps que l'Esprit de ma fille qui était sur mes genoux*, mais ceci ne dura qu'un court instant, la forme que je tenais s'élança vers le cabinet et disparut. Alors, je me rappelai que miss Cook m'avait priée de la gronder si elle se promenait, et je lui fis des reproches sévères. Elle retourna à sa place, derrière le rideau, et aussitôt l'Esprit revint vers moi, en disant : « Ne la laissez pas revenir, elle me fait des peurs terribles. »

« Je m'écriai alors : « Mais Florence, dans ce monde, nous autres mortels nous avons peur des apparitions et, ce semble, vous avez peur de votre médium. »

« J'ai peur qu'elle me fasse partir », répondit-elle. Cependant miss Cook ne se dérangea plus et Florence resta avec nous un peu plus de temps. Elle jeta ses bras autour de mon cou et m'embrassa plusieurs fois. A cette époque j'étais fort tourmentée. Florence me dit que si elle avait pu paraître ainsi marquée devant moi, c'était pour bien me convaincre des vérités du Spiritisme et que j'y trouverais des sources de consolation.

« Quelquefois vous doutez, ma mère, dit-elle, et vous croyez que vos yeux et vos oreilles vous ont trompée : il ne faut plus jamais douter et ne croyez pas que je suis défigurée en Esprit. J'ai pris cette marque ce soir pour mieux vous convaincre.

« Rappelez-vous que je suis toujours avec vous. »

« Je ne pouvais parler tant j'étais émotionnée, en pensant que je tenais dans mes bras l'enfant que j'avais déposée dans un cercueil, qui n'était pas morte et anéantie, mais devenue une jeune femme à présent. Je restai muette, mes bras passés autour d'elle, mon cœur battant contre le sien, puis le pouvoir diminua ; Florence me donna un dernier baiser et me laissa stupéfaite et émerveillée de ce qui s'était passé. »

Mme Florence Marryat ajoute qu'elle a revu cet Esprit plusieurs fois, *en d'autres séances et avec différents médiums ;* elle en reçut de fort bons conseils.

On conçoit aisément que des phénomènes aussi extraordinaires furent niés avec acharnement par les incrédules. Des polémiques ardentes s'élevèrent, même entre Spirites, et il ne fallut pas moins que les expériences et les affirmations de William Crookes pour confirmer l'authenticité absolue de Katie King. Nous renvoyons le lecteur à son ouvrage, mais nous devons spécialement signaler que Katie est bien un être anatomiquement semblable à un être vivant.

LES EXPÉRIENCES DE CROOKES.

Les travaux du grand savant anglais sont particulièrement intéressants au point de vue qui nous occupe (1). Aussi nous reproduisons une petite partie de son récit, car il est tout à fait démonstratif; il nous montrera un Esprit si bien matérialisé, qu'on ne saurait le distinguer d'une personne ordinaire.

Cette remarquable expérience établit pertinemment que le périsprit reproduit, non seulement l'*exterieur* d'une personne, mais aussi *toutes les parties internes de son corps.*

« Une des photographies les plus intéressantes est celle où je suis debout à côté de Katie : elle a son pied nu sur un point particulier du plancher. J'habillai ensuite Mlle Cook comme Katie; elle et moi nous nous plaçâmes exactement dans la même position, et nous fûmes photographiés par les mêmes objectifs, placés absolument comme dans l'autre expérience, et éclairés par la même lumière. Lorsque ces deux dessins sont placés l'un sur l'autre, les deux photographies de moi coïncident exactement quant à la taille, etc., mais Katie est *plus grande* d'une demi-tête que Mlle Cook et, auprès d'elle, elle semble une grosse femme. Dans beaucoup d'épreuves,

(1) Voir *Recherches sur le moderne spiritualisme.*

la largeur de son visage et la grosseur de son corps diffèrent essentiellement de son médium, et les photographies font voir plusieurs autres points de dissemblance... »

Ceci répond à cette objection souvent faite que, dans les séances spirites, les apparitions qu'on photographie sont dues à des dédoublements du médium. Continuons.

« J'ai si bien vu Katie récemment, lorsqu'elle était éclairée par la lumière électrique, qu'il m'est possible d'ajouter quelques traits aux différences que, dans un précédent article, j'ai établies entre elle et son médium. J'ai la certitude la plus absolue que Mlle Cook et Katie sont deux *individualités distinctes*, du moins en ce qui concerne leurs corps. Plusieurs petites marques qui se trouvent sur le visage de Mlle Cook font défaut sur celui de Katie. La chevelure de Mlle Cook est d'un brun si foncé qu'elle paraît presque noire ! une boucle de celle de Katie qui est là sous mes yeux, et qu'elle m'avait permis de couper au milieu de ses tresses luxuriantes, après l'avoir suivie de mes propres doigts jusque sur le haut de la tête et m'être assuré qu'elle y avait bien poussé, est d'un riche châtain doré.

« Un soir, je comptais les pulsations de Katie, son pouls battait régulièrement 74, tandis que celui de Mlle Cook, peu d'instants après, atteignit 90, son chiffre habituel. En appuyant mon oreille sur la poitrine de Katie, je pouvais entendre son cœur battre à l'intérieur, et ses pulsations étaient encore plus régulières que celles du cœur de Mlle Cook, lorsque, après la séance, elle me permettait la même expérience. Eprouvés de la même manière, les poumons de Katie se montrèrent plus sains que ceux de son médium, car, au moment où je fis mon expérience, Mlle Cook suivait un traitement médical pour un gros rhume. »

Nous avons assisté aux premières manifestations de Katie King. Voici la dernière fois où elle parut. Parmi les spectateurs étaient Mme Florence Marryat, M. Tapp, William Crookes et la fille de service Mary (1).

LA DERNIÈRE SÉANCE.

« A 7 heures 23 minutes du soir, M. Crookes conduisit miss Cook dans le cabinet obscur, où elle s'étendit sur le sol, la tête appuyée sur un coussin. A 7 heures 28 minutes, Katie parla pour la première fois, et à 7 heures 30 minutes elle se montra en dehors du rideau et dans toute sa forme. Elle était vêtue de blanc, les manches courtes et le cou nu. Elle avait de longs cheveux châtain clair, de couleur dorée, tombant en boucles des deux côtés de la tête et le long du dos jusqu'à la taille. Elle portait un long voile blanc qui ne fut abaissé qu'une ou deux fois sur son visage pendant la séance.

« Le médium avait une robe bleu clair en mérinos. Pendant presque toute la séance, Katie resta debout devant eux ; le rideau du cabinet était écarté et tous pouvaient voir directement le médium endormi, ayant le visage couvert d'un châle rouge, pour le soustraire à la lumière. Elle n'avait pas quitté sa première position depuis le commencement de la séance durant laquelle la lumière répandait une vive clarté. Ka-

---

(1) *The Spiritualist*, 29 mai 1874.

MATÉRIALISATION
de KATIE-KING, dans le cabinet du Dr Villiam CROOKS

tie parla de son départ prochain et accepta un bouquet que M. Tapp lui avait apporté, ainsi que quelques lis attachés ensemble et offerts par M. Crookes, Katie invita M. Tapp à délier le bouquet et à poser les fleurs devant elle sur le plancher : elle s'assit alors à la manière turque et nous pria tous d'en faire autant autour d'elle. Alors elle partagea les fleurs et en fit un petit bouquet, qu'elle entoura d'un ruban bleu.

« Elle écrivit aussi des lettres d'adieu à quelques-uns de ses amis en les signant : Annie Owen Morgan, et en disant que c'était son vrai nom pendant sa vie terrestre. Elle écrivit également une lettre à son médium, et choisit pour ce dernier un bouton de rose comme cadeau d'adieu. Katie prit alors des ciseaux, coupa une mèche de ses cheveux et nous en donna à tous une large part. Elle prit ensuite le bras de M. Crookes, fit le tour de la chambre et serra la main de chacun. Katie s'assit de nouveau, coupa plusieurs morceaux de sa robe et de son voile dont elle fit des cadeaux. Voyant de si grands trous à sa robe et pendant qu'elle était assise entre M. Crookes et M. Tapp, on lui demanda si elle pourrait réparer le dommage, ainsi qu'elle l'avait fait en d'autres occasions. Elle présenta alors la partie coupée à la clarté de la lumière, frappa un coup dessus, et à l'instant cette partie fut aussi nette et aussi complète qu'auparavant. Ceux qui étaient auprès d'elle examinèrent et touchèrent l'étoffe avec sa permission ; ils affirmèrent qu'il n'existait ni trou ni couture, ni aucune partie rapportée, là où un instant auparavant ils avaient vu des trous de plusieurs pouces de diamètre.

« Elle donna ensuite ses dernières instructions

à M. Crookes et aux autres amis sur la conduite à tenir touchant les manifestations ultérieures, promises par elle au moyen de son médium. Ces instructions furent notées avec soin et remises à M. Crookes. Elle parut alors fatiguée et disait tristement qu'elle désirait s'en aller, que sa force disparaissait ; elle réitéra à tous, ses adieux, de la manière la plus affectueuse. Les assistants la remercièrent pour les manifestations merveilleuses qu'elle leur avait accordées.

« Tandis qu'elle dirigeait vers ses amis un dernier regard grave et pensif, elle laissa tomber le rideau et devint invisible. On l'entendit réveiller le médium qui la pria, en versant des larmes, de rester encore un peu ; mais Katie lui dit : « Ma chère, je ne puis. Ma mission est accomplie, que Dieu te bénisse ! » et nous entendîmes le son de son baiser d'adieu. Le médium se présenta alors au milieu de nous, entièrement épuisé et profondément consterné. »

On voit combien miss Cook, rétive à l'origine, s'était attachée à son invisible amie. Katie disait qu'elle ne pourrait désormais ni parler ni montrer son visage ; qu'en accomplissant pendant trois ans ces manifestations physiques, elle avait passé une vie bien pénible pour expier ses fautes ; qu'elle était résolue à s'élever désormais à un degré supérieur de la vie spirituelle; que ce ne serait qu'à de longs intervalles qu'elle pourrait correspondre par écrit avec son médium, mais que ce médium pourrait toujours la voir au moyen de la lucidité magnétique (1).

(1) William Crookes, *Recherches sur le Spiritualisme*, fin.

LE CONTROLE ÉLECTRIQUE DU SUJET

Le dédoublement de l'être humain peut se constater aussi par l'action extra-corporelle de l'âme humaine, faisant écrire à distance un médium, frappant des coups qui sont entendus des assistants, ou déplaçant des meubles dans des salles où personne n'est entré (1). Dans ce volume, nous occupant spécialement de l'apparence extérieure de l'apparition, nous bornerons donc nos citations aux exemples où la présence du fantôme, visible ou non, est constatée objectivement.

Il est certain que pour établir l'authenticité du dédoublement on ne saurait accumuler trop de preuves, car ce fait démontre avec une telle certitude la dualité de l'être humain, et par conséquent l'existence de l'âme, qu'il ne faut pas craindre de multiplier les témoignages. Si, poussant le scepticisme à ses dernières limites, on récusait en bloc les récits télépathiques qui ont été rapportés jusqu'alors, bien que cela semble difficile — et tous ceux, encore plus nombreux, qui existent à l'heure actuelle, — comme empreints d'exagération ou arrangés inconsciemment après coup par l'imagination des narrateurs, il faudra se rendre aux démonstrations rigoureuses données par M. de Rochas, et par les savants spirites qui ont constaté d'une manière indiscutable la bilocation des vivants. Je vais citer quelques exemples de ces faits.

(1) Voir l'ouvrage *l'Ame est immortelle*, 2ᵉ partie, chap. I et II où de nombreuses observations sont citées.

Tout d'abord, voici le récit d'une expérience à laquelle prirent part deux hommes de science de la plus haute valeur : William Crookes, universellement connu, et Cromwell Varley, ingénieur en chef des lignes télégraphiques de l'Angleterre, membre de la Société Royale. Il s'agissait de s'assurer automatiquement que le sujet qui est dans le cabinet de matérialisation ne peut pas en sortir pour jouer le rôle de l'esprit après s'être déguisé. Ce fut avec Florence Cook que l'on inaugura ce mode de contrôle, qui est d'une précision et d'une sûreté qui ne laissent rien à désirer.

Je copie ce compte rendu dans l'ouvrage d'Aksakof, qui lui-même renvoie pour les détails le lecteur aux *Psychische Studien* de 1874, p. 341 à 349.

« Pour établir si miss Cook se trouvait à l'intérieur du cabinet pendant que Katie se présentait devant l'assistance, hors du cabinet, M. Varley conçut l'idée de faire traverser le corps du médium par un faible courant électrique, pendant tout le temps que la forme matérialisée était visible et de contrôler les résultats ainsi obtenus, au moyen d'un galvanomètre placé dans la même chambre, en dehors du cabinet.

« L'expérience dont nous parlons a eu lieu dans l'appartement de M. Luxmore. La pièce du fond fut séparée de celle du devant au moyen d'un rideau, pour empêcher l'entrée de la lumière ; elle devait servir de cabinet obscur. Avant le commencement de la séance, on eut soin d'explorer ce cabinet obscur et d'en fermer les portes à clef. La pièce de devant était éclairée par une lampe à paraffine avec un écran qui en tamisait la lumière. On plaça le galvanomètre sur la cheminée, à une distance de onze pieds du rideau.

« L'assistance se composait de MM. Luxmore, Crookes, Mme Crookes et Mme Cook avec sa fille, MM. Tapp, Harrisson et moi (Varley).

« Miss Cook occupait un fauteuil dans la chambre du fond. On fixa, avec du caoutchouc, à chacun de ses bras, un peu au-dessus des poignets, une pièce de monnaie en or, à laquelle était soudé un bout de fil de platine. Les pièces d'or étaient séparées de la peau par trois couches de papier buvard blanc, d'une forte épaisseur, humecté d'une solution de chlorhydrate d'ammoniaque. Les fils de platine *passaient le long des bras jusqu'aux épaules* et étaient attachés au moyen de cordons, de manière à laisser aux bras la liberté des mouvements. Les bouts extérieurs des fils de platine étaient réunis à des fils de cuivre, recouverts de coton, et qui arrivaient jusque dans la chambre éclairée où se trouvaient les expérimentateurs. Les fils conducteurs étaient reliés à deux éléments Daniel et à un appareil de contrôle. Quant tout fut prêt, on ferma les rideaux, laissant ainsi le médium (miss Cook), dans l'obscurité. *Le courant électrique traversa le corps du médium pendant toute la durée de la séance.*

« Ce courant, prenant naissance dans les deux éléments, passait par le galvanomètre, par les éléments de résistance, par le corps de miss Cook et retournait ensuite à la batterie.

« *Avant* l'introduction de miss Cook dans le courant, tandis que les deux pièces de monnaie qui formaient les deux pôles de la batterie étaient réunies, le galvanomètre marquait une déviation de 300°.

« *Après* l'introduction de miss Cook, les pièces d'or furent placées sur les bras du médium, un peu au-dessus du poignet, avec le papier buvard mouillé, et le galvanomètre ne marquait plus que 220°.

« Ainsi donc, le corps du médium, introduit dans le circuit, offrait une résistance au courant électrique, équivalent à 80 divisions de l'échelle.

« *Le but principal de cette expérience était précisément de connaître la résistance que le corps du médium pouvait offrir au courant électrique.*

« Le moindre déplacement des pôles de la batterie, qui étaient fixés au bras de miss Cook par des caoutchoucs, aurait *inévitablement* produit un changement dans la force de résistance offerte par le corps du médium.

« Or, c'est dans ces conditions que la figure de Katie apparut plusieurs fois dans la fente du rideau ; elle montra *ses deux mains et ses deux bras*, puis demanda un papier et un crayon, et écrivit sous les yeux des assistants. »

Nous avons dans cette expérience la preuve absolue que l'apparition n'est pas un déguisement du médium, ni même une transfiguration, car le fantôme a les mains libres de toute entrave. Or, si les pièces de monnaie et le papier buvard avaient été relevés jusqu'aux épaules, de manière à découvrir les deux bras du médium, le trajet parcouru par le courant dans le corps de miss Cook aurait été raccourci de près de moitié, par conséquent la résistance offerte par le corps du médium aurait aussi diminué de moitié, soit de 40°, et *l'aiguille du galvanomètre serait passée* de 220° à 260°. Et, cependant, c'est le contraire qui s'est produit : dès le début de la séance, et jusqu'à la fin, la déviation de l'aiguille a régulièrement *diminué* de 220° à 146°, à cause du desséchement progressif du papier mouillé qui augmentait lentement la résistance.

Il est absolument certain que si l'une des pièces d'or avait été refoulée, ne fût-ce que d'un centimètre, la déviation eût *augmenté* et la supercherie du médium eût été démasquée; mais, au contraire, l'aiguille du galvanomètre n'a pas cessé de *baisser*, et l'on a vu Katie King avec les bras nus, ce qui démontre avec évidence qu'elle était indépendante du médium.

Ce mode de contrôle est des plus précis, car le galvanomètre à réflecteur employé par Varley est si sensible que le courant électrique le plus faible, transmis à 3.000 milles par un câble sous-marin, serait enregistré. Il résulte de ce qui vient d'être exposé que le *moindre mouvement* aurait été dénoncé par les variations du galvanomètre, ainsi qu'il résulte du rapport suivant dans lequel M. Varley a consigné, minute par minute, les variations de l'aiguille :

« Avant que le médium ne tombât en trance, on le pria de faire des mouvements avec ses bras; *le changement de la surface métallique mise en contact réel avec le papier et le corps* produit une déviation s'élevant à 15 à 20 divisions, et même davantage parfois ; par conséquent si au cours de la séance, le médium avait fait le moindre mouvement avec ses mains, le galvanomètre l'aurait sûrement indiqué. Dans l'espèce, miss Cook représentait un câble télégraphique au moment du contrôle. »

L'importance de ces expériences sera appréciée par tous les hommes de science. Ici, c'est un appareil électrique d'une exquise délicatesse qui certifie que le médium n'a pas bougé et cette preuve est absolue, car elle est indépendante du témoignage des sens, qui peuvent être hallucinés, alors qu'un galvanomètre donne toujours des indications mathématiquement exactes. Si l'on renouvelle ces expériences, il sera utile d'intercaler un voltmètre enregistreur dans le circuit, de manière à conserver un document reproduisant la courbe des variations de l'intensité du courant pendant toute la durée du phénomène.

Ce mode de contrôle fut employé encore par William Crookes, seul, cette fois, et l'apparition se montra non seulement à l'ouverture des rideaux, *mais dans la salle* où se trouvaient les observateurs.

Voici textuellement le rapport :

« A la deuxième séance, ce fut M. Crookes qui dirigea l'expérience, en l'absence de M. Varley. Il obtint des résultats similaires, tout en ayant pris la précaution de ne laisser aux fils de cuivre que juste assez de longueur pour permettre au médium de se montrer dans l'écartement du rideau, au cas où il se déplacerait. Cependant Katie s'avança au delà du rideau, d'environ 6 à 8 pieds ; *elle n'était retenue par aucun fil*, et l'observation du galvanomètre ne fit rien constater d'anormal à aucun moment.

« En outre, Katie, sur la prière de M. Crookes, *plongea ses mains dans un récipient contenant de l'iodure de potassium, sans qu'il en résultât la moindre oscillation de l'aiguille du galvanomètre.* Si les fils conducteurs avaient été en communication avec sa personne, le courant se serait dirigé par la voie la plus courte que lui offrait ainsi le liquide, ce qui aurait occasionné une plus forte déviation de l'aiguille... »

M. Harrisson, l'éditeur du *Spiritualist*, qui assistait à cette expérience et en a publié le compte rendu dans son journal, a fait paraître dans un autre organe spirite *le Médium*, la note suivante, *avec approbation de MM. Crookes et Varley* :

« Monsieur le directeur,

« A la suite de ma présence à plusieurs séances récentes, au cours desquelles MM. Crookes et Varley ont dirigé un faible courant électrique à travers le corps de miss Cook, pendant tout le temps qu'elle se trouvait dans le cabinet, alors que Katie était au dehors, quelques personnes ayant fait partie de l'assistance m'ont prié de vous communiquer les résultats obtenus à ces expériences, dans l'espoir que cet article aura pour effet de protéger un médium local et honnête contre d'indignes attaques.

« Quand Katie sortit du cabinet, aucun fil métallique n'adhérait à sa personne; pendant tout le temps qu'elle se tint dans la chambre en dehors du cabinet, le courant électrique ne subit aucune interruption, *ainsi que cela aurait inévitablement eu lieu* si les fils avaient été détachés des bras de miss Cook sans que leurs extrémités fussent immédiatement remises en contact.

« En admettant même que ce fait se fût produit, la diminution de la résistance aurait été aussitôt mise en évidence par l'aiguille du galvanomètre. Dans les expériences dont il s'agit, il a été diversement démontré que miss Cook était dans le cabinet pendant que Katie s'exhibait au dehors.

« Les séances ont eu lieu en partie dans l'appartement de M. Luxmore, en partie dans celui de M. Crookes. Avant de vous adresser la présente lettre, *lecture en a été faite à MM. Crookes et Varley, qui ont donné leur approbation.*

« 11. Ave Maria lane, le 17 mars 1874.
« William H. Harrisson. »

Jamais les documents que nous venons de citer n'ont été démentis ; ils sont donc authentiques, de sorte que nous possédons une preuve scientifique absolue que les matérialisations de Katie King n'étaient pas dues à un déguisement de Florence Cook.

Un point de la plus haute importance que je tiens à signaler dès maintenant, c'est que l'apparition diffère physiquement et moralement du médium, alors même qu'une partie de la substance de Mlle Cook servait à produire la matérialisation du fantôme, car le poids du corps diminuait pendant la durée du phénomène.

LE CAS DE Mme LIVERMORE.

Les apparitions de Katie King ont été si nombreuses et si souvent observées qu'il n'est pas possible de douter un instant que ce soit un Esprit qui se manifestait ainsi ; mais comme il déclarait avoir vécu jadis sous le nom d'Annie Morgan, sous Charles Ier, il n'était pas possible de vérifier son identité. Nous avons constaté que Florence, la fille de Mme Marryat, s'est fait reconnaître grâce à un signe particulier de la lèvre ; nous allons voir, d'après M. Aksakof (1), qu'il serait impossible de trouver un cas plus concluant, plus parfait comme preuve d'identité de l'apparition d'une forme matérialisée, que celui que nous présente le cas d' « Estelle » décédée en 1860, à son mari, M. Livermore.

Cette observation réunit toutes les conditions pour devenir classique ; elle répond à toutes les exigences de la critique. On peut en trouver le récit détaillé dans *The Spiritual Magazine* de 1861, dans des articles de M. B. Coleman, qui en tenait tous les détails directement de M. Livermore (ils ont été ensuite publiés sous forme d'une brochure intitulée : *Spiritualism in America*, Londres, 1861) et enfin dans l'ouvrage de Dale Owen, *Debetable Land*, qui en a emprunté les détails au manuscrit de M. Livermore.

La matérialisation de la même figure a continué pendant *cinq ans,* de 1861 à 1866, durant lesquels M. Livermore a eu 388 séances avec le médium Kate Fox, et dont les détails ont été enregistrés par M. Livermore dans un journal. Elles ont eu lieu dans une complète obscurité. M. Livermore était, le plus souvent, seul avec le médium dont il tenait les deux mains pendant toute la séance. Le médium était tout le temps dans son état normal et *témoin conscient de tout ce qui se passait.*

La matérialisation visible de la figure d'Estelle fut graduelle ; ce n'est qu'à la quarante-troisième séance que son mari put la reconnaître, au

---

(1) *Animisme et Spiritisme*, p. 610 et suiv.

moyen d'un éclairage intense, de source mystérieuse, dépendant du phénomène, et généralement sous la direction d'une autre figure qui accompagnait Estelle et l'aidait dans ses manifestations. Cette deuxième apparition se donnait le nom de Franklin.

Depuis lors, l'apparition d'Estelle devint de plus en plus parfaite et put supporter même la lumière d'une lanterne apportée par M. Livermore. Heureusement pour l'appréciation du fait, la figure ne put parler, sauf quelques mots qu'elle prononça, et *tout le côté intellectuel de la manifestation dut revêtir une forme qui laissa des traces à jamais persistantes*. Il s'agit des communications excessivement nombreuses écrites par Estelle elle-même ; elles furent toutes, au nombre d'une centaine, reçues sur des cartes que M. Livermore apportait et marquait lui-même ; pendant que cette apparition écrivait, M. Livermore, tenant les mains de Kate Fox, pouvait voir parfaitement la main et toute la figure de celle qui écrivait.

L'écriture de ces communications est *une parfaite reproduction de l'écriture de Mme Livermore vivante*. Dans une lettre de M. Livermore à M. B. Coleman de Londres, dont il avait fait la connaissance en Amérique, nous lisons : « Nous venons enfin d'obtenir des lettres datées. La première de ce genre, du vendredi 3 mai 1861, était écrite très soigneusement et très correctement, et l'identité de l'écriture de ma femme a pu être établie d'une façon catégorique par des comparaisons minutieuses ; le style et l'écriture de « l'esprit » sont pour moi des preuves positives de l'identité de l'auteur, même si on laisse de côté les autres preuves encore plus concluantes que j'ai obtenues ». Plus tard, dans une autre lettre, M. Livermore ajoute : « Son identité a été établie de façon à ne laisser subsister aucun doute : d'abord par son apparence, ensuite par son écriture, et enfin par son individualité mentale, sans parler de nombreuses autres preuves qui seraient concluantes dans les cas ordinaires, mais dont je n'ai pas tenu compte, sauf comme preuve à l'appui ».

Le témoignage de M. Coleman confirme celui de M. Livermore, et des spécimens de l'écriture d'Estelle de son vivant, et après sa mort ont été publiés dans le *Spiritual Magasine* en 1861. L'écriture est certainement une preuve absolue et tout à fait concluante de l'identité de l'être qui se matérialise, car c'est une sorte de photographie de la personnalité, dont elle a toujours été considérée comme l'expression fidèle et constante. Outre cette preuve matérielle et intellectuelle, nous en trouvons encore une autre dans plusieurs communications écrites par Estelle *en français*, langue complètement inconnue du médium. Voici à ce sujet le témoignage décisif de M. Livermore : « Une carte que j'avais apportée moi-même fut enlevée de ma main et, après quelques instants, elle me fut visiblement rendue. J'y lus un message admirablement écrit en pur français. Ma femme connaissait très bien le français ; elle l'écrivait et le parlait correctement, tandis que miss Fox n'en avait pas la moindre notion » (1).

M. Aksakof, si difficile en fait de preuves, écrit :

« Nous trouvons ici une *double preuve d'identité*, elle est constatée non seulement par l'écri-

---

(1) *Le Spiritualisme en Amérique*, p. 34.

ture en tous points semblable à celle du défunt, mais encore dans une langue inconnue du médium. Le cas est extrêmement important et présente à nos yeux une preuve d'*identité absolue* ».

La cessation des manifestations d'Estelle par la voie de la matérialisation présente un rapprochement remarquable avec la fin des apparitions de Katie. Nous lisons dans Owen : « C'est à la séance n° 388, le 2 avril 1866, que la forme d'Estelle apparut pour la dernière fois. De ce jour, M. Livermore n'a plus revu la figure bien connue de lui, quoiqu'il en ait reçu, jusqu'au moment où j'écris (1871), de nombreux messages pleins de sympathie et d'affection. »

Il nous paraît bien établi que l'immortalité ressort avec une complète évidence de ces manifestations suggestives. Les théories les plus osées ne pourront lutter contre des faits de cette nature, qui nous assurent à eux seuls cette vie d'Outre-tombe, dont l'existence était rendue plus que probable par tous les autres genres de communications entre les hommes et les Esprits.

RÉSUMÉ.

Dans le trop court exposé que nous venons de mettre sous les yeux du lecteur, nous n'avons pu reproduire qu'un seul récit concernant chacun des cas particuliers que nous aurions voulu énumérer en plus grand nombre. Il est d'ailleurs facile de consulter les ouvrages cités, et de se convaincre que la quantité de témoignages authentiques, relatant des faits d'apparitions de vivants ou de morts, est considérable. La plupart émanent de personnes absolument dignes de foi, n'ayant aucun intérêt à tromper, et la véracité de ces affirmations a de plus été contrôlée, avec tout le soin possible, par des hommes savants, prudents et impartiaux ; mais en supposant même que quelques-uns de ces rapports soient faux, d'autres inexactement reproduits, il en reste un nombre suffisant (plusieurs centaines) pour établir LA CERTITUDE DU DÉDOUBLEMENT DE L'ÊTRE HUMAIN ET DE LA SURVIVANCE DE L'AME APRÈS LA MORT.

Il nous a été facile de constater, dans presque toutes les narrations, que le corps dormait pendant que l'esprit manifestait au loin sa présence. La réalité de l'âme, c'est-à-dire du moi pensant et volontaire, en même temps que son individualité distincte du corps, s'affirment comme des corollaires obligés du phénomène de dédoublement.

Nous avons observé, en effet, par des témoignages précis, que pendant le sommeil, l'âme humaine peut se dégager et manifester son autonomie ; elle est donc distincte de l'organisme matériel et il est impossible d'expliquer ces phénomènes psychologiques par une action du cerveau, puisque le sommeil est, suivant la science, caractérisé par la disparition de l'activité psychique (1).

Ce *moi* qui se déplace n'est pas une substance incorporelle, c'est un être bien défini, qui a une enveloppe reproduisant les traits du corps ; et lorsqu'il se fait voir, c'est grâce à cette identité

(1) Voir la thèse du Dr Pupin : *le Neurone et les Hypothèses histologiques sur son mode de fonctionnement. Théorie histologique du sommeil* (cité par le Dr Gyel dans son livre : *l'Être subconscient*).

absolue avec l'enveloppe charnelle, qu'on peut le reconnaître.

Le degré de matérialité du périsprit est variable ; tantôt c'est un simple brouillard blanc qui dessine les traits en les atténuant ; d'autres fois, il a des contours très nets et semble un portrait animé ; enfin il arrive aussi qu'il se montre avec tous les caractères de la réalité, et l'on constate qu'il a suffisamment de tangibilité pour exercer des actions physiques sur la matière inerte, et pour déceler l'existence d'un organisme interne semblable à celui d'un individu vivant.

La distance qui sépare le corps de son âme n'influe en rien sur l'intensité des manifestations. Nous en avons vu plusieurs exemples tout à fait probants.

Cette enveloppe de l'âme, qui n'accuse son existence distincte du corps que dans des circonstances assez rares, s'y trouve cependant à l'état normal, comme l'indiquent les expériences sur l'extériorisation de la sensibilité, et l'action des médicaments à distance. D'ailleurs, la certitude de la coexistence du corps et du périsprit résulte de la survivance de ce dernier à la destruction de l'enveloppe charnelle. Cette immortalité est établie par des expériences variées, offrant toutes des caractères qui imposent la conviction.

Les apparitions de morts ou de vivants sont identiques ; elles agissent de la même façon, elles produisent les mêmes effets, donc la cause à laquelle elles sont dues est la même : c'est l'âme dégagée du corps. Il faut noter qu'il ne pourrait en être autrement, puisque, dans les deux cas, elle est libérée de sa prison charnelle.

Si donc nous découvrons, dans les apparitions

des morts, des caractères qui n'avaient pas été mis en évidence dans les apparitions de personnes vivantes, nous pourrons conclure légitimement que le double humain les possède aussi.

La continuité qui existe entre tous les phénomènes de la nature nous permettra de saisir la liaison qui existe entre les manifestations de l'âme produites par son action à distance, et celles qui sont dues à sa sortie du corps. Transmission de pensée, télépathie, extériorisation partielle, dédoublement, sont des phénomènes qui forment une chaîne ininterrompue, une graduation des pouvoirs animiques.

Les circonstances qui accompagnent les apparitions de vivants sont, en général, suffisamment démonstratives par elles-mêmes, pour établir l'objectivité du fantôme. Nous avons mis en évidence ce caractère dans tous les cas cités, mais il n'a pas été possible d'en donner des preuves absolues, ces phénomènes, par leur rareté, leur spontanéité s'opposant à toute enquête méthodique. Il n'en va pas de même lorsque ces apparitions se produisent dans des séances spirites, où elles sont sollicitées. Là, on s'attend à les voir se produire, et toutes les précautions sont prises pour en vérifier soigneusement l'objectivité.

La photographie est un des plus sûrs garants que nous puissions fournir. Si, à la rigueur, il est possible d'admettre, pour expliquer les apparitions, une hallucination agissant sur des cerveaux prédisposés, cette explication tombe à plat devant la réalité brutale qui s'inscrit sur la couche collodionnée ; ici, pas d'illusion possible ; le phénomène accuse sa réalité en laissant une trace indéniable sur la couche sensible. Or, nous avons photographié le corps fluidique pendant la vie et après la mort, ce qui nous donne cette *certitude absolue* que l'âme existe toujours, aussi bien sur la terre que dans l'espace.

D'ailleurs, la continuité de l'être se décèle bien clairement par ce fait des apparitions suivant la mort de quelques heures. Tout se passe comme si l'individu qui apparaît était encore vivant ; le périsprit qui vient de quitter le corps en retrace fidèlement, non seulement l'image, mais encore la configuration physique, qui se décèle par les empreintes laissées sur du papier noirci et par des moulages ! Quelle découverte merveilleuse que cette possibilité de se convaincre, par des témoignages matériels, de la survivance intégrale de l'être pensant !

Nous voyons enfin, dans les expériences de Crookes, que l'esprit matérialisé est en tout point un être qui vit, temporairement, comme s'il était né sur la terre. Son cœur bat, ses poumons fonctionnent, il va et vient, cause, donne une mèche de ses cheveux. Son périsprit a donc en lui tout ce qu'il faut pour créer tous ces organes, avec la force et la matière empruntées au médium ; c'est l'épanouissement complet du phénomène, que nous avons vu ébauché seulement par les apparitions parlantes (1).

Que les savants officiels ferment les yeux, que la presse fasse obstinément le silence sur ces faits remarquables, cela n'empêchera pas la vérité d'éclater aux yeux des gens non prévenus.

(1) Voir *Un cas de dématérialisation partielle du corps d'un médium*, par Aksakof. On pourra se convaincre par cette lecture que la matière dont le corps temporaire de l'Esprit est formé est puisée dans le corps matériel du médium.

Cette démonstration matérielle de la survivance a une importance capitale pour l'avenir de l'humanité. Personne ne pourra détruire le faisceau de preuves que nous apportons. Tôt ou tard, il faudra que les plus orgueilleux s'inclinent devant l'évidence, et reconnaissent que les spirites, si raillés, ont cependant doté la science de la plus grande et de la plus féconde découverte qui ait jamais été faite sur la terre.

CONCLUSION

Il nous paraît donc établi par l'observation et l'expérience que :

1° L'être humain peut se dédoubler en deux parties : le corps et l'âme ;

2° L'âme, en se séparant du corps, en reproduit identiquement l'image ;

3° Les manifestations animiques sont indépendantes du corps physique ; pendant le dégagement, quand l'âme est totalement extériorisée, le corps n'est plus qu'une masse inerte ;

4° L'apparition peut présenter tous les degrés de matérialité, depuis une simple apparence jusqu'à une réalité concrète qui lui permet de marcher, de parler et d'agir sur la matière brute ;

5° La forme fluidique de l'âme peut être photographiée ;

6° La forme fluidique de l'âme, durant la vie ou après la mort, peut laisser des empreintes ou des moulages ;

7° Pendant la vie, l'âme peut percevoir des sensations, en dehors des organes des sens ;

8° La forme fluidique reproduit non seulement l'extérieur, mais aussi toute la constitution interne de l'être ;

9° La mort n'a pas détruit l'âme ; elle persiste avec toutes ses facultés psychiques et avec un organisme physique, invisible et impondérable, qui possède à l'état latent toutes les lois biologiques de l'être humain.

LES CONSÉQUENCES.

Que faut-il conclure de tous ces faits ? En premier lieu, nous sommes contraints d'admettre que le corps et l'âme sont deux entités absolument distinctes, pouvant se séparer, chacune d'elles offrant des caractères non équivoques de substantialité. Nous devons observer encore que l'organisme physique n'est qu'une enveloppe qui devient inerte, aussitôt que le principe pensant s'en sépare. La partie sensible, intelligente, volontaire de l'homme réside dans le double, et se montre comme la cause de la vie psychique. Dès lors, est-il rationnel d'imaginer, pour expliquer les phénomènes spirites, d'autres facteurs que l'âme humaine ?

Evidemment non, et toutes les théories qui font intervenir des êtres imaginaires : démons, élémentals, élémentaires, eggrégores, idées collectives, ne peuvent soutenir l'examen des faits, ni rendre compte des phénomènes observés. Dans le cas où l'esprit d'un vivant se manifeste d'une manière quelconque, il nous est possible de remonter de l'effet à la cause et d'en découvrir la raison efficiente ; c'est bien la psyché humaine, en sortie temporaire hors des limites de son organisme.

Nous savons qu'elle puise dans le corps matériel la force nécessaire à ses manifestations ; que cette âme vienne à quitter définitivement son corps matériel, elle sera obligée de recourir à un médium pour trouver chez lui cette énergie indispensable. Ainsi s'expliquent nettement toutes ces manifestations. Il y a dans ces faits qui se déroulent en séries parallèles, non seulement une évidente parenté, mais une si grande ressemblance qu'elle atteint à l'identité : donc, la cause, en bonne logique, est nécessairement la même : dans tous les cas c'est l'âme.

On a si bien senti cette continuité que des incrédules, comme Hartmann, ont tenté de vouloir expliquer tous les faits spirites par l'action incorporelle et inconsciente du médium. Mais les phénomènes, en très grand nombre, ont répondu victorieusement à cette assertion inexacte. Les Esprits ont révélé, par des preuves irrécusables, qu'ils avaient une personnalité tout à fait autonome, et indépendante de celle des assistants. Ils ont démontré péremptoirement leur survivance par une quantité prodigieuse de communications en dehors des connaissances de tous les expérimentateurs (1) Il leur a été possible d'établir leur identité par leur signature authentique ; par des récits qu'eux seuls pouvaient connaître ; par des prédictions concernant l'avenir, lesquelles ont été minutieusement accomplies ; en un mot, l'immortalité a été prouvée scientifiquement.

(1) Aksakof. *Animisme et Spiritisme*, 3ᵉ partie. Voir tous les genres de preuves que l'on possède, relativement aux manifestations. Consulter aussi nos ouvrages : *le Phénomène spirite* et *les Recherches sur la médiumnité*.

C'est certainement la plus importante et la plus féconde découverte du xixe siècle. Arriver à des connaissances positives sur le lendemain de la mort, c'est révolutionner l'humanité tout entière, en donnant à la morale une base scientifique et une sanction naturelle, en dehors de tout *credo* dogmatique et arbitraire.

Certes, alors même que ces consolantes certitudes auront pénétré dans les masses, l'humanité ne sera pas brusquement changée ; elle ne deviendra pas subitement meilleure, mais elle possèdera le plus puissant levier qui existe, pour soulever le monceau d'erreurs accumulées depuis six mille ans. Ses instituteurs pourront parler avec autorité des devoirs qui incombent à tout homme venant ici-bas. Ils exposeront devant les yeux des plus récalcitrants les destinées futures, et cette vie d'outre-tombe, à laquelle la majorité ne croit plus, deviendra aussi évidente que la clarté du soleil. Alors, on comprendra que le séjour terrestre n'est qu'une étape dans les destinées de l'homme ; qu'il y a quelque chose de plus utile que la satisfaction des appétits matériels, et qu'il faudra, quand même, arriver à réfréner ses passions et à dompter ses vices.

Voilà les bienfaits certains que le spiritisme porte dans ses flancs.

Doctrine bénie et émancipatrice, puisse ton rayonnement s'étendre bientôt sur toute la terre pour apporter la certitude à ceux qui doutent, apaiser les douleurs des cœurs brisés par le départ d'êtres tendrement chéris, et donner, à ceux qui luttent contre les âpretés de la vie, le courage de surmonter les dures nécessités de ce monde encore si barbare.

CHAPITRE II

Le monde spirituel et les fluides. (1)

> L'homme porte en lui-même toutes les forces nécessaires à sa perfection, il ne lui reste qu'à les développer.
>
> Jean REYNAUD.

> L'homme qui meurt est un astre couchant qui se lève plus radieux sur un autre hémisphère.
>
> GŒTHE.

> Le plus simple paysan qui observe une vérité, et d'un fait en déduit un principe, ajoute un solide trésor à la richesse publique.
>
> Thomas F. HARRIS.

L'étude des phénomènes spirites nous a fait connaître des états de la matière et des conditions de la vie que la science avait longtemps ignorés. Nous avons appris qu'au-delà de l'état gazeux et même de l'état radiant découvert par W. Crookes, la matière, devenue invisible, impondérable, se retrouve sous des formes de plus en plus subtiles que nous désignons sous le nom de *fluides*. A mesure qu'elle se raréfie, elle acquiert des propriétés nouvelles, une puissance de radiation croissante ; elle devient une des formes de l'énergie.

(1) Extrait de *l'Ame Immortelle*, J. Delanne.

LES FORCES.

« Il est un fluide éthéré qui remplit l'espace et pénètre les corps ; ce fluide, c'est *la matière cosmique* primitive, génératrice du monde et des êtres. A l'éther sont inhérentes les forces qui ont présidé aux métamorphoses de la matière, les lois immuables et nécessaires qui régissent le monde. Ces forces multiples, indéfiniment variées suivant les combinaisons de la matière, localisées suivant les masses, diversifiées dans leur mode d'action suivant les circonstances et les milieux, sont connues sur la terre sous le nom de *pesanteur, cohésion, affinité, attraction, magnétisme, électricité ;* les mouvements vibratoires de l'agent sont ceux de : *son, chaleur, lumière*, etc...

« Or, de même qu'il n'y a qu'une seule substance simple, primitive, génératrice de tous les corps, mais diversifiée dans ses combinaisons, de même toutes ces forces dépendent d'une loi universelle diversifiée dans ses effets que l'on trouve à leur origine, et qui, dans les décrets éternels, a été souverainement imposée à la création pour en constituer l'harmonie et la stabilité permanentes.

« La nature n'est jamais opposée à elle-même. Le blason de l'univers n'a qu'une devise : *Unité*. En remontant l'échelle des mondes, on trouve l'*unité* d'harmonie et de création, en même temps qu'une variété infinie dans cet immense parterre d'étoiles, en parcourant les degrés de la vie, depuis le dernier des êtres jusqu'à Dieu, la grande loi de continuité se fait reconnaître ;

en considérant les forces en elles-mêmes, on peut en former une série dont la résultante, se confondant avec la génératrice, est la loi universelle...

« *Toutes ces forces sont éternelles et universelles* comme la création ; étant inhérentes au fluide cosmique, elles agissent nécessairement en tout et partout, modifiant leur action par leur simultanéité ou leur succession ; prédominant ici, s'effaçant plus loin, puissantes et actives en certains points, latentes ou secrètes en d'autres ; mais finalement préparant, dirigeant, conservant et détruisant les mondes dans leurs diverses périodes de vie, gouvernant les travaux merveilleux de la nature en quelque point qu'ils s'exécutent, assurant à jamais l'éternelle splendeur de la création. »

Il est difficile de mieux dire et d'exprimer d'une façon aussi élevée que concise tous les résultats que la science nous fait connaître.

Il n'est pas au pouvoir de l'homme de créer de l'énergie ou de détruire celle qui existe ; tout ce qu'il peut faire, c'est de transformer un mouvement en un autre. Le monde de la mécanique n'est pas une manufacture créant de l'énergie, dit Balfour Stewart (1), mais une sorte de marché où nous pouvons apporter une espèce particulière d'énergie et l'échanger contre un équivalent d'un autre genre d'énergie qui nous convient davantage... Si nous arrivons sans rien dans la main, nous sommes certains de revenir sans rien.

Il est absurde, dit le père Secchi, d'admettre

(1) Balfour Stewart, *la Conservation de l'Energie.*

que le mouvement dans la matière brute puisse avoir d'autre origine que le mouvement lui-même.

Ainsi, l'énergie ne peut pas être créée, et il est établi qu'elle ne peut se détruire. Là où un mouvement cesse, apparaît immédiatement la chaleur, qui est une forme équivalente de ce mouvement. C'est cette grande vérité qui a été formulée sous le nom de *loi de la conservation de l'énergie*, identique à la loi de conservation de la matière.

De même que la matière ne peut être anéantie (1) et passe seulement par des transformations, de même l'énergie est indestructible et n'éprouve que des changements de forme. Jusqu'au xixe siècle, la pratique journalière semblait fournir, en apparence, des motifs pour croire que l'énergie était partiellement supprimée.

La gloire d'avoir démontré expérimentalement que pas une seule fraction d'énergie n'est perdue, et que la quantité totale d'énergie d'un système fermé est invariable, appartient à J.-R. Mayer, médecin à Heilbronn (royaume de Wurtemberg), au Danois Colding et au physicien anglais Joule. Cette démonstration, connue sous le nom de *théorie mécanique de la chaleur*, est une des œuvres les plus admirables et les plus fécondes du xixe siècle.

De ces découvertes expérimentales, il découle que les forces naturelles, ainsi qu'on les appelle

---

(1) Nous rappelons que les phénomènes de radio-activité semblent démontrer que la matière se transforme en énergie, elle n'est donc pas substantiellement anéantie, mais elle change d'état et perd ses propriétés matérielles. (*Note de la seconde édition.*)

encore aujourd'hui, ne sont pas autre chose que des manifestations particulières de l'énergie universelle, c'est-à-dire, en dernière analyse, des modes de mouvement. Le problème de l'unité et de la conservation de la force a donc été résolu par la science moderne.

C'est dans l'univers entier qu'il a été possible de constater l'unité des deux grands principes : force et matière.

La lunette et le télescope ont fait voir que les planètes solaires sont des mondes comme le nôtre par leur forme, leur constitution et le rôle qu'elles remplissent. Mais ce n'est pas notre système seulement qui obéit à ces lois, l'espace céleste tout entier est peuplé de créations semblables, qui établissent la similitude d'organisation des masses totales de l'Univers, en même temps que l'uniformité sidérale des lois de la gravitation.

Les soleils ou étoiles, les nébuleuses et les comètes, ont été étudiés par l'analyse spectrale, qui a démontré que ces mondes si divers sont composés de matériaux semblables à ceux que nous connaissons sur notre terre ; la mécanique chimique et physique des atomes est la même que celle d'ici-bas, c'est donc bien, en tout et partout, l'unité fondamentale, incessamment diversifiée.

Quelle magnifique confirmation de cette voix de l'espace annonçant, il y a cinquante années, que la force est éternelle et que les séries dissemblables de ses actions ont une résultante commune, se confondant avec la génératrice, c'est-à-dire avec la loi universelle !

Ainsi donc, force unique, matière unique, indéfiniment variées dans leurs manifestations, sont les deux causes du monde visible, En existe-t-il un autre invisible et sans poids ? Interrogeons encore nos instructeurs de l'au-delà ; ils répondent affirmativement, et nous croyons que là encore la science ne les démentira pas.

LE MONDE SPIRITUEL. (1)

« Le fluide cosmique universel est, ainsi que cela a été enseigné, la matière élémentaire primitive dont les modifications et transformations constituent l'innombrable variété des corps de la nature. En tant que principe élémentaire universel, il offre deux états distincts : celui d'éthérisation ou d'impondérabilité, que l'on peut considérer comme l'état normal primitif, et celui de la matérialisation ou de pondérabilité, qui n'est en quelque sorte que consécutif. Le point intermédiaire est celui de la transformation du fluide en matière tangible, mais là encore, il n'y a pas de transition brusque, car on peut considérer nos fluides impondérables comme un terme moyen entre les deux états...

« A l'état d'éthérisation, le fluide cosmique n'est pas uniforme ; sans cesser d'être éthéré, il subit des modifications aussi variées dans leur genre, et plus nombreuses peut-être qu'à l'état de matière tangible

« Ces modifications constituent des fluides distincts qui, bien que procédant du même principe, sont doués de propriétés spéciales, et donnent lieu aux phénomènes particuliers du monde invisible.

(1) Allan Kardec, *Genèse*, ch. XIX, p. 292 et suivantes.

« Tout étant relatif, ces fluides ont pour les Esprits une apparence aussi matérielle que celle des objets tangibles pour les incarnés, et sont pour eux ce que sont pour nous les substances du monde terrestre ; ils les élaborent, les combinent pour produire des effets déterminés, comme font les hommes avec leurs matériaux, toutefois par des procédés différents.

« Mais là, comme ici-bas, il n'est donné qu'aux Esprits les plus éclairés de comprendre le rôle des éléments constitutifs de leur monde. Les ignorants du monde invisible sont aussi incapables de s'expliquer les phénomènes dont ils sont témoins, et auxquels ils concourent souvent machinalement, que les ignorants de la terre le sont d'expliquer les effets de la lumière ou de l'électricité, de dire comment ils voient et entendent. »

Ceci est admirablement juste, car, interrogez au hasard dix personnes qui passent dans la rue, et demandez-leur quelles sont les opérations successives de la digestion ou de la respiration, vous pouvez être certain que neuf sur dix ne pourront vous répondre. Cependant l'instruction est déjà bien répandue à notre époque, mais combien peu se donnent la peine d'apprendre ou de réfléchir ?

« Les éléments fluidiques du monde spirituel échappent à nos instruments d'analyse et à la perception de nos sens, faits pour la matière tangible et non pour la matière éthérée. Il en est qui appartiennent à un milieu tellement différent du nôtre que nous n'en pouvons juger que par des comparaisons aussi imparfaites que celles par lesquelles un aveugle-né cherche à se faire une idée de la théorie des couleurs.

« Mais, parmi ces fluides, quelques-uns sont intimement liés à la vie corporelle et appartiennent en quelque sorte au milieu terrestre. A défaut de perception directe, on peut en observer les effets, et acquérir sur leur nature des connaissances d'une certaine précision. Cette étude est essentielle, car c'est la clef d'une foule de phénomènes inexplicables par les seules lois de la matière.

« Le point de départ du fluide universel est le degré de pureté absolue, dont rien ne peut nous donner une idée : le point opposé est sa transformation en matière tangible. Entre ces deux extrêmes, il existe d'innombrables transformations, qui se rapprochent plus ou moins de l'un et de l'autre. Les fluides les plus voisins de la matérialité, les moins purs par conséquent, composent ce que l'on peut appeler l'atmosphère spirituelle terrestre. C'est dans ce milieu, où l'on trouve également différents degrés de pureté, que les Esprits incarnés et désincarnés de la terre puisent les éléments nécessaires à l'économie de leur existence. Ces fluides, quelque subtils et impalpables qu'ils soient pour nous, n'en sont pas moins d'une nature grossière, comparativement aux fluides éthérés des régions supérieures.

« La qualification de *fluides spirituels* n'est pas rigoureusement exacte, puisque, en définitive, c'est toujours de la matière plus ou moins quintessenciée. Il n'y a de réellement *spirituelle* que l'âme ou principe intelligent On les désigne ainsi par comparaison et en raison surtout de leur affinité avec les Esprits. On peut dire que c'est la matière du monde spirituel : c'est pourquoi on les appelle *fluides spirituels*.

« Qui connaît, d'ailleurs, la constitution intime de la matière tangible ? Elle n'est peut-être compacte que par rapport à nos sens, ce qui le prouverait, c'est la facilité avec laquelle elle est traversée par les fluides spirituels (1) et les Esprits auxquels elle ne fait pas plus d'obstacle que les corps transparents n'en font à la lumière.

« La matière tangible, ayant pour élément primitif le fluide cosmique éthéré, doit pouvoir, en se désagrégeant, retourner à l'état d'éthérisation, comme le diamant, le plus dur des corps, peut se volatiliser en gaz impalpable. La solidification de la matière n'est, en réalité, qu'un état transitoire du fluide universel, *qui peut retourner à son état primitif quand les conditions de cohésion cessent d'exister*.

« Qui sait même si, à l'état de tangibilité, la matière n'est pas susceptible d'acquérir une sorte d'éthérisation qui lui donnerait des propriétés particulières ? Certains phénomènes qui paraissent authentiques tendraient à le faire supposer. Nous ne possédons encore que des jalons du monde invisible, et l'avenir nous réserve sans doute la connaissance de nouvelles lois qui nous permettront de comprendre ce qui est encore pour nous un mystère. »

Comme confirmation, nous reproduisons ici quelques fragments du discours d'un des repré-

---

(1) Et nous pouvons ajouter aujourd'hui par les rayons X et les émanations radio-actives. Qui oserait douter de la clairvoyance de nos guides spirituels alors qu'ils nous prêchaient, il y a si longtemps, ce que la science découvre seulement maintenant ?

sentants officiels de la science moderne, que nous empruntons à la *Revue scientifique et morale du spiritisme*, numéro d'octobre 1909.

LA SCIENCE ET LA POÉSIE
A L'ACADÉMIE DES JEUX FLORAUX DE TOULOUSE (1)

Lorsque les spirites parlaient des « fluides », c'est-à-dire d'états impondérables de la matière, ils semblaient ressusciter de vieilles conceptions démodées et employer un terme vague sans réalité scientifique. Ils enseignent aussi, depuis Allan Kardec, que l'infinie diversité des corps qui existent ne sont que des modifications d'une substance primordiale, unique, dont nous ne connaissons pas encore toutes les modalités, car la matière impondérable, celle qui forme le monde invisible qui nous pénètre de toutes parts, est encore ignorée de nos savants.

Mais voici que peu à peu tombent les barrières anciennes entre notre milieu terrestre et celui de l'au-delà. Les notions scientifiques se modifient ; il se produit une révolution dans les idées. L'atome n'est plus le fondement éternel de l'univers ; lui-même est composé de parties plus simples et on entrevoit toute une genèse des éléments. Cette justification tardive des enseignements spirites a une importance capitale pour démontrer que les esprits qui ont guidé Allan Kardec avaient des notions plus précises sur la véritable constitution de l'Univers que la majorité des savants du siècle dernier. Le discours de M. Paul Sabatier, doyen de la faculté

(1) *Revue scientifique et morale spiritisme*, oct. 1909.

des sciences de Toulouse, après l'article de M. Naquet, résume admirablement la question, c'est pourquoi nous croyons utile de le reproduire, car il montre comment le progrès finit par s'imposer, en dépit des obstacles qu'il rencontre toujours sur sa route *(N. d. l. R.)*.

Il y a une dizaine d'années à peine, la découverte de quelques parcelles d'une nouvelle substance a soulevé dans le monde savant la plus vive émotion. Un physicien français, dont la science déplore la perte récente, Henri Becquerel, observa que les composés de l'uranium possèdent la propriété d'émettre certains rayons capables de traverser les corps opaques et d'impressionner les plaques photographiques.

En poursuivant l'étude de ces rayons uraniques, M. et Mme Curie les rencontrèrent beaucoup plus intenses dans certains minerais d'uranium, et ils parvinrent à en extraire des poids minimes de sel, dont les propriétés tout à fait inattendues ont jeté une sorte de désarroi dans les esprits, parce qu'au premier abord elles paraissaient devoir renverser les lois fondamentales du monde physique, la conservation de la matière et la conservation de l'énergie.

Quelques décigrammes de matière, péniblement amassés par un prodigieux labeur, ont suffi pour révolutionner les théories admises.

A travers la haute muraille qui limitait l'horizon de la chimie moderne, une porte est entr'ouverte sur un nouveau champ d'explorations et de conquêtes futures ; quelques lueurs à peine en éclairent les formes indistinctes. Un avenir prochain y déversera d'abondantes lumières.

Hier encore, nous affections quelque dédain

pour les illusions des alchimistes ; leurs efforts
stériles, poursuivis pendant plusieurs siècles,
nous inspiraient quelque pitié; et voici que l'idée
qui avait suscité ces tentatives inlassables, la
vieille doctrine des philosophes grecs, la notion
d'une matière unique capable d'engendrer toutes
les substances, semble acclamée par la science
d'aujourd'hui et redevient le fanal directeur des
recherches nouvelles.

Nous imaginons actuellement l'atome comme
une sorte de système planétaire en miniature,
où de nombreux corpuscules, portant des charges
électriques, se meuvent rapidement selon des
trajectoires régulières. Ces corpuscules ou *électrons* constitueraient l'élément ultime de la
matière : la masse de chacun d'eux serait d'ailleurs
fort petite, puisque le plus léger de tous les
atomes, celui de l'hydrogène, posséderait un
millier de ces électrons, leur nombre croissant
dans les autres cas comme le poids des atomes.

Ces mondes planétaires ultramicroscopiques
sont d'une solidité extrême. Sauf pour celui du
radium, qui est fragile et se disloque de lui-
même lentement, les températures des foyers les
plus ardents, aussi bien que les forces chimiques
habituelles mises en œuvre dans nos laboratoires, sont impuissantes à en dissocier les
éléments et à en altérer l'ordonnance. Leur
destruction ne peut être accomplie que par l'effort
d'énergies énormes, comme celles que procure
la désagrégation du radium (1). Libérés par

(1) Ceci ne serait pas tout à fait exact, si les recherches
des savants dont j'ai cité plus haut les noms sont vérifiées
ultérieurement. Des causes relativement assez faibles,
telles que les radiations de la lumière ultra-violette, ren-

l'action de ces mystérieuses puissances, les électrons, issus d'un atome, tendent, selon les conditions du milieu, à régénérer soit l'atome primitif, soit un atome distinct.

Que survivra-t-il au XXI° siècle des idées que proclame la science d'aujourd'hui ? La notion de l'électron, élément primordial unique, n'aura-t-elle pas cédé la place à quelque autre ? L'exemple du passé nous fait voir combien sont précaires et éphémères les théories scientifiques, étapes successives de la marche de l'homme vers la vérité. Leurs débris jalonnent l'histoire des sciences, et c'est pour l'orgueil humain une dure et salutaire leçon.

Seuls, bien établis par l'expérience ou par l'observation précise des phénomènes, les faits demeurent définitivement acquis ; mais les causes intimes et profondes ne cessent de nous échapper.

Sans proclamer la faillite de la science, nous croyons au développement illimité de ses investigations positives et à la fécondité sans bornes de ses progrès, nous pensons que toujours on finira par aboutir au mystère.

Paul SABATIER,
Correspondant de l'Institut,
Doyen de la Faculté des Sciences de Toulouse.

dent certains corps radio-actifs. Il faut donc un *excitant approprié*, et son action spéciale, particulière, est capable de désagréger l'atome quand d'autres énergies, beaucoup plus puissantes, n'y réussiraient pas. Suivant Le Bon, ce n'est donc pas *l'intensité* de l'effort qui importe le plus, mais sa *qualité*. (G. Delanne).

CHAPITRE III

Les médiums, le périsprit.

> Garde ferme en ton cœur pour la lutte ici-bas,
> L'amour, dernier appui de cette race humaine ;
> Fais ton devoir d'abord, et puis, quoi qu'il advienne,
> Sois le soldat qui tombe et ne déserte pas.
>   *L'Illusion*, Jean LAHOR.

> Des tristes, des souffrants, de tant d'âmes qui pleurent,
> Approche avec amour, et les viens relever
> ....
> Que ta religion soit la pitié sans bornes !
> Allège le fardeau de tous ces malheureux !
>   *L'Illusion*, Jean LAHOR.

L'action des Esprits sur les fluides spirituels est illimitée, la pensée de l'esprit incarné ou désincarné, se transmet par l'intermédiaire de ces fluides ; des personnes douées d'une sensibilité spéciale sont impressionnées par eux, et peuvent ainsi traduire la pensée que ces fluides leur apportent.

Le médium, comme son nom l'indique, est un intermédiaire, un médiateur entre le monde visible et le monde invisible. Sa sensibilité s'adapte à certains genres de manifestations psychiques, dites Spirites. Cette faculté n'est pas spéciale à certains individus ; elle est inhérente à l'âme humaine qui possède à l'état latent, les germes de toutes les facultés ; fille de Dieu, dont elle émane, l'âme est l'héritière des plus hautes puissances spirituelles ; ces puissances se développent au fur et à mesure que ses aspirations et ses efforts la rapprochent de la perfection.

Tous les hommes sont plus ou moins médiums, cette faculté se développe comme toute autre, par la pratique. L'élément indispensable à la manifestation de la médiumnité est le périsprit ou corps fluidique de l'esprit dont l'existence est suffisamment démontrée par les extraits de l'admirable ouvrage de Gabriel Delanne : *l'Ame immortelle*, et par les nombreuses expériences et preuves photographiques des savants contemporains qui se livrent aux études psychiques.

Pour bien comprendre le fonctionnement des manifestations médiumnimiques, nous résumerons brièvement la nature de l'organisme périsprital. Nous avons vu au chapitre des fluides, *que le fluide éthéré remplit l'espace et pénètre les corps; ce fluide, c'est la matière cosmique primitive, génératrice du monde et des êtres*. Or, l'âme ou esprit ayant sa source première en Dieu, constitue, à son origine dans l'espace, un petit centre ou foyer. En vertu de la loi d'attraction, le fluide éthéré, s'accumulant autour de tout centre d'énergie, forme ainsi autour de l'esprit une atmosphère fluidique, dans laquelle il puise les éléments nécessaires à sa manifestation dans la vie ; cette masse l'environne, devient sienne et forme pour ainsi dire le magasin de l'esprit. Après avoir subi les modifications primitives, inhérentes à son origine, l'esprit possède la faculté de transformer par sa pensée cette masse fluidique, et de lui donner la *forme type*, qui est la forme humaine: Le périsprit ainsi formé, *est à l'esprit, à l'état de vie spirituelle, ce que le corps est à l'homme à l'état de vie matérielle* ; mais, dans les deux cas, il préside à toutes les fonctions de la vie. L'esprit donne sa pensée par le périsprit, qui, à son tour, la transmet aux conducteurs nerveux du corps. Le fluide périsprital constitue *l'influx nerveux* des physiologistes, qu'ils comparent au fluide électrique.

« Le périsprit (1) représente le corps fluidique indestructible, le *canevas sur lequel se construit l'organisme physique,* c'est lui qui entretient et répare le corps matériel. Il est le gardien indéfectible de la forme typique, l'architecte qui a édifié le plan organique, l'harmonisateur des fonctions, le régulateur automatique des énergies, la seule partie stable au milieu du flux incessant de matière qui passe dans la forme qui représente l'être humain.

Au point de vue psychologique, l'importance du périsprit n'est pas moindre. Jeté comme un pont, entre la matière et l'esprit, il participe, il sert à unir ces deux principes entre lesquels, les philosophes avaient creusé un abîme. Il est l'intermédiaire nécessaire entre l'âme et le monde ambiant. Dans sa substance s'incorporent *et se conservent d'une manière indélébile tous les épisodes de la vie spirituelle,* et comme il ne change pas substantiellement pendant la durée de l'existence, l'âme a ainsi son domaine, *sa bibliothèque indestructible,* qu'elle emporte avec elle en quittant le corps. Si l'on veut que la *subconscience* soit autre chose qu'un mot, c'est dans le périsprit qu'il faut la situer. »

La faculté pour le périsprit d'enregistrer tous les actes de la vie, est un de ses attributs les plus importants, elle a lieu, en raison de son extrême

---

(1) *Apparitions matérialisées*, G. Delanne.

affinité avec l'esprit, source de toutes les forces et qualités périspritales. Par sa sensibilité excessive, le périsprit enregistre et photographie en quelque sorte chaque pensée, chaque acte de l'esprit incarné ou désincarné, et cela, à l'aide de modifications fluidiques s'opérant par couches successives ; plus les actes ou pensées ont d'intensité, plus les couches sont apparentes ; suivant les qualités des actes accomplis, elles sont impressionnées de nuances spéciales, et caractérisées par la douceur ou la violence de la nature de ces actes.

L'ensemble des couches périspritales représente l'ensemble des actes vécus ; par son observation, l'esprit peut déterminer la nature et l'ordre des phénomènes auxquels ces couches se rattachent, et par comparaison, établir le moment précis, la date à laquelle ces actes ont eu lieu. Des expériences nombreuses ont prouvé que des sujets mis à l'état somnambulique, reproduisaient les états, les actes oubliés de leur vie actuelle dans leur enfance, et revivaient leurs vies antérieures, donnant les détails les plus précis sur leurs situations, leurs rôles accomplis aux cours de ces existences, s'exprimant même en langues étrangères, dont ils se servaient à l'époque, bien qu'à leur état normal ils ignorassent totalement ces langues. (1)

Ces phénomènes (2) observés quelquefois par des hommes inexpérimentés, ont pu un instant donner naissance à la théorie des personnalités multiples dans la même individualité. Il en a été de même pour les théories de *l'inconscient*, ou de

(1) Voir *Extériorisation de la sensibilité*, Colonel de Rochas.
(2) *Dans l'Invisible*, L. Denis, p. 34.

la conscience *subliminale*. C'est toujours la même individualité qui se manifeste sous des aspects divers revêtus durant les périodes de ses vies passées.

L'examen de nos actes par l'observation du périsprit a des conséquences capitales. Il nous fait revivre du passé d'une manière aussi réelle que de la vie présente, voir ainsi les étapes parcourues, les progrès réalisés, les chutes ou les défaillances et leurs causes, il nous donne en même temps, l'expérience nécessaire à l'élaboration d'une nouvelle incarnation, pour laquelle nous choisirons plus sûrement les conditions, le milieu, la famille appropriés à nos besoins. Selon sa nature, son état de matérialité ou d'affinité, sa pureté ou son impureté, il est rendu plus ou moins accessible aux régions éthérées et aux mondes supérieurs dans lesquels l'esprit est appelé au perfectionnement infini. S'il est matériel, lourd et grossier, il ne permet pas à l'esprit de s'élever au-dessus des régions terrestres.

LES MÉDIUMS.

Les Esprits agissant sur les fluides spirituels, et les imprégnant de telle ou telle qualité ainsi que de leur pensée, il s'ensuit que les fluides portent en eux les qualités et les pensées de ces esprits. Ces fluides, dirigés par la volonté, impressionnent les médiums à des degrés différents d'intensité ; suivant le plus ou moins de sensibilité de ces derniers, ils transmettent la pensée avec plus ou moins de précision. Selon leur nature fluidique et leur développement, leurs facultés médianimiques présentent des affinités spéciales avec certains genres de manifestations ou phénomènes spirites, de là, la variété infinie des genres de médiums.

On divise les médiums en trois grandes catégories.

A la première, celle des médiums à effets physiques, appartiennent les phénomènes de lévitation des corps, de coups frappés ou raps, de déplacements d'objets sans contact, d'apports, de matérialisations ou apparitions d'Esprits, de dédoublement du médium, d'écriture automatique ou directe, etc...

A la seconde, celle des médiums intuitifs, appartient tout ce qui a trait aux phénomènes d'inspiration, d'intuition, de prévision, d'écriture naturelle ou semi-naturelle, de graphique, de dessin, de musique, de peinture, de visions, etc.

La troisième, celle des médiums possessifs, comprend les phénomènes de possessions, de changement de personnalité, de médiums parlants, de conversations en langues étrangères inconnues des médiums. Parmi cette catégorie, il en est qui sont en quelque sorte demi-possessifs et demi-intuitifs, tels les médiums guérisseurs.

Reprenons chaque classification une à une, et analysons les effets produits par chaque genre de médiumnité, et la manière dont ils se produisent.

Médiums à effets physiques. — Possèdent la faculté de produire les phénomènes matériels, tels que: lévitation, mouvement des corps inertes, bruits, écriture directe, etc., ces médiums dégagent des fluides assez condensés, pour permettre aux esprits d'en former une masse suffisante pour contrebalancer la force d'attraction ; les corps ainsi rendus libres, suivent l'impulsion de la volonté des Esprits.

Médiums typtologues — Ceux dont les fluides sont assez denses, et s'unissent avec ceux des Esprits pour former une force qui, dirigée par leur volonté, produit la lévitation artificielle de la table, et lui permet de frapper des coups sur le sol. A l'aide de ces coups, on obtient par suite d'un mode de convention alphabétique, des communications avec les êtres spirituels. Ce procédé n'est employé que par les débutants, il a subi beaucoup de perfectionnement, par exemple celui de compléter le mot commencé en demandant à l'esprit si c'est celui qu'il veut indiquer ; ou encore, en plaçant devant la table, à l'aide d'un intermédiaire, un écran alphabétique et une gamme de chiffres — l'intermédiaire parcourt avec une pointe les lettres ou les chiffres, et la table confirme à mesure les caractères parcourus par la pointe.

Quelle que soit la méthode employée, il n'en est aucune de ce genre, qui supplée à la facilité et à la rapidité de l'écriture, ou de la parole par possession, c'est-à-dire l'incarnation temporaire d'Esprits dans l'organisme du médium : voir « médiums possessifs ». Toutefois, le procédé de la table est très intéressant en ce sens, qu'il présente les phénomènes aux novices, il a en outre, le grand avantage de prouver l'indépendance absolue du médium par des dictées en opposition avec ses connaissances ou ses préjugés. C'est par là, qu'il apparaît comme un puissant moyen de convictions. « Les médiums typtologues sont très communs. »

Médiums à apports. — Même faculté que les précédents, avec la différence que les fluides dégagés du médium se déplacent plus facilement par la volonté des Esprits et peuvent agir à distance par les mêmes procédés. Les phénomènes ainsi obtenus sont : les apports de fleurs, bijoux, plantes et objets de toute sorte ; ils se produisent par la désagrégation de la matière de l'objet apporté, et reconstitué à nouveau près du médium (relativement rares).

Médiums à matérialisation. — Possèdent la faculté de dégager pour ainsi dire d'une manière complète leur périsprit ou corps fluidique, qui, uni au corps périsprital des Esprits, permet à ces derniers une condensation telle, qu'ils peuvent rendre leur corps tangible, et apparaître sous la forme humaine, avec toutes les apparences du corps matériel, ce corps ainsi formé est absolument semblable tant au point de vue physique qu'anatomique au corps humain, et en possède toutes les facultés et les attributs (rares).

Médiums à dédoublement. — Possèdent la faculté de dégager leur périsprit, qui est assez riche en fluides, pour se condenser au point de devenir visible et tangible pour tous les assistants. Il représente absolument le sosie du médium et peut se présenter à des distances considérables (rares).

Médiums écrivains automatiques. — Ces médiums possèdent des fluides qui sont facilement malléables pour les Esprits. Ceux-ci peuvent par leur volonté faire mouvoir automatiquement leurs mains pour diriger un crayon et écrire des communications dont les médiums ignorent le texte, quelquefois même ils écrivent dans une langue qui leur est inconnue.

Médiums pneumatographes. — Ces médiums dégagent des fluides dont la très grande malléabilité permet aux Esprits de les assembler avec les leurs, et de produire des compositions chimiques assez naturelles, pour former des encres de couleurs diverses, et tracer des messages sur des papiers scellés et enfermés soit dans des meubles, des coffrets, voire même des flacons cachetés, pour faciliter le contrôle et se mettre ainsi à l'abri de la fraude. « Phénomènes rares, mais obtenus par un certain nombre de savants expérimentant ce domaine » : La revue scientifique et morale du spiritisme : numéros de novembre et décembre 1909, donne le compte rendu d'une série d'expériences de ce genre obtenues dans des conditions de contrôle rigoureux, et donnant toutes les garanties d'authenticité du phénomène, nous en résumons une pour l'édification du lecteur : cette expérience eut lieu à Nice, le 30 septembre, avec le concours de deux dames médiums. Les contrôleurs et préparateurs sont : M. le Dr Breton, médecin en chef de la marine, en retraite, M. G. Delanne, ingénieur de l'Ecole centrale, Mme Breton, Mme Pellé, les frères Robert et André D..., et d'autres témoins.

Deux papiers spéciaux à filigrane particulier, sont enfermés dans une boîte cylindrique, avec un crayon, le tout ligaturé avec tresses spéciales très rares à se procurer, cacheté de trois cachets différents. Cette boîte est placée dans un vase de cristal conique, fermé à l'ouverture par un couvercle de carton, ce vase est ligaturé par le même procédé, mais avec six cachets différents, il est ensuite enfermé dans le tiroir d'un secrétaire au domicile de l'un des médiums, en présence des mêmes témoins ; le tiroir est à son tour scellé de deux cachets, la clef est emportée par les contrôleurs. Or, trois jours après, en présence des mêmes témoins, le tiroir est ouvert, tout est absolument intact, tresse, boîte, cachets, rien, aucune altération si minime soit-elle, n'est constatée. Le premier papier porte en haut, et au centre le dessin d'une ancre, et de chaque côté un triangle avec trois points inscrits. L'écriture en miroir se lit facilement :

>Ames de peu foi ! ! !
>Adieu pour toujours.
>
>ANDRÉA.

Le second papier porte le même dessin ainsi que les trois points.

On lit au miroir, au recto de la feuille :

Ames de peu de foi ! serez-vous plus persuadées ? Non.

« Pour monter à la source des lumineuses vérités, trois chemins nous sont ouverts : celui de la raison, celui de la souffrance, celui de la foi.

Au verso : « le premier, tortueux et long, nul humain ne l'a encore parcouru jusqu'au bout... Chaque civilisation et chaque siècle y a laissé ses pionniers... La science et la logique auxquelles on demande seules d'éclairer la route, ne sont pas encore des phares assez puissants.

« Plus d'âmes arrivent par le chemin de la souffrance, vous savez tous de quelle dureté en sont les cailloux.

« Le troisième est le seul lumineux et clair, mais sa clarté trop vive vous aveugle, pauvres sceptiques ! Je vous y donne rendez-vous à tous, quand enfin vous comprendrez avec nous quelle erreur il y a, à vouloir prouver et expliquer l'inexplicable. (Andréa). »

Le compte rendu de ces expériences est fait par

le D¹ Breton, homme d'un caractère sceptique et très prudent, en ce qui concerne les phénomènes psychiques. C'est qu'en effet ces phénomènes ont des conséquences si capitales pour l'avenir de la société et de la science, que des hommes ayant une autorité marquée dans le monde scientifique, doivent mesurer la portée de leurs affirmations, et ne les faire qu'après des convictions basées sur des expériences sérieuses et multiples. C'est le cas des A. Kardec, des P. Gibier, des Richet, des Crookes, O. Lodge, C. Lombroso, A. Vallace, F. Mayers, Flammarion, Maxwell, etc...

D'autres expériences nombreuses de ce genre de médiums, ont eu lieu : on se sert de deux ardoises scellées entre lesquelles se trouve un crayon, comme c'est le cas dans l'expérience ci-dessus, mais le phénomène se produit également sans l'adjonction du crayon.

Médiums écrivains intuitifs. — Qui reçoivent la pensée des Esprits et la transmettent par l'écriture. Le médium a la conscience de ce qu'il écrit bien que ce ne soit pas sa propre pensée. Le médium mécanique agit comme une machine, le rôle du médium intuitif est celui d'un interprète, qui, pour transmettre la pensée, doit la comprendre afin de la traduire fidèlement, quoique cette pensée ne soit pas la sienne, et qu'elle ne fasse que traverser son cerveau.

Médiums inspirés. — Les médiums inspirés se distinguent des médiums intuitifs, en ce sens, qu'ils reçoivent la pensée des Esprits d'une manière presque permanente, soit dans le cours de leurs travaux, de leurs études ou de leurs résolutions importantes.

Tous les hommes sont plus ou moins inspirés,

mais, en raison de la rapidité de l'inspiration, il leur est difficile de distinguer leur pensée de celle qui leur est transmise, cette dernière leur vient des Esprits qui s'intéressent à leurs travaux ou à leur destinée, tel est le rôle des « guides spirituels », chargés de veiller à notre évolution ; ce sont ces *guides* qui ont dirigé d'une manière très apparente les Socrate, les Jésus, les Jeanne d'Arc, et tous les génies bienfaiteurs de l'humanité.

Ils sont connus dans la philosophie sous le nom de *génie familier*, dans la poésie sous la dénomination de *Muse*, dans la littérature sous le qualificatif : *Inspiration*, et dans le spiritisme ils sont dénommés « guides spirituels ». Il n'est aucun être humain, qui n'ait ses Esprits protecteurs ou familiers qui n'interviennent dans les moments critiques de la vie, par leurs inspirations bienfaisantes et prévoyantes. Combien voyons-nous de personnes, regretter de ne pas avoir agi dans beaucoup de cas, sous leur inspiration première ! — Si l'on savait, par le recueillement, faire appel à ces génies familiers, on serait étonné de la richesse, de l'importance et de la fécondité que produirait dans notre destinée, les inspirations qu'ils sont susceptibles de nous donner. Les phénomènes de prémonition n'ont pas d'autre source. Ne voyons-nous pas chaque jour, se réaliser des choses inattendues, et qui cependant, dans un moment d'éclair subit d'inspiration, avaient été entrevues, puis oubliées.

Tous les auteurs, les artistes, les peintres, les musiciens, ont leurs moments d'inspiration ; et quand la *source d'inspiration* n'est pas présente, ils peuvent être animés des meilleures volontés ; leurs travaux n'ont pas, d'après leur propre aveu, le « feu de l'inspiration ». Or, ils reconnaissent que le meilleur de leurs œuvres est accompli dans des moments où ils reçoivent des pensées par voie d'inspiration. Si ces pensées ne leur étaient pas étrangères, ils les auraient à leur disposition d'une manière permanente, ce qui n'a pas lieu. Ces médiums sont très répandus.

Médium voyant. — *Premier cas :* Ceux dont le rayonnement du corps fluidique conduit avec facilité *la lumière spirituelle*, et permet d'éclairer les Esprits et de les rendre ainsi visibles pour eux. — La lumière spirituelle a sa source dans l'âme qui la transmet au périsprit. — C'est cette lumière qui éclaire les sujets somnambuliques et les somnambules naturels, malgré l'obscurité matérielle dans laquelle ils opèrent : Interrogé, sur la manière dont il se conduisait dans l'obscurité la plus complète, un jeune somnambule nous dit qu'il voyait sortir de la région épigastrique de son corps, une lumière grisâtre qui lui rendait les objets visibles, et les lui montrait d'une manière plus précise que la lumière du jour. Les observations de somnambules naturels se livrant dans la nuit à des travaux de tous genres sans aucune lumière, sont aujourd'hui tellement communes, que personne ne songe à les nier.

Deuxième cas : Les Esprits qui veulent se rendre visibles peuvent eux-mêmes par leur volonté projeter leur lumière spirituelle sur les médiums dont le périsprit fournit une expansion suffisante pour produire le phénomène de vision, c'est ainsi que dans les groupes, les esprits ne se rendent visibles qu'aux médiums présentant ces particularités, tandis qu'ils sont invisibles pour la généralité des assistants.

Troisième cas : Par leur pensée, les Esprits peuvent représenter des personnages, des paysages, des villes entières en donnant aux fluides ambiants les couleurs et les formes des choses qu'ils veulent représenter. Ces visions sont perceptibles pour les médiums voyants habituels, et sont contrôlées de même que celles des autres cas, par les différents médiums présents.

Quatrième cas : Le médium voyant peut lui-même, se transporter par un effet de dédoublement partiel, et transmettre ses visions verbalement aux assistants.

Remarque : Les médiums voyants voient tout aussi bien les yeux fermés que les yeux ouverts. Un de ces médiums avec lequel nous sommes en relation, est aveugle, et voit les Esprits d'une manière permanente. Il en fait la même description que d'autres médiums jouissant de la vue matérielle et spirituelle ; on voit par ces constatations, que la lumière et la vue spirituelle sont indépendantes des sens physiques, et appartiennent aux facultés spéciales de l'âme.

La faculté de la vue spirituelle n'est pas permanente chez tous les sujets, il en est chez lesquels elle ne se manifeste que dans certaines dispositions ou circonstances qui tiennent sans doute à leur état fluidique. C'est le cas pour la généralité de ces médiums. « Ces médiums sont relativement nombreux ».

Médiums auditifs. — Les médiums auditifs sont ceux qui, par une qualité spéciale inhérente à leurs fluides périspritaux, dégagent des fluides susceptibles de produire, de conduire ou d'enregistrer avec facilité le *son fluidique des Esprits*. Par la pensée, l'Esprit prononce les syllabes des paroles à l'aide de son corps fluidique ; ces paroles produisent des vibrations sonores dans les fluides ambiants, et sont perçues par les médiums de ce genre qui peuvent ainsi converser avec les Esprits, tout comme avec les personnes vivantes.

La médiumnité auditive, a quelquefois lieu par l'audition d'une voix intérieure dont le sujet ne peut indiquer la provenance. D'autres fois, la voix est extérieure, et même plusieurs voix peuvent être entendues ensemble. Cette médiumnité est très précieuse, quand elle est pratiquée avec l'aide de bons Esprits, mais elle devient une véritable obsession, quand de mauvais Esprits font entendre des menaces, des paroles grossières, inconvenantes, etc. Dans ce cas, il faut donner aux médiums ignorants les instructions nécessaires pour qu'ils puissent avoir une influence morale sur ces Esprits. Un des meilleurs moyens de défense contre les auditions malveillantes est celui de cesser toute conversation avec leurs auteurs, et de ne jamais échanger de paroles ou pensées avec eux, car les vibrations de la pensée et du verbe produisent une grande facilité pour les mélanges fluidiques, qu'il faut éviter avec cette catégorie d'Esprits. On peut efficacement modifier cet état, par la prière, par l'appel des guides spirituels. (Voyez chapitre obsession). Ces médiums sont assez nombreux.

Médiums parlants.— Ces médiums présentent une certaine flexibilité des organes vocaux, qui s'assimilent avec facilité les fluides propres des Esprits et s'en servent comme d'un instrument, ou encore, comme de la main du médium pour l'écriture automatique ; la plupart ne se rapellent pas les paroles ainsi émises, — il en est qui agissent sous la double forme de l'intuition et de l'incorporation partielle de l'Esprit, et conservent un souvenir très relatif de ce qu'ils ont dit. Ces médiums sont communs.

Médiums sensitifs. — On désigne ainsi les médiums dont l'affinité des fluides présente une sensibilité suffisante pour leur permettre d'être influencés par les fluides ambiants. Ces médiums reçoivent ainsi les impressions des qualités bonnes ou mauvaises des fluides des Esprits. Cette faculté se manifeste par des frissons le long du corps qui se distinguent des frissons nerveux ordinaires avec lesquels ils ne peuvent être confondus, car des personnes très irritables au point de vue nerveux, ne ressentent le plus souvent aucun de ces effets.

Les médiums de cette nature déterminent par les sensations ainsi produites la nature bonne ou mauvaise des Esprits qui se manifestent. Un Esprit mauvais ou perfide, laisse toujours une impression désagréable, tandis qu'un bon Esprit en laisse une douce et bienfaisante. Tous les médiums sont des sensitifs à des degrés différents. C'est par la sensibilité psychique, que l'homme éprouve les sentiments de sympathie ou d'antipathie du milieu dans lequel il se trouve.

Nous ne pouvons mieux faire pour faciliter l'étude de ce genre de médiums, que de nous reporter au « chapitre des fluides de *La Genèse*, d'A. Kardec, p. 316 ».

« Les fluides agissant sur le périsprit, celui-ci, à son tour, réagit sur l'organisme matériel avec lequel il est en contact moléculaire. Si les effluves sont de bonne nature, le corps en ressent une impression salutaire ; si elles sont mauvaises, l'impression est pénible ; si les mauvaises sont permanentes et énergiques, elles peuvent déterminer des désordres physiques ; certaines maladies n'ont pas d'autre cause.

« Les milieux où abondent les mauvais Esprits

sont donc imprégnés de mauvais fluides que l'on absorbe par tous les pores périspritaux, comme on absorbe par tous les pores du corps les miasmes pestilentiels. Ainsi s'expliquent les effets qui se produisent dans les lieux de réunions. Une assemblée est un foyer où rayonnent des pensées diverses ; c'est comme un orchestre, un chœur de pensées, où chacun produit sa note. Il en résulte une multitude de courants et d'effluves fluidiques dont chacun reçoit l'impression par le sens psychique, comme dans un chœur de musique, chacun reçoit l'impression des sons par le sens de l'ouïe ».

Médiums somnambules. — Il faut distinguer le somnambule naturel du somnambule médium. Dans le premier cas, c'est l'Esprit du somnambule, qui, dégagé de son corps, vit par anticipation de la vie spirituelle, et communique les impressions à son corps matériel qui les transmet ensuite. C'est ainsi, que si l'Esprit a conservé de ses vies antérieures des goûts spéciaux, ou des aptitudes pour tels ou tels travaux ou sciences, son activité sera telle à l'état de vie spirituelle, qu'elle influencera son corps au point de lui faire reproduire les occupations inhérentes à l'Esprit ; de là, les travaux exécutés à l'état somnambulique, qui, à l'état normal, ne pourraient être exécutés d'une manière aussi précise. Il en est de même, pour les travaux ou études qui préoccupent l'Esprit dans la journée. Certains se lèveront la nuit pour se livrer à des travaux d'art, de peinture, de musique, etc.

L'Esprit du somnambule naturel, vivant de la vie des Esprits par le fait de son dédoublement, possède tous les attributs de cette vie, il voit et entend par les sens spirituels de l'âme, dirige son corps matériel comme un instrument servant à l'accomplissement de ses desseins, et comme ses perceptions sont excessivement tendues, ses prévisions infiniment précises, il fait accomplir à son corps les phénomènes en rapport avec l'état de son Esprit.

Si le somnambule naturel a la faculté de vivre de la vie spirituelle, à plus forte raison, a-t-il la faculté de voir les Esprits et de communiquer avec eux ; c'est cette vue et cette communication qui font du somnambule naturel, un *médium somnambule* ; dans cet état, il traduit ce que lui transmettent les Esprits, et peut devenir un précieux auxiliaire entre le monde visible et le monde invisible.

Ces phénomènes ont de tout temps intéressé et troublé le monde savant tant que celui-ci n'en possédait pas la clef. Il semble qu'aujourd'hui un grand pas soit fait dans l'étude du somnambulisme ; quoiqu'il soit encore très imparfaitement connu du monde scientifique, trop imbu de préjugés de routine et de la casuistique matérialiste de l'époque. Certains médecins en sont encore à regarder les somnambules comme des malades, et leur font subir des traitements par le bromure, la valériane, etc... Le somnambule qui n'a d'autre maladie, que celle d'un excédent de vitalité dû à l'activité de son Esprit, devient ainsi un véritable malade en suivant les préceptes d'hommes habitués à ne traiter dans l'être humain que le corps matériel, sans jamais se préoccuper du principe dirigeant de l'organisme : l'âme. Le somnambule n'est donc pas un malade, mais un être excessivement actif au point de vue psychique.

Troisième catégorie : *Médiums guérisseurs.*

— Les médiums guérisseurs deviennent souvent par le développement de leur faculté, médiums sensitifs, la faculté de guérison provient de la nature des fluides du médium. Ces fluides ont la propriété de transmettre des effluves émanant d'Esprits supérieurs, sans que la transmission occasionne aucune altération. Les effluves des Esprits supérieurs, par leur pureté, assainissent les organes viciés des malades, raniment la vie où elle était affaiblie, stimulent les fonctions organiques et la circulation. Ces vertus leur viennent de leur origine même, le corps périsprital de tout Esprit, ayant sa source dans le fluide cosmique universel, possède donc les éléments de ce fluide, (1) « mais selon que l'Esprit est plus ou moins épuré lui-même, son périsprit se forme des parties les plus pures ou les plus grossières du fluide cosmique ». Il s'ensuit qu'un Esprit supérieur projette par son rayonnement les éléments les plus purs de ce fluide ; ces éléments de pureté qui constituent pour ainsi dire la base élémentaire des molécules fluidiques, agissent avec d'autant plus d'énergie, que la somme des parties pures qu'ils renferment est plus grande, de là, l'action plus ou moins efficace de certains médiums guérisseurs. Les effets sont en raison de la supériorité des Esprits qui les assistent. On peut donc classer les médiums guérisseurs, dans la catégorie des médiums possessifs, car ils possèdent pendant l'activité de leur médiumnité, les éléments fluidiques des Esprits qui les assistent, et qu'ils transmettent aux malades.

Le recueillement, le calme, la prière, l'amour

(1) Genèse, *Les fluides*, 3.

du prochain, sont autant de règles à observer pour ce genre de médiums, dont l'assistance est en rapport de leur état de pureté et de moralité. Le *désintéressement le plus absolu est la condition expresse du médium guérisseur*, qui attire ainsi à lui des Esprits dévoués et humanitaires possédant une grande expérience dans les manipulations fluidiques. Là, réside toute la puissance des grands thaumaturges dont Jésus nous offre le plus grand exemple. On comprend d'après cela, l'infériorité dans laquelle se maintiennent les médiums guérisseurs intéressés, l'assistance des Esprits de ce genre ne peut leur être accordée, *car il n'y a pas de dévouement sans désintéressement, et pas de désintéressement sans dévouement.*

Il faut distinguer les magnétiseurs proprement dits, des médiums guérisseurs ; le fluide magnétique joue évidemment un rôle chez ces derniers, mais les effets produits diffèrent totalement de ceux observés dans le traitement magnétique habituel, car ce traitement est méthodique, régulier, et mérite d'être suivi quelquefois assez longtemps ; tandis que la plupart des médiums guérisseurs produisent des guérisons spontanées, et le plus souvent ne connaissent pas les méthodes magnétiques.

Nous rendons ici un hommage sincère aux médiums guérisseurs, qui ont fondé dans plusieurs villes, et particulièrement à Lyon, *des cliniques gratuites* qui procurent à tous, riches ou pauvres, la guérison de leurs maux et les bienfaits infinis des Esprits spéciaux qui ont mission de secourir l'humanité dans sa souffrance, de lui transmettre leur force, leur énergie et leur amour, afin de hâter leur évolution.

Médiums possessifs. La plupart des médiums sont plus ou moins possessifs, quel que soit le genre de leur faculté ; mais, ceux qui possèdent cette faculté dans son développement normal, éloignent momentanément, par la volonté, leur Esprit de leur corps, pour faire place à un Esprit étranger, qui s'incarne dans l'organisme physique du médium, et s'exprime dans son propre langage, exposant les idées, les théories qui lui sont personnelles, et souvent en contradiction avec les pensées ou le savoir du médium par lequel il se manifeste. L'incorporation est parfois si complète que l'Esprit du médium, qui ne garde aucun souvenir des paroles ou des actes produits, ressent à sa rentrée dans son corps, l'impression exacte de l'attitude et des sentiments de joie ou de douleur exprimés par le manifestant au moment de son départ. L'étude du monde des Esprits par les médiums possessifs, nous montre expérimentalement, que les Esprits qui peuplent l'espace, représentent la copie intégrale du monde des incarnés, que les mêmes sentiments y sont représentés, les mêmes passions ou vices, de même que les plus nobles vertus qui ont imprégné ces Esprits pendant leur existence terrestre, se perpétuent, et se modifient ou s'ennoblissent avec la transformation morale, l'étude et l'expérience de l'Esprit lui-même. Si donc un homme borné de son vivant, se désincarne, meurt physiquement, il ne s'ensuit pas, que s'il se manifeste à l'état d'Esprit, il soit plus intelligent ; ce changement d'état ne le rend pas plus supérieur, que ne le ferait pour nous, notre déplacement dans un pays étranger, il lui fournit les moyens de se rendre compte du milieu dans lequel il se trouve, et d'exprimer ses impressions et son genre de vie; tout comme nous le ferions en donnant les descriptions du climat, des mœurs et des habitudes d'un pays dans lequel nous nous transporterions.

La médiumnité possessive, ne s'exerce pas comme certaines autres ; elle est le fait de l'Esprit du médium qui la provoque, par le même phénomène qui se produit pour le dédoublement, mais avec la différence que cet acte est provoqué sciemment, et laisse l'emplacement des parties réservées aux fluides libres, ce qui permet à une Entité fluidique, de se les approprier tant que le propriétaire véritable le juge à propos. Cette action est toujours conduite de part et d'autre par les *guides spirituels* qui souvent la provoquent, en vue du progrès des assistants, ou de l'Esprit qui s'incorpore.

Des médiums voyants, interrogés sur la situation de l'Esprit du médium pendant le phénomène de la possession, voient l'Esprit à côté de son corps, attendant la fin de la manifestation ; d'autres fois, celui-ci s'entretient avec les Esprits venus en spectateurs, ou écoute le manifestant ; mais comme les impressions qu'il reçoit à ce moment sont purement fluidiques, le souvenir en est restreint par les sens matériels au moment de sa rentrée dans le corps.

CHAPITRE IV

L'obsession et les médiums

> Il y a une sorte de filiation de progrès et d'amour qui lie tous les êtres de l'espace; mais chacun d'eux occupe son point de vision et de lumière.
> Un Indien.

> Tournons-nous vers la science des chercheurs, cette science d'avant-garde dont le métier est d'emporter, de siècle en siècle, les barricades de la science officielle sur la voie du Progrès.
> A. de Meissas.

Le plus grand écueil de la médiumnité est l'obsession. On distingue de nombreux degrés d'obsession, et l'on peut dire qu'elle ne s'applique pas seulement aux médiums, mais qu'elle s'étend à toute l'humanité.

On entend par obsession, toute mauvaise pensée suggérée par de mauvais Esprits ; or, comme chacun émet de bonnes et de mauvaises pensées, il nous est difficile de savoir si ces pensées nous sont personnelles ou suggérées.

Le monde invisible nous environne de toute part, nous lui appartenons, il nous appartient. Quelle que soit notre position, notre nature, nous sommes soumis à ses lois, à ses forces et à ses influences. Par nos vies antérieures, nous sommes unis à toute une hiérarchie d'ancêtres, de parents, d'amis ou d'ennemis ; par l'affinité de nos sentiments, de nos liaisons, de nos œuvres communes, nous les suivons, ils nous suivent à travers nos innombrables vies. — Quelques-uns, mais ils sont rares, se séparent de nous et nous devancent dans la perfection. — Les uns, les amis, nous soutiennent dans nos entreprises, nos études, nos efforts pour l'évolution. Les autres, envers lesquels nous avons eu des torts « s'ils ne sont pas assez évolués », cherchent à se venger, en nous suggérant de mauvaises pensées, profitant de notre ignorance, de nos faiblesses, pour développer nos mauvais instincts, et nous détourner de la voie du bien et du progrès.

Le médium est donc soumis aux lois générales des humains, et comme tel, il possède son contingent d'amis ou d'ennemis invisibles. Or, la faculté médianimique leur donnant accès, les plus en rapport avec le médium se communiquent donc les premiers. Il n'est pas rare, de voir des médiums débutants se révéler subitement, dans tel ou tel genre de médiumnité, par l'intermédiaire d'un Esprit ennemi personnel du médium, qui, dans ses communications se dérobe par sa ruse, et, sous de fausses apparences de bonté, donne les conseils les plus perfides. Si le médium ne se trouve pas dans un milieu expérimenté et éclairé, capable de lui faire discerner les pièges qui lui sont tendus, il ne tarde pas à accomplir les actes les plus préjudiciables, tant pour sa situation matérielle que morale. *Aussi, nous nous faisons un devoir impérieux, de mettre en garde les médiums débutants, contre les tendances de quelques-uns, à pratiquer la médiumnité dans la solitude. L'exer-*

cice de la médiumnité étant très délicat, présente de graves dangers qui disparaissent devant les enseignements des chefs de groupes, pour faire place aux précieux avantages que procurent les facultés spirituelles bien établies, et bien dirigées.

Nous n'entendons pas par ces avertissements, effrayer les personnes désirant devenir médiums, mais simplement faire comprendre, qu'en toutes choses il y a des règles, des conditions à observer, et qu'avant d'être artisan, il est indispensable d'avoir étudié la science ou l'art auquel on se destine ; de même qu'on ne peut être professeur avant d'avoir été élève ; on ne peut être bon médium, sans connaître la nature, les habitudes, le rôle et le but des Esprits avec lesquels on entre en communication. Or, ces connaissances ne s'acquièrent que par l'étude, *il est donc nécessaire d'étudier les phénomènes avant de vouloir les pratiquer, et surtout de savoir de quelle manière ils se produisent.* Les médiums débutants doivent donc expérimenter leurs facultés dans des sociétés sérieuses, et se livrer à une étude approfondie de la science spirite. Voici d'autre part, ce que nous dit à ce sujet le distingué psychologue Léon Denis, dans son ouvrage intitulé *Dans l'Invisible*, pages 49 à 51 et plus loin page 61.

« Le médium inexpérimenté reçoit, par la table ou le crayon, des messages signés de noms célèbres, renfermant des révélations apocryphes qui captent sa confiance et le remplissent d'enthousiasme, L'inspirateur invisible, connaissant ses côtés faibles, flatte son amour-propre et ses vues, surexcite sa vanité en le comblant d'éloges et en lui promettant des merveilles. Il le détourne peu à peu de toute autre influence, de tout contrôle éclairé, et le porte à s'isoler dans ses travaux. C'est le début d'une obsession, d'un accaparement qui peut conduire le médium à des résultats déplorables.

« Ces écueils ont été signalés dès le début du spiritisme par Allan Kardec ; cependant, nous voyons encore tous les jours des médiums se laisser entraîner aux suggestions des esprits trompeurs et devenir victimes de mystifications qui les rendent ridicules et rejaillissent sur la cause qu'ils croient servir.

« Bien des déceptions et des déboires seraient évités, si l'on comprenait que la médiumnité traverse des phases successives et que, dans sa première période de développement, le médium est surtout assisté par des esprits d'ordre inférieur dont les fluides, encore imprégnés de matière, s'adaptent mieux aux siens et sont appropriés à ce travail d'ébauche, plus ou moins prolongé, auquel toute faculté est soumise.

« Ce n'est que plus tard, lorsque la faculté médianimique est suffisamment développée, assouplie, l'instrument rendu maniable, que les esprits élevés peuvent intervenir et l'utiliser pour un but intellectuel et moral.

« La période d'exercice, de travail préparatoire, parfois si riche en manifestations grossières et en mystifications, est donc une phase normale du développement de la médiumnité ; c'est une école où notre patience et notre jugement s'exercent, où nous apprenons à nous familiariser avec la manière d'agir des habitants de l'au-delà.

« Durant ce temps d'épreuve et d'étude élémentaire, le médium devra se tenir sur ses gardes, ne jamais se départir d'une prudente réserve. Il devra éviter avec soin les questions oiseuses ou intéressées, les plaisanteries, tout ce qui a un caractère frivole et attire les esprits légers.

« Il ne faut pas se laisser rebuter par la médiocrité des premiers résultats, par l'indifférence apparente et l'abstention de nos amis de l'espace Médiums débutants, soyez assurés que l'on veille sur vous, que votre persévérance est mise à l'épreuve. Lorsque vous serez parvenus au point voulu, des influences plus hautes descendront sur vous et continueront votre éducation psychique.

« Ne recherchez pas la médiumnité dans un but de simple curiosité ou de pur amusement, mais voyez-y un don du ciel, une chose sacrée que vous devez utiliser avec respect pour le bien de vos *semblables*. Élevez vos pensées vers les âmes généreuses qui travaillent au progrès de l'humanité ; elles viendront à vous, elles vous soutiendront et vous protégeront. Grâce à elles, les difficultés du début, les déceptions inévitables que vous subirez n'auront pas de conséquences fâcheuses ; elles développeront vos forces fluidiques.

« La bonne médiumnité se forme lentement, dans l'étude calme, silencieuse, recueillie, loin des plaisirs mondains, loin du bruit des passions. Après une période de préparation et d'attente, le médium recueille le fruit de ses persévérants efforts ; il reçoit des esprits élevés la consécration de ses facultés, mûries dans le sanctuaire de son âme, à l'abri des suggestions de l'orgueil. S'il garde dans son cœur la pureté d'acte et d'intention, il deviendra, avec l'assistance de ses guides, un coopérateur utile dans l'œuvre de régénération qu'ils poursuivent. »

« Tant que les médiums ne seront pas pénétrés de l'importance de leur rôle et de l'étendue de leurs devoirs, il y aura, dans l'exercice de leurs facultés, une source d'abus et de maux. Les dons psychiques, détournés de leur but éminent, utilisés pour des intérêts médiocres, personnels et vains, se retournent contre leurs possesseurs en attirant à eux, au lieu des génies tutélaires, les puissances malfaisantes de l'au-delà.

« En dehors des conditions d'élévation, de pensée, de moralité et de désintéressement, la médiumnité peut devenir un danger. Mais, par une ferme volonté dans le bien, par ses aspirations vers le divin, le médium s'imprègne de fluides épurés ; une atmosphère protectrice se forme autour de lui, l'enveloppe, le garantit des erreurs et des pièges de l'invisible.

« Et si, par son zèle et sa foi, par la pureté de son âme où aucun mobile intéressé ne se glisse, il obtient l'assistance d'un de ces esprits de lumière, détenteurs des secrets de l'espace, qui planent au-dessus de nous et rayonnent sur nos faiblesses ; si cet esprit devient son protecteur, son ami, son guide, par lui il sentira une force inconnue pénétrer tout son être, une flamme s'allumer sur son front. Tous ceux qui participeront à ses travaux et en recueilleront les fruits sentiront leur intelligence et leur cœur se réchauffer aux radiations de cette âme supérieure ; un souffle de vie emportera leur pensée vers les hautes régions de l'infini. »

Nous le voyons, le vrai but de la médiumnité n'est pas dans l'asservissement d'intérêts matériels, mais dans le développement des plus hautes aspirations morales, dans l'acheminement de l'humanité vers la perfection infinie.

Tout médium qui s'écarte de ce but, tombe dans les filets de l'obsession. Les Esprits obsesseurs ne font pas toujours spécialement partie de notre entourage fluidique. Ils viennent à nous attirés par nos pensées, qui se propagent par vibrations dans le fluide éthéré, à la manière des ondes hertziennes, *et s'assimilent avec les éléments et les Esprits de même nature*. On peut donc dire avec A. Kardec (1) : « Qu'il y a dans les fluides, des ondes et des rayons de pensées qui se croisent sans se confondre, comme il y a dans l'air des ondes et des rayons sonores ».

Par l'intermédiaire de ces ondes et de ces rayons, les communications entre le monde visible et le monde invisible s'opèrent d'une manière constante, à l'insu même de leurs auteurs.

*
* *

Le plus souvent, *l'obsession a sa source dans les imperfections, les vices et les mauvaises passions*. Point n'est besoin d'être médium pour cela, le rayonnement de nos mauvaises pensées suffit pour que l'obsession atteigne des proportions d'autant plus dangereuses, que le nombre d'Esprits répondant à la nature de ces pensées est plus grand. Les vices suscités par les mauvais Esprits s'étendent nous l'avons dit, sur l'humanité entière et sous les formes les plus diverses, ils se traduisent par la colère, la discorde, l'ambition, la domination, l'orgueil, l'égoïsme, la jalousie, la haine, les désirs impurs, le vol, l'alcoolisme, la

(1) Genèse : chap. des fluides.

sensualité, etc... Chacun d'eux par son développement, *paralyse l'intellect du sujet, détermine en lui des désirs le plus souvent irréalisables*, qui le conduisent aux pires excès, et souvent à la folie. Personne ne met en doute les cas de folie produits par l'alcoolisme, et si l'on remonte au début de cette triste passion, l'on verra que l'influence de la pensée y joue un rôle capital.

Il en est de même de la haine, qui attire des Esprits suscitant les désirs de vengeance, et par cela même maintiennent leur victime dans un état d'excitation permanente qui trouble en partie ou en totalité ses facultés cérébrales, qui, orientées dans de meilleures directions, lui procureraient des satisfactions en rapport avec leurs qualités. De même l'ambition, produisant par son excès la manie des grandeurs ; de l'orgueil, qui ridiculise toujours son possesseur, le conduit aux actes les plus illogiques, et prouve par cela même l'altération de sa mentalité ; de la colère, l'une des plus probantes manifestations de l'obsession, *la colère n'est-elle pas le produit d'une excitation violente de la pensée,* et sommes-nous bien sûrs que cette excitation n'est pas provoquée par la suggestion de pensées étrangères aux nôtres ? Serions-nous assez bourreaux de nous-mêmes, pour provoquer en nous cette surexcitabilité spéciale que produit la colère, ainsi que les troubles nerveux qui en sont les conséquences inévitables ? *Les cas de folies furieuses dont la cause est inconnue des physiologistes, ont leur source dans l'altération des pensées, produite par la projection de pensées étrangères sur les sujets.* La folie furieuse peut être accompagnée par la vue spirituelle et l'audition des esprits. Dans ces conditions, le sujet voit et entend des êtres qui ne sont perçus que par lui, mais que d'autres médiums verraient et entendraient comme lui s'ils se trouvaient présents. Ces êtres ne sont point le produit de l'imagination du sujet, mais des êtres malfaisants de l'au-delà, qui agissent ainsi par vengeance, et qui pourraient être ramenés au bien par de sages conseils et des évocations suivies ; nous connaissons de nombreux aliénés qui ont été guéris de la sorte ; nous tenons à la disposition de nos lecteurs, les noms et adresses de ces soi-disant fous, ainsi que les diagnostics des docteurs attestant le dérangement cérébral, et déclarant ces malades incurables. Ces sujets n'étaient en réalité que des médiums inconscients et ignorants, qui, après avoir reçu les enseignements spirites, sont à l'heure actuelle d'excellents médiums, qui participent aux progrès que la science spirite met à la disposition de l'humanité. L'hystérie, la sensualité, la neurasthénie ne sont que des formes de l'obsession. Les anciens étaient dans la vérité, quand ils considéraient les hystériques comme des possédés ; et Charcot lui-même, ne pouvait mieux dire, en déclarant : « que le point de départ de l'hystérie était une idée fixe et obsédante ». Pour nous, qui avons vu de près ces malades, et avons assisté aux soins spirituels, aux enseignements qui ont amené leur guérison, nous sommes convaincus que l'hystérie a sa source dans les pensées impures, qui attirent autour du sujet un grand nombre d'esprits animés de mauvaises passions, lui suggèrent des pensées malsaines que le patient prend pour siennes en les mettant à exécution ; on ne peut donc mieux faire, que de reconnaître *que la véritable cause de l'hystérie est une idée fixe et obsédante*, en vue de satisfaire un désir jamais assouvi, *car il est sans cesse alimenté par les Esprits sensuels que les pensées et les actes impurs du malade attirent, et dont la vue les réjouit.*

Nous ne pouvons que déplorer l'*ignorance* des malades qui se livrent aux funestes passions de l'hystérie, ainsi que les ravages innombrables de ce fléau dans la société. Si la tuberculose peut être comparée à une faucheuse impitoyable, l'hystérie n'a rien à lui envier, car dans beaucoup de cas c'est elle qui lui prépare ses victimes.

Et que penser de ces savants ou médecins qui croient encore que les organes génésiques doivent fonctionner régulièrement, sous peine d'occasionner des troubles graves dans l'organisme et entretiennent ainsi, par une coupable ignorance, une des plus grandes plaies qui ravagent la société ?

Ces savants peuvent être sans doute sincères ; cependant, si, par hasard, ce modeste livre tombait sous la main de l'un d'eux, nous pouvons lui indiquer des ouvrages qui compléteraient ses études sur cette question. Par exemple, celui du Dr Clément (1), de la faculté de Paris, niant la nécessité du fonctionnement régulier des organes génésiques.

« L'âme, dit-il, lors même que les sens sont enchaînés par le sommeil, s'occupe des idées qui lui ont été transmises pendant le jour, et peut, dans son sommeil, faire naître les mouvements nécessaires à l'exécution des idées reçues. Occupée d'idées relatives aux plaisirs de l'amour, livrée à des songes lascifs, les objets qu'elle se

(1) *L'Onanisme*, p. 135, Dr Clément.

peint produisent, sur les organes de la génération, les mêmes mouvements qu'ils y auraient produits pendant la veille, et l'acte se consomme physiquement s'il se consomme dans l'imagination. »

On ne saurait mieux dire : *que la véritable source de la passion sexuelle réside toute entière dans l'âme et dans les idées émises ou reçues par elle.* Quand au danger du non fonctionnement des organes au point de vue physiologique, nous pouvons nous reporter à de nombreux ouvrages scientifiques, parmi lesquels nous citerons ceux du Dr Roux (1), ceux des physiologistes Beaunis, Delbeuf, etc..., du prof. agrégé A. Regaud, histologiste distingué, chargé du cours d'embriologie à la faculté de Lyon, qui, dans un entretien spécial, déclarait :

« Pour ce qui est de la continence, je la crois compatible avec la santé physique De ce que l'accomplissement d'un acte est physiologique, il ne faut pas conclure que son non-accomplissement est contre nature. A mon avis, la continence ne saurait compromettre en rien l'habitus corporel de l'individu »; voir encore Bouchard, *Traité de pathologie générale*, tome V, *Sémiologie des organes génitaux ;* voir aussi Paul Goy (2) : *La pureté rationnelle*, qui traite la question sexuelle avec une hauteur scientifique et morale qui lui fait le plus grand honneur ; cet ouvrage est précédé d'une préface édifiante du prof. Dubois de la faculté de Berne, approuvant toute la valeur

(1) *Psychologie de l'intime sexuel*, médecin adjoint des asiles des aliénés de Lyon, libr. Ballière et fils, Lyon, 1 fr. 50.

(2) *La Pureté rationnelle*, P. Goy. 0 fr. 40, libr. Georg, Lyon.

de cette œuvre qui, dit-il, lui est confirmée par trente années d'expérience et d'observation continuelle.

Nous n'insistons pas davantage pour démontrer l'erreur certaine des personnes qui croient au danger de la pureté ou de la continence ; nous croyons ces personnes imbues de faux préjugés et ignorantes. Et elles ont le devoir d'étudier pour s'affranchir de l'esclavage dans lequel les tient cette ignorance ; de préserver, à l'aide de leurs connaissances, ceux des leurs qui pourraient devenir les tristes victimes de l'hystérie en croyant au besoin absolu du fonctionnement des organes génésiques. *Il n'y a dans ce besoin, que les desirs impurs de l'âme humaine, et l'assouvissement des passions et des vices les plus contagieux et les plus dangereux pour la société.*

Ces désirs, ces vices et ces passions *peuvent se modifier* par une éducation plus complète sur la nature de l'homme, sur sa psychologie intime et sur le milieu dans lequel l'âme incarnée est appelée à se développer, à acquérir la connaissance des influences du monde invisible qui l'environne, à se préserver des mauvaises et à accueillir les bonnes.

Voici encore ce que nous dit à ce sujet L. Denis (1) :

« La première condition pour garder son intelligence saine, sa raison lucide, c'est d'être sobre et chaste, réduire la somme de ses besoins matériels, comprimer les sens, maîtriser les vils appétits ; c'est s'affranchir du joug des forces inférieures, c'est préparer l'émancipation de

(1) *Après la mort*, p. 104.

l'esprit. Avoir peu de besoins, est aussi une des formes de la richesse, la sobriété et la continence vont de pair, les plaisirs charnels nous amollissent et nous détournent de la voie de la sagesse et de la prudence. Dès que nous laissons la volupté pénétrer en nous, elle nous envahit, nous absorbe et, comme un flot, éteint tout ce qu'il y a dans notre être de lumière, de généreuse flamme et d'idéal supérieur. »

Tant que l'âme humaine ignorera son véritable but ici-bas, elle étendra son action sur la vie matérielle exclusivement, sur les satisfactions et les jouissances éphémères de cette vie, au plus grand préjudice des satisfactions de l'âme, de ses facultés, de ses aspirations et de sa véritable destinée.

La neurasthénie est fille de l'hystérie : la plupart du temps elle est la conséquence de cette dernière. Elle peut aussi être indépendante de l'hystérie ; et dans ce cas, elle est toujours le résultat de la suggestion d'idées de tristesse, que le sujet croit siennes et qui ne lui sont que transmises, dans le but de le tourmenter, de l'affaiblir moralement et physiquement.

Résumons-nous et disons : que l'obsession présente trois degrés spéciaux ; le premier, *l'obsession simple* ; le second, *la fascination*, et le troisième, *la subjugation*.

L'obsession simple se manifeste quand un esprit s'obstine à entrer en communication avec le médium, en se substituant à tout autre esprit évoqué. En ce cas, le médium se tient sur ses gardes et se laisse moins tromper. Dans cette période, il faut ranger les phénomènes de bruits et d'audition de paroles, sans conséquences graves pour le sujet.

La fascination est le deuxième degré de l'obsession ; elle est la conséquence de l'illusion que se fait le sujet sur la valeur du ou des mystificateurs invisibles qui lui font accepter les choses les plus invraisemblables comme étant véridiques et lui conseillent les actes les plus ridicules. Dans l'obsession simple, le sujet n'est que gêné, car il se garantit lui-même par ses connaissances ; dans la fascination, le sujet est illusionné, dirigé par des esprits auxquels il a eu le grand tort d'accorder plus de crédit qu'aux autres : *Les Esprits dicteraient-ils les plus grandes vérités, avant de les accepter comme telles, elles doivent être passées au creuset de la raison et du jugement.*

La subjugation, le troisième degré, est une illusion plus prononcée que celle de la fascination ; elle se traduit par une influence permanente des obsesseurs sur la généralité des actes du sujet ; son jugement sur toutes choses est fortement altéré ; il a une confiance illimitée aux communications de ses mystificateurs qui, pour le soustraire aux sages avertissements de gens éclairés, lui conseillent l'isolement et suppriment ainsi toute contradiction ou entrave à leurs desseins. Ce dernier degré est très ingrat à traiter, quoique cependant il ne soit pas totalement incurable.

Le meilleur traitement pour l'obsession est la prière, l'appel à son guide spirituel et aux guides des obsesseurs. Quand cet appel peut être fait en commun ; quand les pensées s'harmonisent, se concentrent et se renforcent par l'action des esprits de bien, il peut produire des modifications profondes sur les obsesseurs et l'obsédé, ramener le sujet à son état normal et modifier profondément les sentiments des obsesseurs.

Ainsi se sont produites les cures des prétendus fous, qui ont subit ce genre de traitement.

Nous espérons que dans un avenir prochain, les maisons destinées au traitement des aliénés auront à leur service des médiums voyants, qui donneront de précieuses indications aux médecins aliénistes et détermineront la nature et le genre d'obsession propre à chaque malade.

CHAPITRE V

Charlatanisme et vénalité

> Malheur, hélas, à qui n'aura aimé que des corps, des apparences. La mort lui ôtera tout. Tâchez d'aimer des âmes, vous les retrouverez.
> Victor Hugo.

> Si nos écrits ont contribué à jeter en France et dans d'autres contrées du discrédit sur la médiumnité intéressée, nous croyons que ce ne sera pas un des moindres services qu'ils auront rendus au *Spiritisme sérieux*.
> A. Kardec.

Il n'est pas de science qui soit plus susceptible d'être exploitée que la science spirite, parce que celle-ci s'occupe de l'étude de l'âme, et que cette étude paraît à la plupart des hommes comme une étude abstraite et difficile. Cela tient à la négligence du monde savant, qui s'obstine à étudier spécialement les effets de la matière et non leurs causes. L'âme dirige l'être pensant, l'étude de l'âme s'impose donc en premier lieu, puisqu'elle peut donner la clé de tous les phénomènes auxquels l'être humain est soumis.

Dans la société, tout est sujet à exploitation ; rien d'étonnant à ce que les esprits deviennent eux aussi un sujet d'exploitation pour certaines personnes qui n'ont d'autre but que celui de satisfaire leur cupidité et leur ambition. Reste à savoir jusqu'à quel point cette industrie, disons le mot, est tolérée par les esprits eux-mêmes.

Voici d'ailleurs ce que nous dit Allan Kardec (1) à ce sujet :

« Les esprits inférieurs aiment bien à mystifier, mais il n'aiment pas à être mystifiés ; s'ils se prêtent volontiers à la plaisanterie, aux choses de curiosité, parce qu'ils aiment à s'amuser, ils n'aiment pas plus que les autres à être exploités, ni à servir de comparses pour faire aller la recette, et ils prouvent à chaque instant qu'ils ont leur volonté, qu'ils agissent quand et comme bon leur semble, ce qui fait que le médium à effets physiques est encore moins sûr de la régularité des manifestations que le médium écrivain. Prétendre les produire à jours et heures fixes, serait faire preuve de la plus profonde ignorance. Que faire alors pour gagner son argent ? *Simuler les phénomènes;* c'est ce qui peut arriver non seulement à ceux qui en feraient un métier avoué, mais même à des gens simples en apparence qui trouvent ce moyen plus facile et plus commode que de travailler. Si l'Esprit ne donne pas, on y supplée ; l'imagination est si féconde quand il s'agit de gagner de l'argent ! L'intérêt étant un légitime motif de suspicion, il donne un droit d'examen rigoureux dont on ne saurait s'offenser sans justifier les soupçons. »

En règle générale, qu'il nous suffise de dire que partout où l'intérêt matériel sera reconnu, il y aura ou simulation des phénomènes ou provo-

(1) *Livre des médiums*, p. 422, A. Kardek.

cation de ceux-ci par des esprits inférieurs ne pouvant être que nuisibles dans leurs conseils.

Les obsessions les plus tenaces peuvent résulter de la pratique de la *médiumnité intéressée*. Quelle que soit la supériorité morale du médium qui s'y livre, fatalement, graduellement il arrive à la simulation et à la fraude.

Introduire la question d'argent dans cet ordre d'idées, c'est en amoindrir la valeur morale (1).

L'amour de l'or corrompt les enseignements les plus sublimes, et le catholicisme a perdu son autorité sur bien des âmes depuis que les disciples de l'Evangile sont devenus les disciples de Plutus. Si le spiritisme devenait mercantile, si les consolations qu'il procure n'étaient plus qu'un objet d'exploitation, son influence en serait d'autant affaiblie, et le progrès qu'il apporte à l'humanité, au lieu d'être rapide en général, ne pourrait plus être que fort lent et tout individuel.

(1) *Après la mort*, Léon Denis, p. 253.

TROISIÈME PARTIE

CHAPITRE I

Les Vies successives (1)

> Le corps n'est qu'un masque que l'âme prend et quitte plus tard, pour en revêtir d'autres.
> Ceux qui s'aiment se retrouvent dans d'autres incarnations.
> LE NOUVEAU CORAN.

> L'âme n'a pas de titre si ce n'est l'acquis de ses réincarnations.
> LITTLE.

« Nous présentons ici l'étude magistrale du savant psychologue L. Denis sur les vies successives. »

Après un temps de séjour dans l'espace, l'âme renaît dans la condition humaine, en apportant avec elle l'héritage, bon ou mauvais, de son passé. Elle renaît petit enfant, elle reparaît sur la scène terrestre pour jouer un nouvel acte du drame de sa vie, acquitter ses dettes antérieures, conquérir de nouvelles puissances qui faciliteront son ascension, accéléreront sa marche en avant.

La loi des renaissances explique et complète le principe d'immortalité. L'évolution de l'être indique un plan et un but : ce but, qui est la

---

(1) Extrait du *Problème de l'être*, Léon Denis.

perfection, ne saurait se réaliser dans une existence unique, si longue, si fructueuse soit-elle. Nous devons voir dans la pluralité des vies de l'âme la condition nécessaire de son éducation et de ses progrès. C'est par ses propres efforts, ses luttes, ses souffrances qu'elle se rachète de son état d'ignorance et d'infériorité, et s'élève degré à degré, sur la terre d'abord, puis à travers les demeures innombrables du ciel étoilé.

Beaucoup objectent que si nous avons déjà vécu, nous devrions en garder le souvenir; nous allons voir tout à l'heure, et nous pourrions le voir chaque jour par l'observation, que si nous ne gardons pas le souvenir complet de nos vies antérieures, nous apportons, à la naissance, nos facultés et aptitudes spéciales acquises dans nos incarnations précédentes. Le souvenir du passé ne nous paraît pas désirable pour la majorité des hommes qu'agite le souffle des passions. Au contraire, il semble indispensable à leur avancement que les vies d'autrefois soient momentanément effacées de leur mémoire.

La persistance des souvenirs entraînerait la persistance des idées erronées, des préjugés de caste, de temps et de milieu, en un mot, de tout un héritage mental, de tout un ensemble de vues et de choses que nous aurions d'autant plus de peine à modifier, à transformer, qu'il serait plus vivant en nous. Il y aurait là bien des entraves à notre éducation, à nos progrès; notre jugement se trouverait souvent faussé dès la naissance. L'oubli, au contraire, en nous permettant de profiter plus largement des états différents que nous procure une nouvelle vie, nous aide à reconstruire notre personnalité sur un plan meilleur; nos facultés et notre expérience y gagnent en étendue et en profondeur.

Autre considération, plus grave encore. La connaissance d'un passé taré, souillé, comme ce doit être le cas pour beaucoup d'entre nous, serait un lourd fardeau à porter. Il faut une volonté fortement trempée pour voir sans vertige se dérouler une longue suite de fautes, de défaillances, d'actes honteux, de crimes peut-être, pour en peser les conséquences et se résigner à les subir. La plupart des hommes actuels sont incapables d'un tel effort. Le souvenir des vies antérieures ne peut être profitable qu'à l'esprit assez évolué, assez maître de lui-même pour en supporter le poids sans faiblir, assez détaché des choses humaines pour contempler avec sérénité le spectacle de son histoire, revivre les peines endurées, les injustices souffertes, les trahisons de ceux qu'il a aimés. C'est un douloureux privilège de connaître le passé évanoui, passé de sang et de larmes, et c'est aussi une cause de tortures morales, de déchirements intérieurs.

Les visions qui s'y rattachent seraient, dans la plupart des cas, une source de cruels soucis pour l'âme faible, aux prises avec sa destinée. Si nos vies précédentes ont été heureuses, la comparaison entre les joies qu'elles nous donnaient et les amertumes du présent rendrait celles-ci insupportables. Furent-elles coupables ? l'attente perpétuelle des maux qu'elles entraînent paralyserait notre action, rendrait notre existence stérile. La persistance des remords, la lenteur de notre évolution nous feraient croire que la perfection est irréalisable !

Combien de choses ne voudrions-nous pas

effacer de notre vie actuelle, qui sont autant d'obstacles à notre paix intérieure, autant d'entraves à notre liberté ? Que serait-ce donc si la perspective des siècles parcourus se déroulait sans cesse, dans tous ses détails, devant notre regard ? Ce qu'il importe d'apporter avec soi, ce sont les fruits utiles du passé, c'est-à-dire les capacités acquises ; c'est là l'instrument de travail, le moyen d'action de l'esprit. C'est aussi tout ce qui constitue le caractère, l'ensemble des qualités et des défauts, des goûts et des aspirations, tout ce qui déborde de la conscience profonde dans la conscience normale.

La connaissance intégrale des vies écoulées présenterait des inconvénients redoutables, non seulement pour l'individu, mais aussi pour la collectivité. Elle introduirait dans la vie sociale des éléments de discorde, des ferments de haine qui aggraveraient la situation de l'humanité et entraveraient tout progrès moral. Tous les criminels de l'histoire, réincarnés pour expier, seraient démasqués ; les hontes, les trahisons, les perfidies, les iniquités de tous les siècles seraient de nouveau étalées sous nos yeux. Le passé accusateur, connu de tous, redeviendrait une cause de profonde division et de vives souffrances.

L'homme, revenu ici-bas pour agir, développer ses facultés, conquérir de nouveaux mérites, doit regarder en avant et non en arrière. L'avenir s'ouvre devant lui, plein d'espérance et de promesses ; la grande loi lui commande d'avancer résolument et, pour lui rendre la marche plus facile, pour le délivrer de tout lien, de tout fardeau, elle étend un voile sur son passé. Remercions la Puissance infinie qui, en nous allégeant du bagage écrasant des souvenirs, nous a rendu l'ascension plus aisée, la réparation moins amère.

Parfois on nous objecte qu'il serait injuste d'être puni pour des fautes oubliées, comme si l'oubli effaçait la faute! On nous dit (1), par exemple : « Une justice qui se trame dans le secret, et que nous ne pouvons pas juger nous-mêmes, doit être considérée comme une iniquité. »

Mais d'abord, est-ce que tout n'est pas un secret pour nous? Le brin d'herbe qui pousse, le vent qui souffle, la vie qui s'agite, l'astre qui glisse dans la nuit silencieuse, tout est mystère. Si nous ne devons croire qu'aux choses bien comprises, à quoi croirons-nous?

Si un criminel, condamné par les lois humaines, tombe malade et perd la mémoire de ses actions, s'ensuit-il que sa responsabilité s'évanouit en même temps que ses souvenirs? Aucune puissance ne peut faire que le passé n'ait pas été!

Dans beaucoup de cas, il serait plus atroce de savoir que d'ignorer. Quand l'esprit, dont les vies lointaines furent coupables, quitte la terre, et que les mauvais souvenirs se réveillent pour lui, lorsqu'il voit se dresser des ombres vengeresses, regrette-t-il le temps de l'oubli? accuse-t-il Dieu de lui avoir ôté, avec la mémoire de ses fautes, la perspective des épreuves qu'elles entraînent?

Qu'il nous suffise donc de connaître le but de la vie, de savoir que la divine justice gouverne le monde. Chacun est à la place qu'il s'est faite et rien n'arrive qui ne soit mérité. N'avons-nous

(1) *Journal de Charleroi*, 18 février 1899. C'est ce qu'objectait déjà, au quatrième siècle, Enée de Gaza, dans son *Théophraste*.

pas notre conscience pour guide, et les enseignements des génies célestes ne brillent-ils pas d'un vif éclat dans notre nuit intellectuelle ?

Mais l'esprit humain flotte à tous les vents du doute et de la contradiction. Tantôt, il trouve que tout est bien et il demande de nouvelles puissances de vie ; tantôt il maudit l'existence et réclame le néant. La justice éternelle peut-elle conformer ses plans à nos vues mobiles et changeantes ? Poser la question, c'est la résoudre. La justice n'est éternelle que parce qu'elle est immuable. Dans le cas qui nous occupe, elle est l'harmonie parfaite s'établissant entre la liberté de nos actions et la fatalité de leurs conséquences. L'oubli temporaire de nos fautes n'entrave pas leur effet. L'ignorance du passé est nécessaire, afin que toute l'activité de l'homme se porte vers le présent et vers l'avenir, afin qu'il se soumette à la loi de l'effort et se conforme aux conditions du milieu où il renaît.

LES VIES SUCCESSIVES. — LES ENFANTS PRODIGES ET L'HÉRÉDITÉ.

En ce qui concerne les considérations tombant immédiatement sous nos sens et sous l'observation, on peut considérer certaines manifestations précoces du génie comme autant de preuves des préexistences, en ce sens qu'elles sont une révélation des travaux accomplis par l'âme en d'autres cycles antérieurs.

Les phénomènes de ce genre dont parle l'histoire ne peuvent pas être des faits sans lien, sans attache avec le passé, se produisant au hasard, dans le vide des temps et de l'espace.

Ils démontrent, au contraire, que le principe organisateur de la vie en nous est un être qui arrive en ce monde avec tout un passé de travail et d'évolution, résultat d'un plan tracé et d'un but poursuivi au cours de ses existences successives.

Chaque incarnation trouve dans l'âme qui réédite sa vie une culture particulière, des aptitudes, des acquisitions mentales qui expliquent sa facilité de travail et sa puissance d'assimilation. C'est pourquoi Platon disait : Apprendre, c'est se ressouvenir !

La loi de l'hérédité vient souvent entraver, dans une certaine mesure, ces manifestations de l'individualité, car l'esprit ne façonne son enveloppe qu'au moyen des éléments mis à sa disposition par cette hérédité. Cependant, en dépit des difficultés matérielles, on voit se produire chez certains êtres, dès l'âge le plus tendre, des facultés tellement supérieures et sans aucun rapport avec celles de leurs ascendants, qu'on ne peut, malgré toutes les subtilités de la casuistique matérialiste, les rattacher à aucune cause immédiate et connue.

On a souvent cité le cas de Mozart, exécutant une sonate sur le piano à 4 ans et, à 8 ans, composant un opéra. Paganini et Térésa Milanollo, tout enfants, jouaient du violon de façon merveilleuse. Listz, Beethoven, Rubinstein, se faisaient applaudir à 10 ans. Michel-Ange, Salvator Rosa se révélèrent tout à coup avec des talents improvisés Pascal, à 12 ans, découvrit la géométrie plane, et Rembrandt, avant de savoir lire, dessinait comme un grand maître (1).

(1) Voir C. Lombroso, *L'homme de génie*, trad. française.

Napoléon se fit remarquer par son aptitude prématurée pour la guerre. Dès sa première jeunesse, il ne jouait pas au petit soldat comme les enfants de son âge, mais avec une méthode extraordinaire, qu'il semblait puiser en lui-même.

Le seizième siècle nous a laissé le souvenir d'un prodigieux polyglotte, Jacques Chrichton, que Scaliger dénommait un « génie monstrueux ». Il était Écossais et, à 15 ans, discutait en latin, en grec, en hébreu, en arabe sur n'importe quelle question. Dès 14 ans, il avait conquis le grade de maître.

Henri de Heinecken, né à Lübeck en 1721, parla presque en naissant. A 2 ans, il savait trois langues. Il apprit à écrire en quelques jours et s'exerça bientôt à prononcer de petits discours. A 2 ans et demi, il subit un examen sur la géographie et l'histoire anciennes et modernes. Mourut à Lübeck le 27 juin 1725, dans le cours de sa cinquième année, en affirmant ses espérances en l'autre vie. « Il était, disent les *Mémoires de Trévoux,* délicat, infirme, souvent malade. » Ce jeune phénomène eut la pleine conscience de sa fin prochaine. Il en parlait avec une sérénité au moins aussi admirable que sa science prématurée, et il voulut consoler ses parents en leur adressant des encouragements tirés de leurs communes croyances.

L'histoire des derniers siècles signale un grand nombre de ces enfants prodiges.

Le jeune Van de Kerkhove, de Brüges, mourut à 10 ans et 11 mois, le 12 août 1873, en laissant 350 petits tableaux de maîtres, dont quelques-uns, dit Adolphe Siret, membre de l'Académie royale des sciences, lettres et beaux-arts de Belgique, « auraient pu être signés des noms de Diaz, Salvator Rosa, Corot, Van Goyen, etc. ».

Un autre enfant, William Hamilton, étudiait l'hébreu à 5 ans et, à 7 ans, il possédait des connaissances plus étendues que la plupart des candidats à l'agrégation. « Je le vois encore, disait un de ses parents, répondre à une question de mathématique ardue, puis s'éloigner en trottinant, traînant après lui sa petite charrette. » A 13 ans, il connaissait douze langues. A 18 ans, il étonnait tous les gens de son entourage, au point qu'un astronome irlandais disait de lui : « Je ne dis pas qu'il sera, mais qu'il est déjà le premier mathématicien de son temps. »

En ce moment, l'Italie s'honore de posséder un linguiste phénoménal, M. Trombetti, qui surpasse de beaucoup ses anciens compatriotes, le célèbre Pic de la Mirandole et le prodigieux Mezzofanti, ce cardinal qui discourait en soixante-dix langues.

Trombetti est né d'une famille de Bolonais pauvres et *complètement ignorants*. Il apprit, tout seul, à l'école primaire, le français et l'allemand et, au bout de deux mois, il lisait Voltaire et Gœthe. Il apprit l'arabe rien qu'en lisant une vie d'Abd-el-Kader dans cette langue. Un Persan, de passage à Bologne, lui enseigna sa langue en quelques semaines. A 12 ans, il apprit seul et simultanément le latin, le grec et l'hébreu. Depuis, il a étudié presque toutes les langues vivantes ou mortes ; ses amis assurent qu'il connaît aujourd'hui environ trois cents dialectes orientaux. Le roi d'Italie l'a nommé professeur de philologie à l'Université de Bologne.

En France, Florizel de Reuter, âgé de 12 ans,

compose en ce moment, sur la demande de la reine de Roumanie, un opéra sur *Jeanne d'Arc*, dont elle a écrit le livret. Isaye, un des maîtres du jeune compositeur, l'a appelé « le génie le plus merveilleux qu'il ait jamais connu ». Il a déjà produit des œuvres nombreuses et hors de pair (1).

Au Congrès international de psychologie de Paris, en 1900, M. Ch. Richet, de l'Académie de médecine, présenta en assemblée générale, toutes sections réunies, un enfant espagnol de 3 ans et demi, nommé Pepito Arriola, qui joue et improvise, sur le piano, des airs variés, très riches comme sonorité. Nous reproduisons la communication faite par M. Ch. Richet aux congressistes, à la séance du 21 août 1900, au sujet de cet enfant, avant l'audition musicale (2) :

« Voici ce que raconte sa mère sur la manière dont, pour la première fois, elle s'aperçut des dons musicaux extraordinaires du jeune Pepito : L'enfant avait à peu près 2 ans et demi lorsque je découvris pour la première fois, et par hasard, ses aptitudes musicales. A cette époque, un musicien de mes amis m'adressa une de ses compositions, et je me mis à la jouer au piano assez fréquemment ; il est probable que l'enfant y faisait attention ; mais je ne m'en aperçus pas. Or, un matin, j'entends jouer dans une chambre voisine ce même air, mais avec tant d'autorité et de justesse, que je voulus savoir qui se permettait de jouer ainsi du piano chez moi.

« J'entrai dans le salon et je vis mon petit

---

(1) *Revue du Spiritualisme moderne*, mai 1906.
(2) Voir *Revue scientifique*, du 6 octobre 1900, p. 432, et *Compte rendu officiel du Congrès de psychologie*, 1900, F. Alcan, p. 93.

garçon qui était seul et jouait cet air. Il était assis sur un siège élevé, où il s'était mis tout seul, et, en me voyant, il se mit à rire et me dit : *Coco, mama*. Je crus qu'il y avait là un miracle véritable. A partir de ce moment, le petit Pepito se mit à jouer, sans que sa mère lui donnât de leçons, tantôt les airs qu'elle jouait elle-même devant lui au piano, tantôt des airs qu'il inventait.

« Bientôt il fut assez habile — sans cependant qu'on puisse dire qu'il s'agisse de véritables progrès — pour pouvoir, le 4 décembre 1899, c'est-à-dire n'ayant pas encore 3 ans, jouer devant un assez nombreux auditoire de critiques et de musiciens ; le 26 décembre, c'est-à-dire âgé de 3 ans et 12 jours, il joua au Palais Royal de Madrid devant le roi et la reine-mère. Il a joué alors six compositions musicales de son invention qui ont été notées.

« Il ne sait pas lire, qu'il s'agisse de musique ou d'alphabet. Il n'a pas de talent spécial pour le dessin ; mais il s'amuse parfois à écrire des airs musicaux. Bien entendu, cette écriture n'a aucun sens. Mais il est assez amusant de le voir prendre un petit papier, faire en tête du papier un griffonnage (qui signifie, paraît-il, la nature du morceau, sonate, ou habanera, ou valse, etc.), puis, au-dessous, figurer des lignes qui seront les portées, avec un gribouillage qui veut dire clef de sol, et des lignes noires qui, assure-t-il, sont des notes. Il regarde ce papier avec satisfaction, le met sur le piano, et dit : Je vais jouer cela : et en effet, ayant devant les yeux ce papier informe, *il improvise d'une manière étonnante*.

« Pour étudier méthodiquement la manière

dont il joue du piano, je distinguerai l'exécution et l'invention.

« *Exécution*. — L'exécution est enfantine ; on voit qu'il a imaginé de toutes pièces, sans aucunes leçons, tout son doigté. Cependant ce doigté est très habile, autant que le permet la petitesse de sa main, qui ne peut faire une octave. Il a imaginé alors, — ce qui est curieux, — de remplacer l'octave par des arpèges adroitement exécutés et très rapides. Il joue des deux mains. Souvent il croise les deux mains pour certains effets ou certaines harmonies. Parfois aussi, comme les pianistes renommés, il lève la main très haut en l'air, avec le plus grand sérieux, pour la faire retomber sur la note juste. *Il n'est pas probable que cela lui ait été appris* ; car dans le jeu de sa mère, jeu qui est très honorable, mais sans rien de plus, il n'y a rien d'analogue. Il peut faire des traits, avec une agilité parfois étonnante et une vigueur surprenante chez un enfant de cet âge. Mais, malgré toutes ces qualités, il faut bien avouer que cette exécution est inégale. Il bafouille pendant une demi-minute, puis tout d'un coup, *comme s'il était inspiré*, il se met à jouer avec agilité et précision.

« Je lui ai entendu jouer des morceaux assez difficiles, une « Habanera » galicienne et la « Marche turque » de Mozart, avec une extrême habileté dans certains passages...

« Plus que le doigté, l'harmonie est tout à fait extraordinaire : il trouve presque toujours l'accord juste ; et, s'il hésite, comme cela lui arrive au début d'un morceau, il tâtonne quelques secondes ; puis, se reprenant, il trouve l'harmonie vraie. Ce n'est pas une harmonie bien compliquée, et il s'agit presque toujours d'accords assez simples. *Mais quelquefois il en invente de tout à fait surprenants.*

« A vrai dire, ce qui est le plus stupéfiant, ce n'est ni le doigté, ni l'harmonie, ni l'agilité, mais l'expression. Il a une richesse d'expression étonnante. Qu'il s'agisse d'un morceau triste, ou gai, ou martial, ou énergique, *l'expression est saisissante.* J'ai fait jouer une fois à sa mère le même morceau qu'à lui : elle le jouait assurément beaucoup mieux, sans fausses notes, ni hésitations, ni tâtonnements, ni reprises, mais le petit bébé avait beaucoup plus d'expression que la mère.

« Souvent même cette expression est si forte, si tragique même, dans certains airs mélancoliques ou funèbres, qu'on a la sensation que Pepito ne peut pas, avec son doigté imparfait, exprimer toutes les idées musicales qui frémissent en lui : *de sorte que j'oserais presque dire qu'il est bien plus grand musicien qu'il ne paraît l'être...*

« Non seulement il joue les morceaux qu'il vient d'entendre jouer au piano, mais encore il peut, quoique avec plus de difficulté, jouer au piano les airs chantés qu'il a entendus. *C'est merveille de lui voir alors trouver, imaginer, reconstituer les accords de la basse et de l'harmonie, comme pourrait le faire un musicien habile.* Dans une expérience faite récemment, un de mes amis lui a chanté une mélodie très compliquée. Après l'avoir entendu cinq à six fois, il s'est mis au piano, disant qu'il s'agissait d'une habanera, ce qui était vrai, et il l'a répétée, sinon toute entière, au moins dans ses parties essentielles.

« *Invention.* — Il est souvent bien difficile, quand on entend un improvisateur, de dire ce qui est invention et ce qui est reproduction par la mémoire d'airs et de morceaux déjà entendus. Toutefois, il est certain que lorsque Pepito se met à improviser, il n'est presque jamais à court, et il trouve souvent des mélodies extrêmement intéressantes, qui ont paru plus ou moins nouvelles à tous les assistants. Il y a une introduction, un milieu, une fin. En même temps une variété et une richesse de sonorités qui peut-être étonneraient, s'il s'agissait d'un musicien de profession, *mais qui, chez un enfant de 3 ans et demi, deviennent absolument stupéfiantes.* »

Depuis lors, le jeune artiste a poursuivi le cours de ses succès grandissants. Devenu violoniste incomparable, il étonne le monde musical par son précoce talent. Actuellement, il achève ses études à Leipzig, où il a été envoyé par les soins de la reine Marie-Christine d'Espagne (1).

Citons encore *le Soir*, de Bruxelles (2), dans son énumération de quelques enfants remarquables d'outre-mer :

« Parmi les enfants prodiges du Nouveau-Monde, il faut en citer un, l'ingénieur George Steuber, qui compte 13 printemps, et Harry Dugan, le plus fameux voyageur de commerce des États-Unis, qui n'a pas encore atteint sa neuvième année. Harry Dugan vient de faire une tournée de 1.000 milles (environ 1.600 kilomètres) à travers la République étoilée, où il a

---

(1) D'après *l'Express* du 5 juin 1904.
(2) Numéro du 25 juillet 1900.

fait des affaires colossales pour la maison qu'il représente.

« Si incroyable que cela paraisse, l'Université de la Nouvelle-Orléans vient de délivrer un certificat médical à un étudiant âgé de 5 ans et nommé Willie Gwin. Les examinateurs ont ensuite déclaré en séance publique que le jeune Esculape était le plus savant ostéologue auquel ils eussent jamais délivré un certificat. Willie Gwin est le fils d'un médecin connu.

« A ce propos, les journaux transatlantiques publient une liste de leurs enfants prodiges. L'un d'eux, à peine âgé de 11 ans, a récemment fondé un journal, appelé *The Sunny Home*, qui, dès le troisième numéro, tirait déjà à 20.000 exemplaires. Pierre Loti et Sully Prudhomme sont les collaborateurs du Chatterton américain.

« Parmi les prédicateurs célèbres des États-Unis, on cite le jeune Dennis Mahan, de Montana, qui dès l'âge de 6 ans (il en a actuellement 9) étonna les fidèles par sa profonde connaissance des Écritures et par l'éloquence de son verbe. »

Ajoutons à cette liste le nom du fameux ingénieur suédois Ericson, qui, à l'âge de 12 ans, était inspecteur au grand canal maritime de Suez et avait 600 ouvriers sous ses ordres (1).

* * *

Enfin, le prince Adam Wiszniewski, rue du Débarcadère, 7, à Paris, nous communique la relation suivante. Il la doit aux témoins eux-

(1) Docteur Wahu, *Le Spiritisme dans le monde*.

mêmes, dont quelques-uns vivent encore, et n'ont consenti à être désignés que par des initiales :

« Le prince Galitzin, le marquis de B..., le comte de R... étaient réunis, pendant l'été de 1862, aux eaux de Hombourg.

« Un soir, après avoir dîné très tard, ils se promenaient dans le parc du Casino ; ils y aperçurent une pauvresse couchée sur un banc.

L'ayant abordée et interrogée, ils l'invitèrent à venir souper à l'hôtel. Après qu'elle eut soupé avec un grand appétit, le prince Galitzin, qui était magnétiseur, eut l'idée de l'endormir. Après de nombreuses passes, il y réussit. Quel ne fut pas l'étonnement des personnes présentes lorsque, profondément endormie, celle qui, dans la veille, ne s'exprimait qu'en un mauvais dialecte allemand, se mit à parler très correctement en français, racontant qu'elle s'était réincarnée pauvrement, par punition, pour avoir commis un crime dans sa vie précédente, au dix-huitième siècle. Elle habitait alors un château en Bretagne, au bord de la mer. Ayant pris un amant, elle voulut se débarrasser de son mari et le précipita à la mer du haut d'un rocher. Elle désigna le lieu du crime avec une grande précision.

« Grâce à ses indications, le prince Galitzin et le marquis de B... purent, plus tard, se rendre en Bretagne, dans les Côtes-du-Nord, séparément, et se livrer à deux enquêtes, dont les résultats furent identiques. Ayant questionné nombre de personnes, ils ne purent recueillir d'abord aucun renseignement. Ils trouvèrent enfin de vieux paysans qui se rappelèrent avoir entendu raconter, par leurs parents, l'histoire d'une jeune et belle châtelaine qui avait fait périr son époux en le précipitant à la mer. Tout ce que la pauvre femme de Hombourg avait dit, dans l'état somnambulique, fut reconnu exact

« Le prince Galitzin, à son retour de France, repassant à Hombourg, interrogea le commissaire de police au sujet de cette femme. Ce fonctionnaire lui déclara qu'elle était dépourvue de toute instruction, ne parlait qu'un vulgaire dialecte allemand et ne vivait que des mesquines ressources d'une femme à soldats. »

Parmi les modernes, Lamartine déclare, dans son *Voyage en Orient*, avoir eu des réminiscences très nettes d'un passé lointain. Voici son témoignage :

« Je n'avais, en Judée, ni Bible ni voyage à la main; personne pour me donner le nom des lieux et le nom antique des vallées et des montagnes. Pourtant je reconnus de suite la vallée de Térébinthe et le champ de bataille de Saül. Quand nous fûmes au couvent, les Pères me confirmèrent l'exactitude de mes prévisions. Mes compagnons ne pouvaient le croire. De même à Séphora, j'avais désigné du doigt et nommé par son nom une colline surmontée d'un château ruiné comme le lieu probable de la naissance de la Vierge. Le lendemain, au pied d'une montagne aride, je reconnus le tombeau des Macchabées et je disais vrai sans le savoir. Excepté les vallées du Liban, je n'ai jamais rencontré en Judée un lieu ou une chose *qui ne fût pour moi comme un souvenir*. Avons-nous donc vécu deux fois ou mille fois? Notre mémoire n'est-elle qu'une image ternie que le souffle de Dieu ravive ? »

« Ces réminiscences — dit Gabriel Delanne (1) — ne peuvent être dues à des rappels de souvenirs provenant de lectures, car la Bible ne fait pas la description exacte des paysages où se passent les scènes historiques. Elle relate simplement les événements. Peut-on attribuer ces intuitions si exactes et si précises à une clairvoyance pendant le sommeil ? Il n'est nullement démontré que M. de Lamartine fût somnambule; mais si l'on admet cette hypothèse, comment aurait-il fait pour connaître les noms exacts de ces endroits ? Si ce sont des Esprits qui les lui ont indiqués, pourquoi se souvient-il seulement de ces paysages et nullement de ses instructeurs invisibles ? »

Chez Lamartine, la conception des vies multiples de l'être était si vive, qu'il se proposait d'en faire l'idée maîtresse, l'inspiratrice par excellence de ses œuvres. *La Chute d'un ange* était, dans sa pensée, le premier anneau, et *Jocelyn*, le dernier d'une série d'ouvrages qui devaient se rattacher les uns aux autres et retracer l'histoire de deux âmes poursuivant, à travers les temps, leur évolution douloureuse. Les agitations de la vie politique ne lui laissèrent pas le loisir de relier entre eux les anneaux épars de cette chaîne de chefs-d'œuvre (2).

Joseph Méry était pénétré des mêmes idées. Le *Journal Littéraire*, du 25 novembre 1864, disait de lui, de son vivant :

« Il a des théories singulières, qui sont pour lui des convictions. Ainsi il croit fermement

---

(1) Mémoire présenté au Congrès spirite international de Londres, 1898.
(2) Voir Petit de Julleville, *Histoire de la littérature française*, t. VII.

qu'il a vécu plusieurs fois ; il se rappelle les moindres circonstances de ses existences antérieures, et il les détaille avec une verve de certitude qui impose comme une autorité. Ainsi, il a été un des amis de Virgile et d'Horace ; il a connu Auguste, Germanicus ; il a fait la guerre dans les Gaules et en Germanie. Il était général et il commandait les troupes romaines lorsqu'elles ont traversé le Rhin. Il reconnaît dans les montagnes des sites où il a campé, dans les vallées des champs de bataille où il a combattu autrefois. Il s'appelait alors Minius. Ici se place un épisode qui semble bien établir que ces souvenirs ne sont pas simplement des mirages de son imagination.

« Un jour, dans sa vie présente, il était à Rome et il visitait la bibliothèque du Vatican. Il y fut reçu par de jeunes hommes, des novices en longues robes brunes, qui se mirent à lui parler le latin le plus pur. Méry était bon latiniste, en tout ce qui tient à la théorie et aux choses écrites, mais il n'avait pas encore essayé de causer familièrement dans la langue de Juvénal. En entendant ces Romains d'aujourd'hui, en admirant ce magnifique idiome, si bien harmonisé avec les mœurs de l'époque où il était en usage, avec les monuments, il lui sembla qu'un voile tombait de ses yeux ; il lui sembla que lui-même avait conversé, en d'autres temps, avec des amis qui se servaient de ce langage divin. Des phrases toutes faites et irréprochables tombaient de ses lèvres ; il trouva immédiatement l'élégance et la correction ; il parla latin, enfin, comme il parle français. Tout cela ne pouvait se faire sans un apprentissage, et, s'il n'eût pas été un sujet d'Auguste, s'il n'eût pas traversé ce siècle de toutes les splendeurs, il ne se serait pas improvisé une science impossible à acquérir en quelques heures. »

« L'auteur a raison, dit G. Delanne (1). Il faut soigneusement distinguer ce fait des hyperesthésies de la mémoire, maintes fois observées dans le somnambulisme et la maladie. Dans ces états spéciaux, le sujet répète parfois des tirades entendues autrefois au théâtre, ou lues anciennement et profondément oubliées à l'état normal. Mais une conversation soutenue dans une langue inusitée, sans hésitations, sans recherches, en jouissant pleinement de toutes ses facultés, ceci suppose évidemment, pour la prononciation et la traduction des idées, la mise en fonction d'un mécanisme longtemps inactif, mais qui se réveille au moment propice, sous la stimulation de ses efforts. On n'improvise pas un langage, alors même que l'on en connaît les mots et les règles grammaticales. Il reste la partie la plus difficile : celle de l'énonciation des idées ; celle-ci dépend des muscles du larynx et des localisations cérébrales, et ne peut s'acquérir que par l'habitude. Si, à cette résurrection mnémonique, on joint les souvenirs précis de lieux jadis habités et reconnus, cette fois il y a de très fortes présomptions pour admettre les vies multiples comme l'explication la plus logique de ces phénomènes. »

Le *Journal littéraire*, toujours au sujet de Méry, reprend : « Son autre passage sur la terre a été au Indes : voilà pourquoi il les connaît si bien ; voilà pourquoi, quand il a publié la *Guerre du Nizan*, il n'est pas un de ses lecteurs

---

(1) Mémoire présenté au Congrès de Londres, 1898.

qui ait douté qu'il n'eût habité longtemps l'Asie. Ses descriptions sont si vivantes, ses tableaux sont si originaux, il fait si bien toucher du doigt les moindres détails, qu'il est impossible qu'il n'ait pas vu ce qu'il raconte ; le cachet de la vérité est là.

« Il prétend être entré dans ce pays avec l'expédition musulmane, en 1035. Il y a vécu cinquante ans, il y a passé de beaux jours et il s'y est fixé pour ne plus en sortir. Là, il était encore poète, mais moins lettré qu'à Rome et à Paris. Guerrier d'abord, rêveur ensuite, il a gardé dans son âme les images saisissantes des bords de la rivière sacrée et des sites indous. Il avait plusieurs demeures à la ville et à la campagne, il a prié dans le temple des Éléphants, il a connu la civilisation avancée de Java, il a vu les splendides ruines qu'il signale et que l'on connaît encore si peu.

« Il faut lui entendre raconter ses poèmes, car ce sont de vrais poèmes que ces souvenirs à Swedenborg. Il est très sérieux, n'en doutez pas. Ce n'est pas une mystification arrangée aux dépens de ses auditeurs. C'est une réalité dont il parvient à vous convaincre. »

Paul Stapfer, dans son livre récemment publié : *Victor Hugo à Guernesey*, raconte ses entretiens avec le grand poète. Celui-ci lui disait sa croyance aux vies successives. Il croyait avoir été Eschyle, Juvénal, etc. Il faut reconnaître que ces propos ne brillent pas par un excès de modestie et manquent un peu de preuves démonstratives.

Le philosophe subtil et profond que fut Amiel, ecrivait : « Quand je pense aux intuitions de toutes sortes que j'ai eues depuis mon adolescence, il me semble que j'ai vécu bien des douzaines et presque des centaines de vies. Toute individualité caractérise ce monde idéalement en moi ou plutôt me forme momentanément à son image. C'est ainsi que j'ai été mathématicien, musicien, moine, enfant, mère, etc. Dans ces états de sympathie universelle, j'ai même été animal et plante. »

Théophile Gautier, Alex. Dumas, Ponson du Terrail et beaucoup d'autres écrivains modernes partageaient ces convictions. Il en fut de même de Walter Scott, selon le témoignage de Lockart, son biographe (1).

Une correspondance de Simla (Indes-Orientales) à la *Daily Mail* (2) rapporte qu'un jeune enfant, né dans le district, est considéré comme la réincarnation de feu M. Tucker, surintendant de la contrée, assassiné, en 1894, par des « discoïts ». L'enfant se souvient des moindres incidents de sa précédente vie, Il a voulu se transporter à divers endroits familiers à M. Tucker. A la place du meurtre, il s'est mis à trembler et a donné tous les signes de la terreur. « Ces faits sont assez communs à Burma — ajoute le journal — où les réincarnés, se souvenant de leur passé, s'appellent des *win-sas*. »

M. C. de Lagrange, consul de France, écrivait de la Vera-Cruz (Mexique) à la *Revue spirite*, le 14 juillet 1880 (3) :

« Il y a deux ans, nous avions, à la Vera-Cruz, un enfant de sept ans qui possédait la faculté de médium guérisseur. Plusieurs personnes furent

(1) Voir Lockart, *Vie de Walter Scott*, VII, p. 114.
(2) Reproduit par *le Matin* et *Paris-Nouvelles*, du 8 juillet 1903, sous le titre : Une réincarnation, correspondance de Londres, 7 juillet.
(3) *Revue spirite*, 1880, p. 361.

guéries, soit par l'apposition de ses petites mains, soit à l'aide de remèdes végétaux dont il donnait la recette et qu'il affirmait connaître. Lorsqu'on lui demandait où il avait appris ces choses, il répondait que, lorsqu'il était grand, il était médecin. Cet enfant a donc le souvenir d'une existence antérieure.

« Il parlait avec difficulté. Son nom était Jules-Alphonse, né à la Vera-Cruz. Cette surprenante faculté s'est développée en lui à l'âge de 4 ans. Bien des personnes, incrédules d'abord, ont été frappées et sont aujourd'hui convaincues. Lorsqu'il est seul avec ses parents, il leur redit souvent : Père, il ne faut pas croire que je resterai longtemps avec toi ; je ne suis ici que pour quelques années, puisqu'il faut que j'aille là-bas. Et si on lui demande : Mais où veux-tu aller ? — Loin d'ici, répond-il, et où l'on est mieux qu'ici.

« Cet enfant est très sobre, grand dans toutes ses actions, perspicace et très obéissant. » — Depuis ce temps l'enfant est mort.

Le *Banner of light*, de Boston, du 15 octobre 1892, publie la relation suivante de l'honorable Isaac-G. Forster, insérée également par le *Globe Democrat*, de Saint-Louis, 20 septembre 1892, le *Brooklyn Eagle* et le *Milwaukee Sensinel*, du 25 septembre 1891 :

« Il y a douze ans, j'habitais le comté d'Effingham (Illinois) et j'y perdis une enfant, Maria, au moment où elle entrait dans la puberté. L'année suivante, j'allais me fixer au Dakota. J'y eus, il y a neuf ans, une nouvelle petite fille, que nous avons appelée Nellie. Depuis qu'elle fut en âge de parler, elle prétendit qu'elle ne se nommait pas Nellie, mais

Maria ; que c'était son vrai nom que nous lui donnions autrefois.

« Je retournai dernièrement dans le comté d'Effingham pour y régler quelques affaires et j'emmenai Nellie avec moi. Elle reconnut notre ancienne demeure et bien des personnes qu'elle n'avait jamais vues, mais que ma première fille Maria connaissait fort bien.

« Dès que nous fûmes à la gare, la petite Nellie se mit résolument en route, en indiquant elle-même le chemin à suivre.

« On se dirigea à la maison habitée ainsi quelques années auparavant. Nellie s'orienta avec une parfaite aisance en appelant par leur nom les gens qu'elle voyait cependant pour la première fois.

« On alla ensuite rendre visite à l'institutrice et, dans la salle de classe, Nellie se dirigea vers un bureau en disant : « J'étais à cette place, et il y avait Mlle X... à ma gauche et Mlle Y... à ma droite ! » L'institutrice, après quelques recherches sur les registres de l'école, put se rendre compte de l'exactitude des dires de Nellie, qui persista à affirmer qu'elle était Maria. »

Ce récit, dont les témoins sont tous absolument dignes de foi, prêts à en refaire la déclaration, et les faits ayant été contrôlés d'une manière précise, offre toutes les garanties et donne une preuve indéniable des vies successives et des réincarnations.

Ce cas nous montre que l'objection si souvent faite : « Comment se fait-il que nous ne nous souvenions pas ? » n'a pas une application générale.

Laissons là, ces multiples preuves de réincarnation et reprenons le problème des enfants prodiges, examinons-le sous ses différents aspects. D'abord, deux hypothèses ont été proposées pour l'expliquer : l'hérédité et la médiumnité.

L'hérédité, nul ne l'ignore, est la transmission des propriétés d'un individu à ses descendants. Les influences héréditaires sont considérables, aux deux points de vue physique et psychique. La transmission des parents aux enfants, du tempérament, des traits du caractère et de l'intelligence, est très sensible chez certaines personnes. Nous retrouvons en nous, à différents titres, non seulement les particularités organiques de nos générateurs directs ou de nos ancêtres, mais encore leurs qualités ou leurs défauts. Dans l'homme actuel, revit toute la mystérieuse lignée d'êtres dont il résume les efforts séculaires vers une vie plus haute et plus pleine.

Mais, à côté des analogies, il y a des divergences plus considérables encore. Les membres d'une même famille, tout en présentant des ressemblances, des traits communs offrent aussi parfois des différences très tranchées. Le fait peut être constaté partout, autour de nous, dans chaque famille, parmi des frères et des sœurs, et même chez des jumeaux. Beaucoup de ceux-ci, semblables au physique dans leurs premières années, au point qu'on peut difficilement les distinguer l'un de l'autre, présentent au cours de leur développement des différences sensibles de traits, de caractère et d'intelligence.

Pour expliquer ces dissemblances, il faudra donc faire intervenir un facteur nouveau dans la solution du problème ; ce sont les antériorités de l'être, qui lui ont permis d'accroître ses facultés, son expérience, de vies en vies, de se constituer une individualité portant en elle son cachet d'originalité et ses aptitudes propres. Cette loi des renaissances, seule, pourra nous faire comprendre comment certains esprits, en s'incarnant, montrent dès leurs premières années, ces facilités de travail et d'assimilation qui caractérisent les enfants prodiges. Ce sont là les résultats d'immenses labeurs qui ont familiarisé ces esprits avec les arts ou les sciences où ils excellent. De longues recherches, des études, des exercices séculaires ont laissé dans leur enveloppe périspritale des empreintes profondes, créant une sorte d'automatisme psychologique. Chez les musiciens notamment, cette faculté se manifeste de bonne heure par des procédés d'exécution qui étonnent les plus indifférents et rendent perplexes des savants comme le professeur Ch. Richet.

Il existe chez ces jeunes sujets des réserves considérables de connaissances emmagasinées dans la conscience profonde et qui, de là, débordent dans la conscience physique, de façon à produire ces manifestations précoces du talent et du génie. Tout en paraissant anormales, elles ne sont cependant que la conséquence du labeur et des efforts poursuivis à travers les temps. C'est cette réserve, ce capital indestructible de l'être que F. Myers appelle la conscience subliminale et que l'on retrouve en chacun de nous. Elle se révèle non seulement dans le sens artistique, scientifique ou littéraire, mais encore par toutes les acquisitions de l'esprit, aussi bien dans l'ordre moral que dans l'ordre intellectuel. La conception du bien, du juste, la notion du devoir sont beaucoup plus vives chez certains individus et dans certaines races que chez d'autres.

Le travail antérieur effectué par chaque esprit

peut être facilement calculé, mesuré par la rapidité avec laquelle il exécute de nouveau un travail semblable sur un même sujet, ou bien par la promptitude qu'il met à s'assimiler les éléments d'une science quelconque. A ce point de vue, la différence entre les individus est tellement considérable qu'elle resterait incompréhensible sans cette donnée des existences antérieures. Deux personnes également intelligentes, étudiant un même sujet, ne se l'assimileront pas de la même façon; l'une en saisira à première vue les moindres éléments, l'autre ne s'en pénétrera que par un lent travail et une application soutenue. C'est que l'une a déjà connu ces matières et n'a qu'à se ressouvenir, tandis que l'autre se trouve pour la première fois en face de ces questions. Il en est de même de la facilité qu'ont certaines personnes à accepter telle vérité, tel principe, tel point d'une doctrine politique ou religieuse, tandis que d'autres ne se laissent convaincre qu'à la longue, à force d'arguments. Pour les uns, c'est là une chose familière à leur esprit, tandis qu'elle est nouvelle pour d'autres. Les mêmes considérations s'appliquent, à la variété si grande des caractères et des dispositions morales. Sans la donnée des préexistences, la diversité sans bornes des intelligences et des consciences resterait un problème insoluble, et la liaison des différents éléments du moi en un tout harmonieux deviendrait un phénomène sans cause.

Le génie ne s'explique pas par l'hérédité; pas davantage par les conditions du milieu. Si l'hérédité pouvait produire le génie, il serait beaucoup plus fréquent. La plupart des hommes célèbres eurent des ascendants d'intelligence médiocre et leur descendance leur fut notoirement inférieure. Le Christ, Socrate, Jeanne d'Arc sont nés de familles obscures. Des savants illustres sont sortis des milieux les plus vulgaires, par exemple Bacon, Copernic, Galvani, Kepler, Kant, Malebranche, Réaumur, Spinosa, Laplace, etc., J.-J. Rousseau, fils d'un horloger, se passionne pour la philosophie et les lettres dans la boutique de son père ; d'Alembert, enfant trouvé, fut ramassé, pendant une nuit d'hiver, sur le seuil d'une église et élevé par la femme d'un vitrier. Ni l'ascendance, ni le milieu n'expliquent les conceptions géniales de Shakespeare.

Les faits ne sont pas moins significatifs, lorsque nous considérons la descendance des hommes de génie. Leur puissance intellectuelle disparaît avec eux ; on ne la retrouve pas chez leurs enfants. Les fils connus de tel grand poète, de tel grand mathématicien, sont incapables des œuvres les plus élémentaires dans ces deux modes de travaux. Parmi les hommes illustres, la plupart ont eu des fils stupides ou indignes. Périclès engendra deux sots tels que Parallas et Xantippe. Des dissemblances d'autre nature, mais aussi accentuées, se retrouvent chez Aristippe et son fils Lysimaque, chez Thucydide et Milésias. Sophocle, Aristarque, Thémistocle ne furent pas mieux partagés dans leurs enfants. Quel contraste entre Germanicus et Caligula, entre Cicéron et son fils, Vespasien et Domitien, Marc-Aurèle et Commode ! Et des fils de Charlemagne, d'Henri IV, de Pierre le Grand, de Gœthe, de Napoléon, que peut-on dire ?

Il est des cas cependant où le talent, la mémoire, l'imagination, les plus hautes facultés de l'esprit semblent héréditaires. Ces ressemblances psychiques entre parents et enfants s'expliquent par l'attraction et la sympathie. Ce sont des esprits similaires, attirés les uns vers les autres par des penchants analogues et que d'anciens rapports ont unis. En ce qui concerne les aptitudes musicales, on peut constater ce fait dans les cas de Mozart et du jeune Pepito. Mais ces deux personnages dépassent de haut leurs ascendants. Mozart trône parmi les siens comme un soleil parmi d'obscures planètes Les capacités musicales de sa famille ne suffisent pas à nous faire comprendre qu'à 4 ans il ait pu révéler des connaissances que personne ne lui avait encore enseignées, et montrer une science profonde des lois de l'harmonie. Lui seul est devenu célèbre; tous les autres Mozart sont restés ignorés. Évidemment, quand ces hautes intelligences le peuvent, afin de manifester plus librement leurs facultés, elles choisissent, pour se réincarner, un milieu où leurs goûts sont partagés et où les organismes matériels sont, de génération en génération, exercés dans le sens qu'ils poursuivent. Cela se rencontre particulièrement parmi les grands musiciens, pour qui des conditions spéciales de sensation et de perception sont indispensables. Mais, dans la plupart des cas, le génie apparaît au sein d'une famille, sans précédent et sans successeur, dans l'enchaînement des générations. Les grands génies moralisateurs, les fondateurs de religion : Lao-Tsé, le Bouddha, le Christ, Mahomet, appartiennent à cette classe d'esprits. C'est aussi le cas pour ces puissantes intelligences qui portèrent ici-bas les noms immortels de Platon, Dante, Newton, G. Bruno, etc.

Si les exceptions brillantes ou funestes, créées

dans une famille par l'apparition d'un homme de génie ou d'un criminel, étaient de simples cas d'atavisme, on retrouverait dans la généalogie familiale l'ancêtre qui sert de modèle, de type primitif à cette manifestation. Or ce n'est presque jamais le cas, ni dans un sens ni dans l'autre. On pourrait nous demander comment nous concilierons ces dissemblances avec la loi des attractions et des similitudes, qui semble présider au rapprochement des âmes La pénétration dans certaines familles d'êtres sensiblement supérieurs ou inférieurs, qui y viennent donner ou recevoir des enseignements, exercer ou subir des influences nouvelles, est facilement explicable. Elle peut résulter de l'enchaînement de destinées communes qui, sur certains points, se rejoignent et s'enlacent comme une conséquence d'affections ou de haines échangées dans le passé, forces également attractives qui réunissent les âmes sur des plans sucessifs, dans la vaste spirale de leur évolution.

* *
*

Nous parcourons une route infinie, de là vient que nos situations et nos valeurs respectives nous semblent si différentes ; mais le but est le même pour tous. Sous le fouet des épreuves, sous l'aiguillon de la douleur, tous montent, tous s'élèvent. L'âme n'est pas faite de toutes pièces, elle se fait ; elle se construit elle-même à travers les temps. Ses facultés, ses qualités, son avoir intellectuel et moral, loin de se perdre, se capitalisent, s'accroissent de siècle en siècle. Par la réincarnation, chacun vient, pour en poursuivre l'exécution, reprendre la tâche d'hier, cette tâche de perfectionnement interrompue par la mort. De là, la supériorité éclatante de certaines âmes qui ont beaucoup vécu, beaucoup acquis, beaucoup travaillé. De là, ces êtres extraordinaires qui apparaissent çà et là dans l'histoire et projettent de vives lueurs sur la route de l'humanité. Leur supériorité n'est faite que de l'expérience et des labeurs accumulés.

Considérée sous cette lumière, la marche de l'humanité revêt un caractère grandiose. Elle se dégage lentement de l'obscurité des âges, émerge des ténèbres de l'ignorance et de la barbarie et avance à pas mesurés, au milieu des obstacles et des tempêtes. Elle gravit la voie âpre, et, à chaque détour de sa route, entrevoit mieux les grandes cimes, les sommets lumineux où trônent la sagesse, la spiritualité et l'amour.

LES VIES SUCCESSIVES. — OBJECTIONS ET CRITIQUES

Nous avons répondu aux objections que fait naître tout d'abord dans la pensée l'oubli des vies antérieures. Il nous reste à en réfuter d'autres, d'un caractère soit philosophique, soit religieux, que les représentants des Églises opposent volontiers à la doctrine des réincarnations.

En premier lieu, nous dit-on, cette doctrine est insuffisante au point de vue moral. En ouvrant à l'homme d'aussi vastes perspectives sur l'avenir, en lui laissant la possibilité de tout réparer dans ses existences futures, elle l'encourage au vice et à l'indolence; elle n'offre pas un stimulant assez puissant et assez actuel pour la pratique du bien ; pour toutes ces raisons, elle est moins efficace que la crainte d'un châtiment éternel après la mort.

Nous l'avons vu : la théorie des peines éternelles n'est, dans la pensée même de l'Eglise (1), qu'un épouvantail destiné à effrayer les méchants. Mais la menace de l'enfer, la crainte des supplices, efficace aux temps de foi aveugle, ne retient plus personne aujourd'hui. Elle est, au fond, une impiété envers Dieu, dont elle fait un Etre cruel, punissant sans nécessité et sans but d'amélioration.

A sa place, la doctrine des réincarnations nous montre la véritable loi de nos destinées et, avec elle, la réalisation du progrès et de la justice dans l'Univers. En nous faisant connaître les causes antérieures de nos maux, elle met fin à cette conception inique du péché originel, d'après laquelle toute la descendance d'Adam, c'est-à-dire l'humanité entière porterait la peine des défaillances du premier homme. C'est pourquoi son influence morale sera plus profonde que celle des fables enfantines de l'enfer et du paradis. Elle opposera un frein aux passions en nous montrant les conséquences de nos actes rejaillissant sur notre vie présente et sur nos vies futures, y semant des germes de douleur ou de félicité En nous apprenant que l'âme est d'autant plus malheureuse qu'elle est plus imparfaite et plus coupable, elle stimulera nos efforts vers le bien. Il est vrai que cette doctrine est inflexible, mais du moins elle sait proportionner le châtiment à la faute, et, après la réparation, elle nous parle de relèvement et d'espérance.

(1) Voir *Christianisme et Spiritisme*, p. 109.

Tandis que le croyant orthodoxe, imbu de l'idée que la confession et l'absolution effacent ses péchés, se berce d'un vain espoir et se prépare des déceptions dans l'au-delà, l'homme éclairé des clartés nouvelles apprend à rectifier sa conduite, à se tenir sur ses gardes, à préparer soigneusement l'avenir.

Une autre objection consiste à dire : Si nous sommes convaincus que nos maux sont mérités, qu'ils sont une conséquence de la loi de justice, une telle croyance aura pour effet d'éteindre en nous toute pitié, toute compassion pour les souffrances d'autrui ; nous nous sentirons moins portés à secourir, à consoler nos semblables ; nous laisserons un libre cours à leurs épreuves, puisqu'elles doivent être pour eux une expiation nécessaire et un moyen d'avancement (1). Cette objection n'est que spécieuse ; elle émane d'une source intéressée.

Considérons d'abord la question au point de vue social ; nous l'envisagerons ensuite dans le

---

(1) C'est aussi ce que H. Taine a exprimé en ces termes, dans ses *Nouveaux Essais de critique et d'histoire* :

« Si l'on croit que les malheureux ne sont malheureux qu'en punition de leurs fautes, que deviennent alors la *charité* et la *fraternité* ? On peut avoir pitié d'un malade qui souffre et qui se désespère : ne sera-t-on pas moins porté à la compassion vis-à-vis d'un coupable ? Bien plus, la compassion n'a plus de raison d'être, elle serait une faute, car c'est la justice de Dieu qui s'affirme et s'exerce dans les souffrances des hommes, et de quel droit pourrions-nous contrarier et entraver la justice divine ? L'esclavage même est légitime, et plus les hommes sont frappés, plus ils sont humiliés par la destinée, plus il faut les croire déchus et punis. »

On peut s'étonner qu'un esprit aussi pénétrant que celui d'H. Taine se soit placé à un point de vue si étroit pour envisager ce grave problème.

sens individuel. Le spiritualisme moderne nous enseigne que les hommes sont solidaires les uns des autres, unis par un sort commun. Les imperfections sociales dont nous souffrons tous, plus ou moins, sont le résultat de nos errements collectifs dans le passé. Chacun de nous porte sa part de responsabilité et a le devoir de travailler à l'amélioration du sort général. L'éducation des âmes humaines les oblige à tour de rôle à s'occuper des situations diverses. Toutes doivent alternativement subir l'épreuve de la richesse et celle de la pauvreté, de l'infortune, de la maladie, de la douleur.

Devant toutes celles des misères de ce monde qui ne l'atteignent pas, l'égoïste se désintéresse et dit : Après moi le déluge ! Il croit échapper par la mort à l'action des lois terrestres et aux convulsions des sociétés. Avec la réincarnation, le point de vue change. Il faudra revenir encore et subir les maux que nous comptions léguer aux autres. Toutes les passions, toutes les iniquités que nous aurons tolérées, encouragées, entretenues, soit par faiblesse, soit par intérêt, se redresseront contre nous. Ce milieu social, pour l'amélioration duquel nous n'aurons rien fait, nous ressaisira de toute la force de son étreinte. Qui a écrasé, exploité les autres, sera exploité, écrasé à son tour. Qui a semé la division, la haine, en subira les effets. L'orgueilleux sera méprisé et le spoliateur dépouillé. Celui qui a fait souffrir, souffrira. Si vous voulez assurer votre propre avenir, travaillez donc dès maintenant à perfectionner, à rendre meilleur le milieu où vous devez renaître ; songez à vous améliorer vous-même. Voilà pour les misères collectives qui doivent être vaincues par l'effort de tous. Celui qui, pouvant aider ses semblables, néglige de le faire, manque à la loi de solidarité.

Quant aux maux individuels, nous dirons, en nous plaçant à un autre point de vue : Nous ne sommes pas juges des mesures précises où commence et où finit l'expiation. Savons-nous même dans quel cas il y a expiation ? Beaucoup d'âmes, sans être coupables, mais avides de progresser, demandent une vie d'épreuves pour évoluer plus rapidement. L'aide que nous devons à ces âmes peut être une des conditions de leur destinée comme de la nôtre, et il est possible que nous soyons placés à dessein sur leur chemin, pour les soulager, les éclairer, les réconforter. Tout bien, tout mal accompli revenant vers sa source avec ses effets, c'est toujours un mauvais calcul de notre part que de négliger la moindre occasion de nous rendre utiles et serviables.

« Hors la charité point de salut », a dit Allan Kardec. C'est là le précepte par excellence de la morale spirite. Partout où la souffrance s'éveille, elle doit rencontrer des cœurs compatissants, prêts à secourir et à consoler. La charité est la plus belle des vertus ; elle seule ouvre l'accès des mondes heureux.

Telle est l'étude grandiose des « Vies successives » de l'admirable ouvrage de Léon Denis, intitulé : « Le problème de l'être ». Nous n'avons pu en reproduire que quelques fragments qui montrent au lecteur avec quelle justesse de vue l'auteur traite les questions les plus compliquées sur le rôle de l'âme humaine et de ses destinées.

Nous ne pouvons que nous associer à lui en

disant à notre tour : « travaillons à notre amélioration morale, préparons par nos efforts et nos travaux, des conditions meilleures de perfectionnement pour notre prochain séjour sur cette terre, et par tous les moyens mis en notre pouvoir, dans tous les milieux, sans crainte du ridiculisme ignorant ou du sectarisme intéressé, répandons les connaissances et les lumières qui font notre force et notre confiance en un avenir meilleur pour nous et pour tous.

En agissant ainsi, nous aurons fait œuvre utile en cette vie, en montrant à nos frères en humanité, que par delà la vie terrestre, s'entr'ouvre l'Univers radieux, que nous parcourons d'étape en étape sur des mondes innombrables, tous plus imposants en science et en perfectionnement de toute nature ; où règnent par les travaux de ceux qui nous ont devancés : la justice, la sagesse et l'amour ; où nous trouverons des satisfactions grandioses appropriées à nos propres efforts.

C'est là la perspective immense, le vaste champ d'exploration, que le spiritisme moderne offre à notre compréhension, en nous montrant que pour l'atteindre, le perfectionnement de notre être et la pratique de l'amour envers l'humanité en sont les seules garanties.

Il appartient à notre époque, à l'aide des constatations scientifiques de chaque jour, de mettre en face du monde le véritable but de l'être humain, de le dépouiller de ses croyances erronées, de ses préjugés dogmatiques, de l'arracher enfin à l'ignorance, et de faire jaillir la vérité qui éclairera désormais la route de son avenir et assurera le triomphe de l'esprit sur la matière.

CHAPITRE II

La Photographie transcendantale. (1)

> C'est une maladie naturelle à l'homme, de croire qu'il possède la vérité directement, et de là vient qu'il est toujours disposé à nier ce qui lui est incompréhensible.
>
> PASCAL.

> Une bonne expérience est plus précieuse que l'ingéniosité d'un cerveau, fut-ce celui de Newton.
>
> SIR HUMFREY-DAVY

LE COMITÉ D'ÉTUDE DE PHOTOGRAPHIE TRANSCENDANTALE

Nous croyons de notre devoir de parler tout d'abord du « Comité d'Etude de Photographie transcendantale », qui s'est donné comme but, ainsi qu'on va le voir, de hâter la venue du moment où la chambre noire démontrera pratiquement la cause et le processus de bien des faits occultes.

Il y a deux ans environ, Emmanuel Vauchez, qui, en 1856, avait fondé, avec Jean Macé, la « Ligue Française de l'Enseignement laïque », pensa que ce n'était pas suffisant d'avoir contribué à faire donner au peuple l'instruction obligatoire, gratuite et laïque. Il voulut compléter son œuvre en travaillant à l'essor d'une morale

---

(1) Extrait de *la photographie transcendantale*, de Ch. Prost. Librairie Nationale, Paris.

spiritualiste et scientifique, de la morale naturelle. Voyant les progrès du développement des doctrines matérialistes, il lança un cri d'alarme qui fut entendu par de nombreux savants et penseurs qui se groupèrent autour de lui.

Pour frapper les masses, il faut des faits ; les paroles ne sont plus entendues au milieu du fracas de notre existence outrancière. Vauchez et ses amis, voulant faire comprendre aux hommes qu'au seuil de la Vie existe un Au-delà redoutable où les bonnes comme les mauvaises actions ont leur sanction, se constituèrent en « Comité d'Etude de Photographie transcendantale ». S'appuyant sur la Science, ils demandèrent à la Photographie de fournir l'argument indiscutable, la preuve de la réalité de l'Invisible. Et pour que cette preuve fût bientôt mise à la portée de tous, ils ouvrirent une souscription afin de pouvoir donner une récompense à celui qui trouverait le moyen de rendre commune la photographie des radiations et des êtres de l'espace.

*
* *

Le 15 mai 1909, le professeur Charles Richet démissionna de ses fonctions de Président du « Comité d'Etude de Photographie transcendantale ». En même temps, il demanda que l'on sollicitât la reconnaissance légale pour le Comité. De ce fait, et pour respecter les dispositions de la loi sur les sociétés et les associations, les membres du Comité, de nationalité belge, furent éliminés et devinrent un groupement autonome. Nous donnons plus loin leurs noms, à la suite de ceux de leurs collègues du comité français.

Un de nos plus distingués médecins électrothérapeutes et électro-physiologistes; M. le Dʳ Foveau de Courmelles, fut élu président, en remplacement du professeur Charles Richet. Il était précédemment secrétaire du Comité où il avait fait preuve de la plus grande activité. Aussi son élection comme président eut-elle lieu à l'unanimité des sociétaires qui ont fait là un choix excellent, car le Dʳ Foveau de Courmelles est un charmant homme, un organisateur de tout premier ordre : c'est de plus un savant, dont les travaux sur l'électrolyse médicamenteuse, les rayons X, la lumière, le radium, font autorité.

Au cours de la séance suivante, le 28 octobre 1909, Mˡˡᵉ Eugénie Dupin, professeur de sciences et nièce du fondateur du « Comité d'Etude de Photographie transcendantale » était nommée secrétaire, en remplacement du Dʳ Foveau de Courmelles.

* *
*

Voici le règlement du « Comité d'Etude de Photographie transcendantale » définissant bien le but de la société. Il a été approuvé par les membres du Comité dont les noms sont portés à la suite.

« ARTICLE PREMIER. — Les soussignés se sont constitués en Commission d'initiative sous le titre de *Comité d'Etude de Photographie Transcendantale*.

« ART. 2. — Ils ont fait appel au public par souscription, dans le but de fonder un prix qui sera accordé au chercheur qui arrivera à photographier les êtres et les radiations de l'espace, par le perfectionnement qu'il apporterait aux appareils, aux plaques sensibles, ou par des produits chimiques nouveaux.

« Art. 3. — Ne pourra avoir droit à ce prix que celui qui présentera une Découverte pouvant être utilisée par tout le monde.

« Art. 4. — Les fonds de la Souscription sont déposés à la Société Générale.

« Art. 5. — Le capital en entier ne peut être retiré, pour la délivrance du prix, qu'après un vote du Comité, dont le Président et le Trésorier seront les représentants.

« Art. 6. — Lorsque cette campagne aura abouti, les soussignés se réservent, s'il y a lieu, de se transformer en Société, avec des Membres adhérents souscripteurs, pour répandre dans le public les grandes idées morales qui résulteront de cette découverte.

Le Comité :

« *Président* : Dr Foveau de Courmelles, Directeur de l'*Année Electrique*, 26, rue de Châteaudun, Paris.

« *Vice-Président* : Colonel Albert de Rochas d'Aiglun, ancien Administrateur de l'Ecole Polytechnique, Château de l'Agnélas, par Voiron (Isère).

« *Secrétaire général* : Emmanuel Vauchez, aux Sables d'Olonne (Vendée).

« *Secrétaire* : Mlle Eugénie Dupin, Professeur de sciences à l'Ecole normale d'Institutrices de Rennes (Ille-et-Vilaine).

« *Trésorier* : Commandant Darget, 11, rue de la Glacière, Paris (XIIIe).

MM.

« D. Belle, Sénateur à Rouziers (Indre-et-Loire).
« Docteur G. Bouras, Professeur d'anatomie, 29 bis, rue Picot, à Toulon (Var).
« Pierre Decroix, Président de l'*Union Photographique du Nord*, 126, rue Royale, à Lille.
« Gabriel Delanne, Rédacteur en chef de la *Revue Scientifique et Morale du Spiritisme*, 40, boulevard Exelmans, Paris.
« Docteur Paul Joire, Président de la *Société universelle d'Etudes Psychiques*, 42, rue Léon-Gambetta, à Lille.
« Docteur Le Mesnant des Chesnais, vice-président de la *Société universelle d'Etudes Psychiques*, 32, rue Jouffroy, Paris.
« De Vesme, Rédacteur en chef des *Annales Psychiques*, 6, rue Saulnier, Paris.

« La Section Belge, autonome, est formée de :

« Le chevalier Le Clément de St Marcq, Commandant du Génie, Anvers.
« Docteur Prospet Van Velsen, Directeur de l'Institut psychothérapique de Bruxelles.
« Foccroule, Directeur du *Messager*, Liège.
« Docteur Felix, Professeur à l'Université Nouvelle, à Bruxelles.
« Jean Delville, professeur à l'Académie des Beaux-Arts, à Bruxelles.
« Mlle le Professeur Yoteyko, chef du laboratoire physiologique, à Bruxelles.

*
* *

L'initiative du « Comité d'Etude de Photographie transcendantale » a eu un succès mondial. Ceux qui, auparavant ne s'intéressaient que peu ou point à l'**Au-delà**, commencèrent à réfléchir. Les journaux eux-mêmes s'occupèrent de plus en plus des faits étranges, des mystères de la nature ; les questions psychiques vinrent à l'ordre du jour. La Science elle-même, en la personne de plusieurs de ses représentants, se rallia aux idées nouvelles, et fit faire ainsi un grand pas à la synthèse expérimentale.

Ce mouvement psychique est dû à la propagande qu'a faite le « Comité d'Etude de Photographie transcendantale » et à la souscription qu'il a ouverte dans le monde entier pour que pût être récompensé celui qui indiquera le moyen pratique (plaque, appareil ou produit chimique) permettant à tout le monde sans exception de photographier, à volonté et sans avoir recours à l'**intervention** d'un médium, les êtres et les radiations de l'espace.

*
* *

Nous allons voir maintenant ce qui a été obtenu anormalement dans cet ordre d'idées, jusqu'à ce jour.

Chacun pourra juger que l'existence des êtres de l'Invisible n'est pas une utopie En effet, trop de circonstances ont accompagné l'obtention de la plupart des photographies reproduites ici pour que les négateurs de parti-pris se fassent un devoir de reconnaître loyalement la vérité où elle est.

Ce n'est pas de la discussion qu'il faut, mais des faits.

Nous allons en présenter.

SIR ALFRED RUSSEL-WALLACE

Lorsque Emmanuel Vauchez entreprit la création du Comité d'Etude de Photographie transcendantale, nombreux furent les savants du monde entier qui lui écrivirent à ce sujet. Le grand naturaliste anglais, Sir Alfred Russel-Wallace, membre de l'Académie royale de Londres et continuateur de l'œuvre de Darwin, lui adressa la lettre suivante :

Londres, avril 1908.

« Cher Monsieur,

« Je suis très content de voir que vous vous occupez de la *photographie des esprits*, avec l'aide des différentes personnalités scientifiques des différentes nations ; — mais je ne puis moi-même vous seconder ; j'ai déjà trop d'occupations et je ne désire pas joindre mon nom à une œuvre à laquelle je ne pourrais *prendre aucune part active ;* cela augmenterait ma correspondance qui est déjà bien lourdement chargée.

« Je suis loin cependant de penser que l'offre d'un prix pour la photographie nouvelle des esprits et des apparitions ne doive pas se faire, parce qu'il y a une évidence profitable à montrer à présent la photographie des esprits produite *par les procédés photographiques ordinaires* et sans l'aide d'aucune sorte.

« Ce que vous cherchez doit être examiné avec soin, mais sans rejeter peut-être le pouvoir des médiums pour cette sorte de phénomène, et cet examen serait fait pour le mieux par des *comités de deux ou trois membres,* chargés de surveiller le médium.

« J'ai moi-même une très intéressante collection de photographies semblables et j'ai affirmé pendant ces trente dernières années que l'évidence qu'elles apportent est à la fois *scientifique* et *concluante*. Parmi les hommes les plus expérimentés sur la photographie des esprits je vous signale M. Blackwell esq.

« En souhaitant votre succès, je suis votre affectionné.

« Alfred Russel-Wallace. »

* *

Nous aurions désiré donner quelques-unes des photographies obtenues par Russel-Wallace. Malheureusement, comme elles sont la propriété de son éditeur, cela nous a été impossible.

L'autorité du savant anglais est telle que sa lettre supplée quelque peu à l'absence des documents auxquels elle fait allusion et qui, selon les propres paroles de Wallace, apportent une évidence à la fois scientifique et concluante.

LES TRAVAUX DU DOCTEUR OCHOROWICZ

Le Dr Ochorowicz, membre de l'Université de Lemberg (Pologne), s'est longuement intéressé aux phénomènes psychiques. Il a eu la bonne fortune de rencontrer un médium excellent, en la personne d'une jeune Polonaise, Mlle Stanislas Tomczyk. Celle-ci produit d'extraordinaires phénomènes de lévitation, que le

EMMANUEL VAUCHEZ

LA PETITE STASIA

SIGURD TRIER ET SON DOUBLE

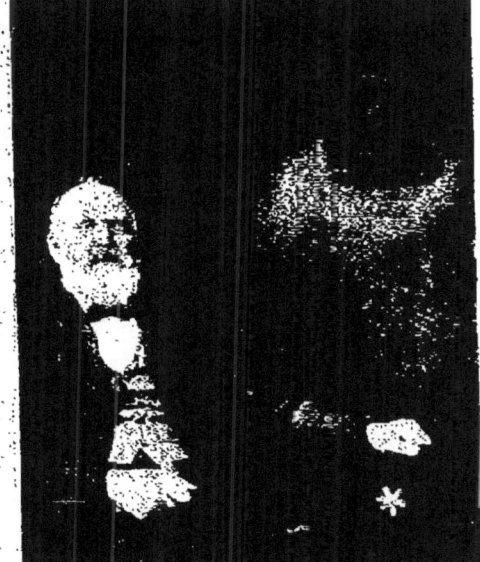
LE FANTOME DE PIET BOTHA

docteur a analysés et qui lui ont permis de déclarer qu'il y a une nouvelle forme de radiations fluidiques, appelées par lui « Rayons rigides ». En effet, ils doivent avoir une matérialité consistante pour soulever les objets d'un certain poids.

Le Dr Ochorowicz endort son sujet. Quand celui-ci est en somnambulisme, les phénomènes se produisent. Il y aurait, là, intervention d'un esprit : « la petite Stasia ». Plusieurs appareils photographiques disposés en plusieurs endroits de la chambre d'expériences sont déclanchés lorsque le juge utile le docteur qui, en même temps, enflamme des cartouches de magnésium. Les épreuves obtenues ainsi deviennent des témoins du fait accompli.

C'est en opérant de cette façon que le Dr Ochorowicz a photographié la lévitation d'un aimant, d'une aiguille d'horloge, d'un crayon, d'une boussole, d'un verre, d'un cigare allumé sortant d'un vase, d'une éprouvette pleine d'eau, etc...

Ajoutons qu'au cours de ces expériences, le Dr Ochorowicz ne quitte pas des yeux les mains de son sujet. En outre, l'éclairage est suffisant pour que le contrôle soit entier.

Il est superflu de faire remarquer que ces lévitations s'opèrent sans contact, Des paniers en osier et d'autres objets se déplacent parfois spontanément, s'agitent, lorsque Mlle Tomczyk passe auprès.

Nous n'avons pas à entrer dans le détail des expériences de toutes sortes qu'a faites le Dr Ochorowicz et qui lui ont démontré la réalité de l'existence de la petite Stasia. Disons simplement qu'un jour, à déjeuner, celle-ci remua la chaise du docteur et, quoique invisible, lui frôla la barbe. Or, fait curieux, au même moment, une chatte, qui sommeillait sur un fauteuil, se sauva en sifflant et faisant le gros dos, menaçante et comme effrayée à l'aspect d'une chose inconnue.

Au cours des expériences, la petite Stasia s'entretient avec le docteur, soit par la bouche du médium en somnambulisme, soit par des raps. Elle dirige même parfois ainsi les séances, dont le savant polonais a publié le compte rendu complet dans les « Annales des Sciences psychiques ».

A la suite d'un de ces « entretiens », le Dr Ochorowicz obtint même la photographie de la petite Stasia ; nous allons dire dans quelles circonstances.

Typtologiquement, le docteur reçut un jour la communication suivante :

« — Je désire me photographier. Prépare les appareils, Mise au point à deux mètres.

« — Est-il nécessaire de préparer la lampe à magnésium ? demanda le Docteur.

« — Je n'ai pas besoin de magnésium.

« — Et, où devra se tenir le médium ?

« — Je n'ai pas besoin de médium

Le Dr Ochorowich disposa les appareils comme il lui avait été indiqué et descendit ensuite dîner avec Mlle Tomczyk, après avoir fermé la porte de la chambre.

Quand le repas fut terminé, nouvelle communication typtologique :

— La femme de chambre est entrée et m'a empêchée...

Le fait fut confirmé par la domestique. Elle avoua que, en effet, elle avait pénétré dans la chambre avec une petite lampe, mais qu'elle s'était aussitôt retirée, en voyant les appareils photographiques installés.

Les plaques furent examinées. Celles qui auraient dû souffrir de l'action de la lampe de la soubrette étaient indemnes. Par contre, une autre, qui, par sa disposition, n'avait pu être en contact avec la lumière, était légèrement impressionnée, sans toutefois, présenter une image définie. En somme, l'expérience était manquée.

Le jour suivant, 29 mars 1909, le Dr Ochorowicz alla acheter des plaques neuves, dans un magasin du boulevard Montparnasse, et rentra chez lui. Aussitôt, message de Stasia,

— Je veux me photographier. Place un appareil 9/12 sur la table, devant la fenêtre. Recule-le à un mètre de distance et dispose une chaise devant la table. En outre donne-moi quelque chose pour me couvrir. »

Elle précisa, demandant une serviette éponge, et recommanda au savant de se servir d'un révélateur vieux et lent ; puis elle dit à son interlocuteur et à son sujet de se retirer.

Mlle Tomczyk sortit la première, emportant la lumière. Dans l'obscurité, le Dr Ochorowicz plaça dans l'appareil une plaque qu'il retira de la boîte qu'il venait d'acheter, posa une serviette étendue sur le dossier de la chaise, ouvrit l'obturateur et sortit en fermant la porte à clef. Il alla rejoindre son médium dans la chambre voisine.

Quelques minutes après Mlle Tomczyk déclara avoir vu « comme un éclair » passer sous une porte faisant communiquer les deux pièces, mais condamnée par une grosse et lourde commode appuyée contre. Typtologiquement, Stasia dit à ce moment :

— C'est fait. Va révéler la plaque.

Le savant rentra le premier dans la chambre ; il ferma l'obturateur de l'objectif et alluma une lampe. La serviette, qui se trouvait *étendue sur le dossier de la chaise*, était maintenant *roulée en boule, sur la table*, près de l'appareil. En outre, une grande feuille de buvard, qui était sur la commode, avait été transportée également sur la table. On y remarquait de plus une échancrure.

Le Dr Ochorowicz commença aussitôt à développer la plaque. Au bout de trois quarts d'heure apparut l'image que nous reproduisons et qui est le portrait de la petite Stasia. Le reste de la nuit fut employé à laver la plaque et à la faire sécher.

Le savant, après s'être rendu compte qu'il eût été impossible à une personne vivante de se photographier dans ces conditions, examina attentivement le cliché.

La serviette éponge a servi à voiler le buste. Le morceau de papier buvard enlevé de la feuille a été trouvé, roulé en boule sous une commode. et l'échancrure produite a dégagé le cou de Stasia dont le corps était caché par le reste de la feuille.

La ligne blanche qui borde les cheveux, étudiée à la loupe, a paru formée par une série de rondelles ou de globules juxtaposés, les uns à peine visibles, les autres franchement lumineux d'une lumière particulière. Ces « rondelles » forment comme des chapelets de petits disques.

Le Dr Ochorowicz eut ensuite une longue conversation avec Stasia, par l'intermédiaire de Mlle Tomczyk en somnambulisme. Le dialogue qui s'engagea serait trop long à relater quoique il présente le plus grand intérêt.

Stasia, tout d'abord, déclara s'être photographiée pour donner au docteur la preuve qu'elle n'était pas une *force* émanant du médium, mais bien un être indépendant.

Le savant poussa une série de « colles » à Stasia qui y répondit victorieusement. Il lui manifesta notamment l'étonnement qu'il éprouvait à voir un esprit se représenter sous la forme d'une jeune fille. Stasia, alors de répondre : « Si nous nous photographions tels que nous sommes, si nous ne prenions pas une forme humaine, vous ne verriez rien sur le cliché. »

Après avoir dit qu'elle n'avait pas de corps, que son visage et ses cheveux s'étaient seuls matérialisés, mais que le reste était fluidique, Stasia ajouta que, sans les globules qui intriguaient tant le docteur, elle n'aurait pu se former, car c'étaient ces globules qui lui avaient communiqué la matière à l'état de vapeur. Or, le buvard fut retrouvé humide. Elle fit remarquer, en outre, que ces globules se voyaient partout. Ochorowicz, qui n'y avait pas fait attention jusqu'alors, se convainquit, par un examen ultérieur du cliché, que l'observation de Stasia était exacte.

L'éclairage aurait été produit par une phosphorescence de l'air, créée par Stasia.

Cette explication de l'éclairage bizarre que l'on rencontre sur toutes les photographies du même genre, faites par n'importe quel opérateur, n'est pas inadmissible. Les chercheurs ont même là une question à approfondir. Ils en arriveront ainsi à trouver des raisons suffisantes pour qu'on ne veuille plus voir du « truquage » dans des clichés qui présentent des particularités qui ne s'expliquent pas avec les données de la photographie ordinaire.

Ces anomalies, lorsqu'il s'agit de la photographie transcendantale, que nous connaissons si peu, peuvent très bien n'être que la conséquence du phénomène supra-normal enregistré.

*
* *

Le Dr Ochorowicz a, d'ailleurs, étudié la question des « éclairs médiumniques ».

Un soir, Mlle Tomczyk étant en somnambulisme, le savant demanda à Stasia de lui donner quelques explications au sujet de l'éclairage. Il a raconté ainsi dans les « Annales des Sciences psychiques » ce qu'il lui fut permis de constater à cette occasion. Stasia, impatientée de son impuissance à se faire comprendre, dit au docteur :

« — Je ne puis pas m'exprimer selon ton désir, mais je peux te montrer ma manière Veux-tu ?

« — Je ne demande pas mieux.

« — Eh bien, éteins la lampe et contrôle le médium.

« Nous nous mîmes tous les deux debout, écrit le Docteur Ochorowicz, en face l'un de l'autre. La somnambule tournait le dos au lit, éloigné d'elle d'un demi-mètre. Je pris ses deux mains dans les miennes et, avec le bout de mes pieds, je touchai ses deux bottines. »

« — Je suis très curieuse de ce qu'elle va faire, disait la somnambule.

« Et, en prononçant ces mots, elle ne savait pas que deux éclairs s'étaient déjà produits derrière elle. Elle n'a remarqué que le troisième, plus fort.

« Cette lumière ne provenait pas du voisinage inmédiat du médium. Je la voyais *sous le lit*, derrière le drap qui descendait presque jusqu'au parquet, en séparant le phénomène du corps du médium. Le premier éclair se manifesta à sa gauche, derrière la table de nuit, et s'éteignit vite. Le second de même. Mais le troisième, plus fort, se propagea sur toute la longueur du lit et s'accentua encore à l'autre bout, près de la porte, en éclairant vivement une surface d'un mètre carré environ.

« *En le voyant, je compris qu'un même éclair pouvait illuminer d'abord un point donné, et ensuite un autre.*

« La démonstration était faite.

« Il y a eu en tout sept éclairs, plus ou moins forts, toujours dans les mêmes conditions.. »

Le Dr Ochorowicz résume ainsi ses impressions sur ces éclairs :

« ... Cette lumière était *blanche*, moins jaunâtre que celle d'une petite lampe électrique de poche, moins violacée que celle d'un éclair au magnésium. Elle était en même temps plus concentrée que cette dernière et moins que la première Sa durée était fort différente : de une seconde jusqu'à plusieurs secondes. J'en ai vu ensuite qui ont duré plus d'une demi-minute. Leur intensité, quoique subjectivement très grande, m'a paru cependant de beaucoup inférieure à celle d'une petite lampe électrique portative sans parler de l'éblouissante lumière du magnésium. »

Le savant a remarqué que, lorsqu'un éclair durait un peu longtemps, on y apercevait « une sorte d'oscillation et même un déplacement local » ..... « On dirait que cette lumière tremble et se promène ».

Pendant ce phénomène, le Dr Ochorowicz a constaté que les mains du médium, tenues dans les siennes, *se refroidissaient sensiblement*.

L'expérimentateur a vu une centaine de ces « éclairs médiumniques. » Dans certaines séances, il y en eut vingt l'un après l'autre. Les plus forts se manifestèrent le 13 avril 1909, alors que le docteur était seul avec son sujet.

« Ce jour-là, ils commencèrent à se produire *devant* le médium et à diverses hauteurs, tandis qu'auparavant ils se montraient seulement près du plancher et derrière le médium. La lumière éclaira les murs et même une partie du plafond, à plusieurs reprises, jusqu'à une distance de trois mètres et demi et couvrant une surface de un à deux mètres carrés et même davantage. Elle était toujours plus faible dans les séances officielles, mais elle se montrait aussi par devant et pas toujours près de la robe du médium. Une fois, lorsque M. Maxwell exprima le désir de savoir si cette lumière ne présente pas l'odeur de l'ozone, l'éclair lui passa tout près de la figure, et il a pu se convaincre que cette odeur ne se laisse pas constater d'une façon certaine.

Le Dr Ochorowicz a donc parfaitement raison de dire que, par ses expériences, la petite Stasia lui a démontré « qu'il lui était réellement possible de créer un éclairage extérieur, pour son portrait photographique. »

Nous avons cru devoir rapporter ces observations du savant polonais sur les éclairs médiumniques, parce qu'elles peuvent être appliquées à toutes les photographies psychiques que nous reproduisons. Les êtres de l'invisible qu'elles représentent, emploient, sans doute, pour se révéler photographiquement, le même moyen que celui qui a servi dans le même but, à Stasia, qui est également une individualité de l'occulte.

LE « DOUBLE » DE SIGURD TRIER

En novembre 1906, une commission métapsychique scandinave se rendit à Londres. M. Sigurd Trier, docteur ès lettres, président de la Société métapsychique danoise et fondateur de la revue d'occultisme « Sandhedsgeren », était à sa tête.

La commission se rendit chez M. Boursnell (dont nous parlons d'autre part à propos du fantôme de Piet Botha) ayant appris que celui qu'elle visitait s'était créé une certaine renommée en photographiant fréquemment des êtres de l'invisible.

M. Sigurd Trier fut convaincu que la réputation de M. Boursnell n'était pas usurpée, puisqu'il eut son propre « Double » photographié dans des circonstances qui excluent toute possibilité de fraude. Il a raconté cette curieuse expérience, dans un article paru dans la « Revista internacional do Espiritualismo scientifico », article dont nous allons donner la traduction résumée.

M. Boursnell, médium-voyant, dit à M. Sigurd Trier :

— Je vous aperçois en double exemplaire.

— Quelle excellente vue, répondit le Danois avec un sourire. Seriez-vous capable de me photographier en même temps que mon « Double » ?

— Je vais essayer, mais ne puis en dire plus,

car cela ne dépend pas de moi. Choisissez, Monsieur, la pose qui vous plaira.

M. Trier s'assit sur une chaise, appuya la main gauche sur le dossier et, avec la main droite, éleva un bouquet de violettes à hauteur de son nez, pour en respirer l'odeur. (Ce bouquet ainsi placé fait que M. Trier semble avoir des moustaches alors qu'il a le visage entièrement rasé. En même temps qu'il prenait cette pose, compliquée des fleurs, pour éviter que le photographe pût se servir d'une plaque sur laquelle il aurait pris, au préalable, le portrait de son visiteur et à l'insu de celui-ci, M. Sigurd Trier tourna, *en pensée,* la tête et les yeux vers sa gauche, avec un regard plus fixe et appuya, —*toujours en pensée*—la tête contre sa main droite.

— C'est bien, dit le vieux photographe, qui avait alors 77 ans.

La plaque fut exposée durant 20 secondes, M. Trier surveilla toutes les manipulations postérieures qu'il connaissait parfaitement, car c'est un photographe amateur qui, depuis 1892, n'a pas tiré moins de 4.000 clichés.

Le résultat fut excellent, puisque l'on put voir sur l'épreuve M. Sigurd Trier et son « Double » dans les poses voulues par le modèle Sur le côté, on aperçut en plus l'image fantômale d'une jeune anglaise.

M. Sigurd Trier dit que l'on n'eût pu obtenir un tel cliché normalement sans avoir recours à deux et même trois expositions. Ce n'a pas été le cas, car, pour cela, il aurait fallu qu'il s'y prêtât. Or, il n'a pas bougé depuis le moment où il s'est assis. Le seul changement de pose qu'il ait fait, il l'a opéré *en pensée,* sans faire un seul mouvement physique.

M. Sigurd a ajouté que toutes les plaques ont toujours été révélées aussitôt obtenues, *en sa présence*, et qu'il les a soigneusement *comptées*. Cela fait qu'il a été impossible à M. Boursnell de garder, à l'insu de M. Trier, une plaque non révélée, sur laquelle aurait été pris son portrait, plaque qu'il aurait ensuite glissée, le 13 novembre 1906, dans l'appareil photographique, pour prendre à nouveau M. Trier, de façon à ce que celui-ci apparut en double sur le même cliché.

Quand au fantôme féminin, qui se remarque sur cette curieuse photographie, M. Trier ne l'a pas vu à ses côtés pendant la pose. Seul, M. Boursnell l'aurait aperçu par voyance.

LE FANTÔME DE PIET BOTHA

Cette curieuse photographie a été publiée pour la première fois dans la « Revista Internacional do Espiritualismo scientifico ». Nous ne pouvons résister au plaisir de donner la traduction de l'article qui l'accompagnait et dans lequel le brillant journaliste anglais, William Stead, qui a tant écrit en faveur du psychisme, et qui dirige la « Review of Reviews » contait comment il obtint ce portrait du fantôme de Piet Botha.

« M. Boursnell, le photographe à la médiumnité duquel j'ai souvent recours pour obtenir des photographies de l'Invisible, est un vieillard quasi-illettré. Cette dernière particularité fut même, un certain moment, un sérieux obstacle pour ses travaux photographiques. M. Boursnell a des dons de clairvoyance et de clairaudience. Durant la dernière guerre anglo-boër, j'allai le voir, curieux de savoir ce qui se produirait.

« J'avais à peine pris un siège et je m'étais installé devant le vieillard, que ce dernier me dit : « J'ai eu une grande émotion avant-hier. Un vieux Boër entra dans mon atelier, armé d'une carabine. Il me fit une fière peur, car il avait l'air terrible. Je lui dis : « Va-t-en, je n'aime pas beaucoup les fusils ». Ce Boër partit. Mais, le voici de retour. Il est entré avec vous. Il n'a pas son fusil et n'a pas l'air si terrible. Le garderons-nous ? »

— Certainement, répliquai-je. Pensez-vous que vous pourriez avoir sa photographie ?

— Je ne sais pas, dit le vieillard, mais je puis tout de même essayer.

« Je m'assis donc en face de l'appareil. Temps régulier d'exposition. Je ne pouvais rien voir. Avant le retrait de la plaque, je demandai au photographe :

— Vous lui avez parlé l'autre jour. Pourriez-vous le faire aujourd'hui à nouveau ?

— Oui, fit-il, car il est encore là, derrière vous.

— Répondrait-il à n'importe quelle question que vous lui feriez ?

— Je ne sais pas, je puis essayer.

— Demandez-lui quel est son nom.

« Le photographe sembla poser une question mentale puis attendre la réponse. Et il déclara :

— Il dit s'appeler Piet Botha.

— Piet Botha ! fis-je remarquer. Je connais Philippe, Louis, Chris Botha et pas d'autres. Mais je n'ai jamais entendu parler de Piet Botha.

— C'est son nom, à ce qu'il dit, répliqua avec obstination le vieillard.

Lorsqu'il développa la plaque, on voyait, debout derrière moi, un hirsute, grand et énorme personnage, qui pouvait être aussi bien un Boër qu'un Moujick. Je ne dis rien et j'attendis la fin de la guerre. Le général Botha vint à Londres. Je lui envoyai la photographie par l'entremise de M. Fischer, actuellement premier ministre de l'Etat libre d'Orange. Le jour suivant, M. Wessels, un autre délégué de l'Etat libre, vint me voir.

— D'où avez-vous tiré cette photographie que vous avez donné à M. Fischer ? demanda-t-il.

Je lui racontai exactement ce qui s'était passé. Mon interlocuteur secoua la tête en disant :

— Je ne suis pas superstitieux. Dites-moi comment vous avez eu ce portrait. Cet homme qu'il représente n'a jamais connu William Stead et n'a jamais mis les pieds en Angleterre.

— Bien ! repris-je. Je vous ai dit comment je l'ai obtenu. Vous n'êtes pas obligé de me croire, si cela vous déplaît. Mais pourquoi êtes-vous si intéressé à ce personnage ?

— C'est, dit-il, parce qu'il était de mes proches parents. J'ai son portrait accroché à un des murs de mon habitation.

— Vraiment ! fis-je. Est-il mort ?

— Ce fut le premier commandant boër tué au siège de Kimberley, Pietrus Johannès Botha, ajouta-t-il ; mais nous l'appelions toujours *Piet Botha* par abréviation. »

Stead terminait son article en disant qu'il s'était assuré qu'aucun journal n'avait publié le portrait de Piet Botha, portrait qui, dans le cas contraire, aurait pu être reproduit par M. Boursnell sur une plaque où il aurait ensuite photographié le journaliste anglais.

On le voit, par le récit de Stead, tout affirme l'authenticité photographique du fantôme du commandant boër.

LA CRÈCHE SPIRITE

La photographie de la crèche spirite de Lyon, obtenue sans aucun préparatif pour la photographie psychique, c'est-à-dire sans évocation, ni cabinet ou drap permettant la condensation des fluides, a surpris tous les assistants.

Je me trouvais parmi eux, en ma qualité de photographe amateur, espérant prendre une leçon en me plaçant aux côtés du photographe professionnel qui opérait. Je dois dire que le photographe, interrogé sur les particularités que présente cette photo, n'a pu donner aucune explication sur l'apparition des esprits qui y figurent.

Il est plus que certain que, parmi les assistants, se trouvait un médium qui a facilité la condensation des fluides permettant aux esprits de se rendre apparents.

On remarque en effet entre les deux premiers berceaux, en dessous de la croix, deux profils de personnages d'une cinquantaine d'années environ, dont l'un à grande barbe et cheveux frisés, et l'autre à fortes moustaches et paraissant un peu plus jeune. Les figures offrent toutes les apparences de diaphanéités fluidiques ; elles ne peuvent provenir de marbrures du mur auquel elles sont adossées, car l'examen de ce mur à cette place ne révèle aucune trace de défectuosités de peinture.

A la partie inmédiatement en dessous, réservée au parc intérieur des enfants, indiquée également par une croix, se trouve une grosse tête masculine au côté droit de la fillette. L'examen le plus simple, montre que cette tête n'est pas l'empreinte de celle de la fillette, qui aurait pu bouger pendant l'opération, car elle a la physionomie très nette, contrairement au petit garçon de gauche qui a bougé et qui est flou ; de plus, on remarque que cette tête porte des cheveux courts, semblant être peignés en brosse, la conformité du nez et des yeux diffère totalement aussi, et enfin les moustaches sont nettement apparentes. Remarquons aussi que la partie supérieure de la tête se trouve derrière la moulure de la boiserie, tandis que la partie inférieure se trouve devant ; ceci est un effet de la transparence des fluides, qui ont en même temps illuminé la partie de la moulure où se trouve la tête.

La crèche spirite de Lyon est un des premiers établissements publics, fonctionnant en France sous le patronage du spiritisme. Elle compte aujourd'hui huit années d'existence. Elle a été fondée sous l'instigation des esprits eux-mêmes qui veillent chaque jour sur elle et sur sa prospérité. Voici l'appel qui fut lancé en 1903 par les directrices de la crèche spirite :

« En juillet 1903, un Appel se faisait entendre, celui-ci :

« Une Crèche spirite se forme ! Elle appelle tous les frères et sœurs spirites à donner leur obole à la fondation de cette œuvre qui a pour point de départ l'enfant au berceau, parce que les bienfaits du Spiritisme s'étendent sur l'homme, du berceau à la tombe.

« Puisque sa devise est *Charité !* son principe *Fraternité !* sa force est la divine loi d'amour qui, en réglant les actes de l'homme, de son premier jour à son dernier, lui fait atteindre son but : Dieu ! vers lequel il ne va que par l'accomplissement du devoir.

« Cette crèche a pour dédicace ces simples mots :

« Sous la protection de Dieu et de nos Maîtres et Protecteurs.

« Allan Kardec et Marie Ange.

« Asile ouvert à l'Enfance de quinze jours à trois ans, sans distinction de culte et de nationalité.

« Y adhèrent :

« L'appel béni a été entendu !

« Aujourd'hui la Crèche s'ouvre ! Nos frères de l'étranger comme ceux de la France pourront la visiter de 2 à 4 heures. Elle est située place de la Croix-Rousse, 8, au deuxième étage.

« L'amour est l'inspirateur de cette œuvre ! Il fait appel à tout esprit d'amour et de jugement. Nous espérons que son appel sera entendu et que chacun voudra coopérer à l'effort qui assiéra l'Œuvre de la Crèche sur des bases solides qui lui permettront d'étendre ses bienfaits.

« Aujourd'hui la Société spirite pour l'Œuvre de la Crèche a, à la Caisse d'épargne, un dépôt de 10.000 francs dont 4.545 fr. 35 constituant un fonds dit : Inaliénable ; 4.500 assurent approximativement le fonctionnement de la Crèche pour un an à l'avance, et 954 fr. 65 pour l'année qui commence.

« Nous croyons ce faible succès précurseur d'un plus grand ! Nous croyons que les listes de souscription se couvriront à l'envi pour que, sur notre sol français, s'élèvent des Asiles à l'Enfance où, à la fois, l'enfant apprendra à aimer et à respecter son frère dans la Famille et dans la Société.

« C'est le but unique de la Société Spirite pour l'Œuvre de la Crèche, avec celui de donner à la Nation une race vigoureuse sous l'effort de soins dévoués. Nous espérons que tout homme de bonne volonté lui aidera à l'atteindre.

« Les adhésions et les souscriptions se reçoivent au Siège social, 8, Place de la Croix-Rousse.

Nous donnons un extrait du rapport du 2me semestre de l'année 1905, pour montrer combien cette œuvre a pris d'extension et comment elle a acquis les sympathies de tous les gens de cœur. On verra dans ce rapport un article élogieux sur la crèche, paru dans le *Lyon Républicain* du 8 février 1905, sous la signature de Justin Godard, député du Rhône.

Extrait du « Lyon Républicain » du 8 février 1905

LA CRÈCHE SPIRITE

Je revenais, l'autre jour, de voir à la Croix-Rousse un métier ancien d'une admirable patine, fort joliment orné de têtes d'anges de style, sculptées en plein bois, qui bientôt prendra place à l'École municipale de Tissage, dans l'atelier reconstitué d'un Tisseur à la grande tire du XVIIIe siècle.

Arrivé sur la place si pittoresque avec son marché de vieilles échoppes, noircies par le temps, verdies de mousses rases, une plaque apposée au montant d'une porte d'allée m'arrêta par l'inattendu de son inscription : « Crèche sous la protection de Dieu et de nos Maîtres et Protecteurs Allan Kardec et Marie-Ange », annonçait-elle. Il ne restait plus qu'à monter et à visiter, d'autant plus qu'un écriteau supplémentaire annonçait que le public était admis.

L'immeuble est une maison de canuts; on sait ce que cela signifie sur le plateau. Au deuxième, porte à droite, s'ouvre la Crèche. De suite, s'offre un vestibule éclairé par une fenêtre, avec une longue banquette qui fait coffre, quelques chaises bien alignées, un buffet sur lequel un régiment de petites bouteilles de lait stérilisé est rangé. Aux murs, des images gaies, enrubannées; partout un souci de coquetterie et de propreté. Dans la pièce voisine, tout autour, à bon intervalle, se succèdent les berceaux haut perchés, en fer laqué, garnis avec un soin particulier, d'une blancheur irréprochable. Rien de joli et d'apparence plus scrupuleusement hygiénique. Les enfants reposent sur de la balouffe changée fréquemment. Chaque berceau a son hôte. Au milieu de la salle un petit parc à barrières contient la marmaille qui s'essaye à marcher et à franchir les étapes redoutables qui séparent les sièges minuscules. Les deux hautes fenêtres, faites pour donner le plus de lumière possible aux métiers, inondent de jour et d'air ce calme asile où, tous les jours, sont accueillis de douze à quinze petits.

L'asile comprend encore une cuisine sur cour où se prépare le lait nécessaire à l'alimentation de toute cette humanité en herbe. La soupente classique sert de séchoir aux innombrables linges qu'il faut sans cesse lessiver, car la nature

CRÈCHE SPIRITE DE LYON (M⸺ DAYE, fond⸺) (Mme STEPHEN-VIRE, fond⸺) FONDÉE EN 1905

a de fréquentes exigences chez la clientèle de la Crèche.

La première observation qui s'impose et qui a sa portée pratique, c'est qu'on peut, avec du goût et de la simplicité, installer très confortablement une crèche dans un local plutôt restreint et qui semblait, par sa destination première, ne point devoir se prêter à un pareil service ; ici, le loyer est de 450 francs.

Les frais généraux sont dans les mêmes proportions modestes. Pour un semestre, trois dames donnant tout leur temps aux poupons, qui restent de 7 heures du matin à 7 heures du soir, se partagent 765 francs comme appointements. Le lait et les autres denrées exigent une dépense de 334 francs ; le chauffage revient à 113 francs ; l'éclairage à 76 francs ; le blanchissage à 56 francs. Somme toute, en un semestre, la dépense s'est élevée à 1.600 francs environ.

Mais le plus curieux est l'inspiration qui a été à l'origine de la Crèche. La Directrice reçut un jour de Marie-Ange, qui fut l'esprit familier d'Allan Kardec, l'ordre de fonder une crèche. Comment faire ? Où prendre l'argent ? Qu'à cela ne tienne ! Les Esprits y ont de suite pourvu. Ils ont dicté à la Directrice, qui est un médium renommé, les noms des personnes auprès desquelles il fallait adresser des sollicitations et, à toutes les adresses indiquées, les bourses se sont ouvertes. On put tout installer, faire près de 2.000 francs de réparations et mettre en réserve, à la Caisse d'Épargne, 10 000 francs. L'avenir ne présente aucune incertitude car les Esprits ont dit : « Usez vos forces, nous les renouvellerons ». Ils ont envoyé non seulement de l'argent mais des poésies, l'une dédiée : « Aux trois mamans de la Crèche Spirite » exalte leur œuvre, fait des vœux pour les nourrissons :

« Qu'ils vivent ! ces petits protégés de nos morts ! »

Le monde spirite suit avec intérêt les succès de la crèche de Lyon : toute une correspondance adressée à la fondatrice, qu'on qualifie de « chère sœur en croyance », souligne dans la création nouvelle « la réalisation pratique sociale des enseignements du Spiritisme » qui a pour maxime : « Hors la Charité, point de salut ».

La Crèche veut atteindre ce résultat, faire pénétrer la douce fraternité au cœur de la population par la mère et l'enfant.

« On nous voit à l'œuvre, dit le dernier compte rendu et la bonté divine nous paye si largement de nos efforts par les joies intimes qu'elle nous donne, que nous sentons que l'amour gagnera et changera en fraternels liens les rapports qui nous unissent à la mère et à l'enfant. Les plus récalcitrants s'adoucissent ! Les petits enfants aiment à danser en rond et chanter avec leurs mamans : « Gai ! gai ! le soleil ! il fait mûrir le blé. »

J'admire cette bonne naïveté et cette belle confiance. Et je suis parti enchanté de ma visite à la Crèche Spirite, pensant à part moi qu'il n'y a qu'à la Croix-Rousse que peuvent éclore des œuvres semblables.

Justin GODART.

Nous reproduisons ici la charmante poésie adressée en l'honneur de la Crèche, par le poète Laurent de Faget.

Mes chers enfants souriez d'aise,
A voir ici nos bienfaiteurs ;
Demandez à Dieu qu'il leur plaise
D'être toujours vos Protecteurs.

« Papa céleste » vous écoute,
Du fond de son bleu firmament ;
Vous en connaissez tous la route,
Que vous montre chaque « maman ».

Demandez donc les belles choses
Que les enfants peuvent chérir :
Beaucoup d'amour, beaucoup de roses,
Du travail mêlé de plaisir ;

Et que la Crèche s'élargisse
Pour recevoir d'autres enfants ;
Et que notre œuvre réussisse
Au gré de nos désirs ardents !

Avec vos pères et vos mères
Et ceux qui pensent comme nous,
Nous ferons un peuple de frères
Aux liens toujours plus forts, plus doux.

Vous l'apprendrez, chers petits êtres,
Et vous direz avec respect,
Comme nous tous : Nos trois grands maîtres
Sont : Hugo, Jésus et Kardec !

Allan Kardec fut l'interprète
Des demi-dieux, des purs Esprits :
Ecoutons le divin prophète.
Relisons souvent ses écrits.

Spirites, famille unie,
Pour mieux lutter contre le mal,
Préparons l'humaine harmonie,
Réalisons de l'idéal !

A. Laurent de Faget.

17 Juin 1906.

LA CRÈCHE SPIRITE A LYON

2me Semestre — Année 1905

Location.................................Fr.	225 20	Juillet..................................Fr.	211 75
Eaux entretien local................	17 »	Août.....................................	189 25
Personnel : trois amies se partageant également.	765 »	Septembre............................	360 »
		Octobre.................................	267 30
Alimentation : lait, autres denrées.	288 75	Novembre..............................	367 65
Fournitures mercerie................	37 45	Décembre..............................	569 45
Chauffage................................	83 40	Reste en Caisse fin Juin.........	84 90
Eclairage.................................	109 50		
Fournitures blanchissage........	68 90		
Entretien : linge et vêtements..	263 »		
Diverses..................................	19 60		
Médecin..................................	100 »		
Reste en Caisse......................	72 50		
Total...................Fr.	2.050 30	Total.................Fr.	2.050 30

Notre reste en Caisse est bien maigre, disons-nous encore ! Mais rien n'a manqué des promesses données, des espérances mises en nos cœurs ! Nous bénissons donc Dieu en vous disant merci à vous, frères et sœurs aimés, qui soutenez la Crèche d'Allan Kardec de vos dons, de vos cotisations, de vos encouragements par la parole, par la pensée, par votre bon vouloir, par vos écrits précieux ! et, en retour de tout votre soutien, nous vous souhaitons la foi puissante et la confiance inaltérable qui font fort et joyeux en tout effort auquel on se donne.

La Paix universelle du 1er au 16 décembre 1905, adressait nos remerciements à tous nos frères connus ou inconnus qui, de leur bon vouloir, de leur parole, de leur obole ou de leurs dons ont aidé à la formation de la Crèche, puis en ont assuré l'existence.

Nous les leur adressons de nouveau aujourd'hui et nous nommons tous nos frères Spirites en nommant deux noms autour desquels se rangent tous ceux qui aiment « le Spiritisme pour les lois de l'esprit qu'il fait connaître » et tous ceux qui s'attachent à la « recherche des lois scientifiques qui confirment les lois spirituelles ».

Nous vous avons donc nommé, vous, M Léon Denis à qui le Spiritisme doit : *Après la mort ! Spiritisme* et *Christianisme ! Dans l'Invisible ! Pourquoi la vie !*

Ainsi nous vous avons nommé, vous, M. Gabriel Delanne à qui nous devons : *Le Spiritisme devant la Science ! le Phénomène Spirite ! l'Evolution animique ! l'Ame immortelle !*

Que Dieu bénisse vos efforts ! nous, nous les bénissons.

D'autres œuvres aussi importantes sont venues

sous l'instigation des esprits protecteurs de la crèche, compléter et courouner les efforts de la Société Spirite pour l'œuvre de la crèche, ces œuvres sont :

Le Journal du désincarné à l'incarné, journal gratuit.
La Salle d'Allan Kardec, 13, rue de l'Alma, pour les soins spirituels.
Le Groupe d'Allan Kardec, groupe d'études, tous les vendredis de 8 à 10 heures.
La Société de secours immédiats, (œuvre de solidarité).
L'Ecole philosophique, Instructions, tous les jours de 3 à 4 heures.

Nous formons nos vœux les plus ardents pour la prospérité de ces œuvres si utiles pour le progrès des sociétés, et, à notre tour, nous faisons appel à la générosité des personnes bienfaisantes pour le soutien de ces œuvres.

Les fondatrices de ces œuvres (sous l'inspiration de leurs Protecteurs) sont :

Madame Stephen-Vire,
Mademoiselle Ambroisine Dayt.

CHAPITRE III

Dieu dans la nature (1)

> Allah est trop grand pour demeurer dans un lieu de culte, l'Univers tout entier étant son temple.
> *Des bédouins.*

> Le moi de l'infini: c'est Dieu.
> *Victor Hugo.*

> Dieu est l'univers infini; mais l'âme de Dieu, où est-elle ? C'est la puissance vitale qui anime tout, et qui donne le mouvement de progrès et tout ce qui est.
> *C. M.*

LA FORCE ET LA MATIÈRE

Depuis Newton et Kepler, nous savons que l'univers est un dynamisme immense, dont tous les éléments ne cessent d'agir et de réagir dans l'infini du temps et de l'espace, avec une activité indéfectible. C'est la grande vérité que l'astronomie, la physique et la chimie nous révèlent dans les éclatantes merveilles de la création.

Tel est le sublime spectacle du monde, telles sont les lois qui constituent son harmonie. Or, par quelle perfidie de langage ou de raison-

---

(1) Extrait du savant ouvrage « *Dieu dans la nature* » de Camille Flammarion.

nement les matérialistes traduisent-ils ces faits en leur faveur et parviennent-ils à en conclure l'absence de toute pensée divine ? Voici les arguments inscrits en gros caractères dans un catéchisme du matérialisme, dont la couleur scientifique en a imposé à un grand nombre, dans le livre *Force et Matière* :

« Tous les corps célestes, grands ou petits, se conforment sans aucune répugnance, sans exception et sans déviation, à cette loi inhérente à toute matière et à toute particule de matière, comme nous en faisons l'expérience d'un moment à l'autre. C'est avec une précision et une certitude mathématiques que tous ces mouvements se font reconnaître, déterminer et prédire. » Les spiritualistes voient dans ces faits la pensée d'un Dieu éternel qui imposa à la création les lois immuables qui la perpétuent. Mais les matérialistes y voient, au contraire, une preuve que l'idée de Dieu n'est qu'une plaisanterie. S'il y avait des corps célestes qui fussent capricieux ou rebelles, si la grande loi qui les régit n'était pas souveraine, ce serait différent. « Il est facile, dit Büchner, de ramener la naissance, la constellation (?) et le mouvement des globes aux procédés les plus simples rendus possibles par la matière elle-même. L'hypothèse d'une force créatrice personnelle n'est pas admissible. » Pourquoi ? C'est ce qu'on n'a jamais pu savoir.

Les spiritualistes admirent l'imposante régularité des mouvements célestes, l'ordre et l'harmonie qui y président. Les crédules ! Il n'y a ni ordre ni harmonie dans l'univers. Au contraire, « l'irrégularité, les accidents, le désordre, excluent l'hypothèse d'une action personnelle et régie par les lois de l'intelligence, même humaine. »

Ainsi, c'est après trente ans de travail que Copernic publia son livre des *Révolutions célestes* ; c'est après vingt ans de recherches que Galilée féconda le principe du pendule ; c'est après dix-sept ans d'opiniâtres labeurs que Kepler parvint à formuler ses lois ; Newton octogénaire disait qu'il n'était pas encore parvenu à comprendre le mécanisme des cieux. Et l'on vient nous proposer de croire que ces lois sublimes, que des génies aussi puissants parvinrent à peine à *trouver* et à *formuler*, ne révèlent pas dans la cause qui les a imposées à la matière une intelligence au moins égale à l'intelligence humaine ! Et M. Renan écrit cette phrase : « Pour moi, je pense qu'il n'est pas dans l'univers d'intelligence supérieure à celle de l'homme. » Et l'on ose chercher refuge dans des accidents qui n'en sont pas, pour déclarer qu'il n'y a pas d'harmonie intelligente dans la construction du monde ! Que faudrait-il donc pour vous satisfaire, messieurs les critiques de Dieu ?

Voici : il faudrait d'abord qu'il n'y eût pas d'espace (!) ou que cet espace fût moins vaste, car il y a décidément trop de place dans l'infini : « S'il importait à une force créatrice individuelle, dit Büchner, de créer des mondes et des habitations pour les hommes et pour les animaux, il nous reste à savoir à quoi sert cet espace immense, désert, vide, inutile ? dans lequel nagent les soleils et les globes. Pourquoi les autres planètes de notre système solaire ne sont-elles pas rendues habitables pour les hommes ? » Vous demandez vraiment là une chose bien simple. Ainsi, il plaît à la fantaisie de ces messieurs de déclarer l'espace inutile et de vouloir que tous les globes communiquent entre eux. Le caricaturiste Granville avait déjà eu la même idée ; il représente effectivement dans l'un de ses charmants croquis les habitants de Jupiter allant par un pont suspendu se promener sur Saturne en fumant leurs régalias. L'anneau de Saturne n'est même là qu'un vaste balcon sur lequel les Saturniens viennent le soir prendre le frais. Si c'est là l'univers désiré, dont le premier résultat serait de rendre immobile le système du monde, les inventeurs feraient mieux de s'adresser sérieusement à l'École des ponts-et-chaussées qu'à la philosophie. Celle ci n'a rien à faire ici.

« S'il y avait un Dieu, ajoute-t-on, à quoi serviraient les irrégularités et les immenses disproportions de grandeur et de distance entre les planètes et notre système solaire ? Pourquoi cette absence complète de tout ordre, de toute symétrie, de toute beauté ? »

On conviendra qu'il faut être un peu prétentieux pour admirer les décors badigeonnés des coulisses du théâtre humain, et pour refuser la beauté, la symétrie, aux œuvres de la nature. Il nous semble que c'est la première fois qu'on accuse la nature de ce côté-là. Au surplus, ils ne nous donnent que des négations : négation de Dieu, négation de l'âme, négation de la raison et de ses plus hautes puissances ; toujours des négations. Voilà ce qui leur appartient en propre ; rien de plus. Leur soi-disant conscience scientifique n'est qu'un leurre.

Nos spirituels adversaires tombent peu à peu dans des puérilités. L'un d'entre eux objecte que la lumière, qui fait 75,000 lieues par seconde, ne va pas assez vite, et que c'est misérable de la part d'un Créateur de ne pas la talonner un peu.

Un autre trouve que la Lune, elle aussi, ne tourne pas assez vite sur elle-même. « La Lune, dit l'Américain Hudson Tuttle, ne tourne qu'une seule fois sur elle-même pendant qu'elle fait sa révolution autour de la terre, de sorte qu'elle lui présente toujours le même côté de sa surface. *Nous avons bien le droit* d'en demander la raison, car s'il y avait une intention quelconque, son exécution serait certainement marquée, » et le Créateur est bien négligent de ne pas avoir prévenu ces messieurs de sa manière d'agir. A-t-on jamais vu pareille chose ? Les laisser dans une ignorance complète sur le but qu'il s'est proposé en faisant tourner si lentement notre bonne petite Lune !

En effet, est-ce que Dieu n'aurait pas dû mieux se conduire pour notre instruction personnelle ? Est-ce qu'il devrait nous traiter ainsi ? *Nous !* « Pourquoi, demandons-nous encore (1), pourquoi la force créatrice n'inscrivit-elle pas en lignes de feu (en allemand, sans doute ?) son nom dans le ciel ? Pourquoi ne donna-t-elle pas aux systèmes des corps célestes un ordre qui nous fît connaître son intention et ses desseins d'une manière évidente ? » Quelle divinité stupide !

Vraiment, messieurs, vous êtes admirables, et votre mode de raisonnement égale votre science, ce qui n'est pas peu dire. Quel dommage que vous n'ayez pas vous-mêmes construit l'univers, et comme vous auriez bien paré à tous ces inconvénients ! Mais vous connaissez donc bien la matière et ses propriétés pour affirmer qu'elle remplace Dieu si avantageusement ? Elle vous explique donc bien complètement l'état de

---

(1) *Kraft und Stoff*; VIII.

l'univers ? Que répondez-vous ? — « Sans doute, il ne nous est pas encore donné de savoir au juste pourquoi la matière a pris tel mouvement à tel moment, mais la science n'a pas prononcé son dernier mot, et il n'est pas impossible qu'elle nous fasse connaître un jour l'époque de la naissance des globes. » Telle est la réponse définitive de ces messieurs. Ils avouent encore un peu d'ignorance. Que sera-ce, lorsqu'ils croiront absolument tout connaître ? O science ! sont-ce là les fruits de ton arbre ?

C'est bien ici le cas d'avouer, avec l'Allemand Büchner lui-même, que « ce qu'on appelle ordinairement la profondeur de l'esprit allemand est plutôt le trouble des idées que la vraie profondeur de l'esprit. Ce que les Allemands nomment philosophie, ajoute le même écrivain. n'est qu'une manie puérile de se jouer des idées et des mots, pour laquelle ils se croient en droit de regarder les autres nations par-dessus l'épaule. »

Il n'y a ni sagesse, ni intelligence, ni ordre, ni harmonie dans l'univers ! ! Pareille accusation est-elle sérieuse ? Il est permis d'en douter.

Au mois d'octobre 1604, une magnifique étoile apparut soudain dans la constellation du Serpentaire. Les astronomes furent en grand émoi, car cette apparition semblait étrangère à l'harmonie des cieux. On ne connaissait pas encore les étoiles variables. Venait-elle de naître fortuitement ? Était-ce le hasard qui l'avait enfantée ? C'étaient là les questions que Kepler se posait, lorsqu'un petit incident se présenta... « Hier, dit-il, au milieu de mes méditations, je fus appelé pour dîner. Ma jeune épouse apporta sur la table une salade. — Penses-tu, lui dis-je, que si, depuis la création, des plats d'étain, des feuilles de laitue, des grains de sel, des gouttes d'huile et de vinaigre, et des fragments d'œufs durs flottaient dans l'espace en tous sens et sans ordre, le hasard pût les rapprocher aujourd'hui pour former une salade ? — Pas si bonne, à coup sûr, répondit ma belle épouse, ni si bien faite que celle-ci. »

Nul n'osa regarder l'étoile nouvelle comme une production du hasard, et nous savons aujourd'hui que le hasard n'a aucune place dans les mouvements célestes. Kepler vécut dans une véritable adoration de l'harmonie du monde. Il eût pris pour de l'extravagance le doute sur ce point. Les fondateurs de l'astronomie s'accordent dans cette admiration : Copernic, Galilée, Tycho-Brahé, Newton, lèvent la même main que Kepler (1).

Ce ne sont pas des astronomes qui accusent le ciel de manquer d'ordre.

O mondes splendides ! étoiles, soleils de l'espace, et vous, terres habitées qui gravitez autour de ces centres brillants, cessez vos mouvements harmonieux, suspendez votre cours. La vie rayonne sur votre front, l'intelligence habite sous vos tentes, et vos campagnes, comme celles de la Terre, reçoivent des soleils variés qui les illuminent, la source féconde des existences. Vous êtes portés dans l'infini par la même main qui soutient notre globe, par cette loi suprême sous laquelle le génie incliné adore la grande cause. D'ici, nous suivons vos mouvements, malgré les distances innommées qui vous disséminent dans l'étendue, et nous observons qu'ils sont dirigés,

(1) Plus l'homme s'avance dans la pénétration des secrets de la nature et mieux se découvre à lui l'universalité du plan éternel.

comme les nôtres, par ces trois règles géométriques que le génie patient de Kepler parvint à formuler. Du fond des célestes abîmes, vous nous enseignez qu'un ordre souverain et universel régit le monde. Vous racontez la gloire de Dieu en des termes qui laissent bien loin derrière eux ceux des astres du roi-prophète ; vous écrivez dans le ciel le nom mystérieux de cet être inconnu que nulle créature ne peut même pressentir. Astres aux mouvements formidables, foyers gigantesques de la vie universelle, splendeurs du ciel! vous vous inclinez comme des enfants sous la volonté divine, et vos berceaux aériens se balancent avec confiance sous le regard du Très-Haut. Vous suivez humblement la route tracée à chacun de vous, ô voyageurs célestes, et depuis les siècles reculés, depuis les âges inaccessibles où vous sortîtes autrefois du chaos antique, vous manifestez la prévoyante sagesse de la loi qui vous guide... Insensés! masses inertes! globes aveugles! brutes de la nuit! que faites-vous ? Cessez! cessez votre témoignage éternel. Arrêtez le tourbillon colossal de vos multiples cours. Protestez contre la force qui vous entraîne. Que signifie cette obéissance servile ? Fils de la matière, est-ce que la matière n'est pas la souveraine de l'espace? est-ce qu'il y a des lois intelligentes ? est-ce qu'il y a des forces directrices? Non, jamais. Vous êtes dupes de l'erreur la plus insigne, étoiles de l'infini! Vous êtes le jeu de l'illusion la plus ridicule. Ecoutez: au fond des vastes déserts de l'espace, dort obscurément un petit globe inconnu. Avez-vous aperçu parfois, parmi les myriades d'étoiles qui blanchissent la Voie lactée, une petite étoile de dernière grandeur ?

Eh bien, cette petite étoile est un soleil comme vous, et autour d'elle tournent quelques miniatures de mondes, mondes si petits, qu'ils rouleraient comme des billes à la surface de l'un des vôtres. Or, sur l'un des plus microscopiques de ces microscopiques mondicules, il y a une race d'êtres raisonneurs, et dans le sein de cette race, un camp de philosophes, qui viennent de déclarer nettement, ô magnificences ! que votre Dieu n'existe pas. Ils se sont levés, ces superbes pygmées, ils se sont haussés sur la pointe de leurs pieds, croyant vous voir d'un peu plus près. Ils vous ont fait signe d'arrêter, et puis ils ont dit au monde que vous les aviez entendus et que la nature entière était de leur avis. Ils se proclament hautement les seuls interprètes de cette nature immense. Si l'on en croit leur espérance, c'est à eux qu'appartient désormais le sceptre de la raison, et l'avenir de la pensée humaine est entre leurs mains. Ils sont fermement convaincus, non-seulement de la vérité, mais surtout de l'utilité de leur découverte et de son influence favorable sur le sain progrès de cette petite humanité. D'ailleurs, ils ont fait savoir aux membres de cette humanité, que tous ceux qui ne partageaient pas leur opinion étaient en contradiction avec la science de la nature ; et que la meilleure qualification dont on puisse honorer ces retardataires, est celle d'ignorantismes et d'entêtés. Ne vous exposez donc pas à être jugées aussi défavorablement par ces messieurs, ô resplendissantes étoiles ! Faites en sorte de distinguer notre imperceptible soleil, notre atome terrestre, notre mite raisonneuse ; et vous unissant à cette déclaration importante, arrêtez le mécanisme de l'univers, suspendez à la fois la mesure et l'harmonie, substituez le repos au mouvement, l'obscurité à la lumière, la mort à la vie ; puis, lorsque toute puissance intellectuelle sera anéantie, toute pensée bannie de la nature, toute loi supprimée, toute force atrophiée, l'univers se dissolvera en poudre, vous pleuvrez en poussière dans la nuit infinie, et si l'atome terrestre existe encore, messieurs les philosophes, derniers vivants, seront satisfaits. Il n'y aura plus d'esprit dans la nature !

LA VIE

L'hypothèse purement matérialiste de la vie, l'assimilation de la circulation des molécules au mouvement de la vapeur dans l'alambic ou de l'électricité dans les tubes de Geissler n'explique ni la naissance, ni l'accroissement, ni la vie, ni la décadence, ni la vieillesse, ni la mort.

Pour qu'il y ait équilibre, pour qu'il y ait organisation dans l'agencement des molécules, il faut qu'il y ait *direction*. Au surplus, pas plus que Cuvier ou Geoffroy Saint-Hilaire, vous ne niez cette direction. Or, pour qu'il y ait direction, il faut qu'il y ait force directrice. Oserez-vous soutenir le contraire ? Cette force directrice n'est pas un amalgame de propriétés confuses ; elle est une, elle est souveraine, elle est nécessaire, et c'est elle qui régit le tourbillon vital, comme c'est l'attraction qui régit le tourbillon des sphères planétaires.

S'il n'y avait pas en nous une force directrice, comment se ferait-il que le corps se forme et grandisse, suivant son type organique, de la naissance à la jeunesse ? Pourquoi, au-delà de la vingtième année, ce corps, qui absorbe autant d'air et de nourriture que précédemment, cesse-t-il de grandir ? Qui distribue harmoniquement toutes les substances assimilées ? Après la croissance en hauteur, qui détermine la croissance en épaisseur ? Qui donne la force à l'homme mûr, et qui répare perpétuellement les rouages de la machine animée ?

Sans une force organique, typique, vitale (nous ne tenons pas au mot), comment pourrait-on expliquer la construction d'un corps ? M. Scheffler nous répond par les forces chimique et physique : « Chacune de ces forces, dit-il, exerce sur les autres une influence par laquelle tout l'organisme reçoit, dans toutes ses parties, une certaine uniformité d'un ordre plus élevé. Les actions spéciales des forces individuelles se réunissent ensuite en un effet total et forment une résistance qui coordonne la multiplicité des parties en un tout unitaire, où se dessine le type fondamental de toute propriété individuelle » Voilà qui est fort lumineusement expliqué. Seulement, comment toutes ces merveilleuses combinaisons peuvent-elles se produire, en l'absence d'une unité virtuelle organisatrice ? Qui construit cet organisme ? Comment les propriétés de la matière peuvent-elles travailler sur un plan, d'après une idée qu'elles ne peuvent avoir ? Comment l'organisme sait-il si bien choisir les aliments qui lui conviennent ? Qui détermine la reproduction fidèle de l'espèce, Est-il donc plus facile d'admettre tous ces hasards, remarquerons-nous avec M. Tissot, plutôt que de supposer un principe essentiellement actif, doué d'une puissance organisatrice, ayant la faculté d'exercer cette puissance dans le sens de tel ou tel type spécifique ?

Plusieurs matérialistes, au nombre desquels nous citerons Mulder, sourient de la doctrine de la force vitale et comparent cette force « à une bataille livrée par des milliers de combattants, comme s'il n'y avait en activité qu'une seule force qui fît tirer les canons, agiter les sabres, etc. L'ensemble de ces résultats, ajoute Mulder, n'est pas le résultat d'une seule force, d'une *force de bataille*, mais la somme des forces et des combinaisons innombrables qui sont en activité dans un pareil événement. » On en conclut que la force vitale n'est pas un principe, mais un résultat.

La comparaison ne manque pas de justesse ; elle a, de plus, l'inappréciable finesse de servir non à ceux qui l'imaginent, mais à nous-mêmes, qui n'avons pas eu la peine de la chercher. Il est clair, en effet, que ce qui constitue la force d'une armée et ce qui gagne la bataille, ce n'est pas seulement le jeu particulier de chaque combattant, mais surtout la *direction* du combat, l'intelligence du général en chef, le plan de la bataille, l'ordre souverain qui, du front de l'organisateur, rayonne sur chacun des chefs et descend par bataillons jusqu'aux soldats, numéros-machines enrégimentés. A qui persuadera-t-on que ce n'est pas Napoléon qui gagna la victoire d'Austerlitz ? Demandez à M. Thiers (qui le sait peut-être mieux que Napoléon lui-même) si ces batailles que l'on n'oublie pas, aussi bien celles qui sont gagnées à nombre égal que celles qui sont emportées par surprise, ne révèlent pas, au-dessus de la valeur personnelle de chaque guerrier, le génie tristement célèbre qui parvient à coucher en un clin d'œil, dans les ténèbres de la tombe, des milliers d'hommes à l'apogée de leur force et de leur activité.

Il est incontestable qu'un colonel à la tête de son régiment, ou un général non retraité ont plus d'importance au point de vue du service, qu'un simple grenadier, de même qu'un atome de graisse cérébrale a plus d'importance qu'une rognure d'ongle. Mais ce qui constitue le tronc ou le nœud d'embranchement d'un arbre aux branches étendues ne constitue pas pour cela l'arbre tout entier. La comparaison de nos adversaires convient donc mieux à notre thèse qu'à la leur.

Quel est l'homme instruit, quel est l'observateur de bonne foi qui osera contester que notre corps ne soit pas un organisme formé par une force spéciale ? En quoi diffèrent un cadavre et un corps vivant ? Il y a deux heures que le cœur de cet homme a cessé de battre. Le voilà étendu sur sa couche funéraire. La vie s'est échappée sans qu'une seule lésion, sans qu'aucun trouble ne se soit manifesté dans l'organisme. Son état défie l'autopsie la plus minutieuse. *Chimiquement* parlant, il n'y a *aucune* différence entre ce corps et ce même corps de ce matin. Or, en quoi diffère, je le répète, un cadavre d'un corps vivant ? D'après votre théorie, ils ne diffèrent pas. C'est exactement le même poids, la même mesure, la même forme. Ce sont les mêmes atomes, les mêmes molécules, *les mêmes propriétés physico-chimiques* : vous enseignez vous-mêmes que ces propriétés sont inviolablement attachées aux atomes. C'est donc exactement le même être !

Mais ne sentez-vous pas qu'une telle conséquence est la condamnation formelle de votre système ? Un être vivant diffère très sensiblement d'un être mort. C'est vraiment là un fait trop populaire pour que vous puissiez le nier. Avouez donc qu'une hypothèse qui enseigne que la vie n'est autre chose que l'ensemble des propriétés chimiques des atomes, tombe à la fois par sa base et par son couronnement, car la naissance et la mort, l'alpha et l'oméga de toute existence, protestent invinciblement contre les assertions de cette hypothèse.

Il est presque outrageant pour l'intelligence humaine d'être obligé de soutenir qu'un être vivant diffère d'un cadavre, et que la force animatrice n'existe plus dans celui-ci. Affirmer que la vie est quelque chose, c'est à peu près affirmer qu'il fait jour en plein midi. Mais il est de notre devoir de consentir à mettre les points sur les *i* à nos adversaires d'outre-Rhin.

Il faut bien que la force qui constitue la vie soit une force spéciale, puisqu'en sa présence les molécules corporelles se distribuent harmoniquement dans une unité féconde, tandis qu'en son absence, les mêmes molécules se séparent, se méconnaissent, se combattent, et laissent rapidement subir une *dissolution entière* à cet organisme qui bientôt tombe en poussière.

Il faut bien que cette même force existe particulièrement, puisque d'un côté tous les corps de la nature n'étant pas vivants, et d'un autre côté les corps vivants étant composés des mêmes matériaux que les corps inorganiques, ces corps vivants diffèrent cependant des premiers par les propriétés spéciales et admirables de la vie.

Il faut bien que la vie soit une force souveraine, puisque le corps vivant n'est qu'un tourbillon d'éléments transitoires, que toutes ses parties sont en mutation incessante, et que, tandis que *la matière passe, la vie demeure*.

Pensera-t-on avec Buffon qu'il y a dans le monde deux genres de molécules : les organiques et les inorganiques ? Que les premières sont des cellules vivantes, douées de sensibilité et d'irritabilité, qu'elles passent d'un être vivant dans un autre être vivant, et ne se mésallient pas aux corps inorganiques, tandis que les dernières n'entrent pas dans la constitution générale de la vie ? Mais la chimie organique a trop magnifiquement démontré que les éléments de la matière vivifiée sont les mêmes que ceux du monde minéral ou aérien, élémentairement : l'oxygène, l'hydrogène, l'azote, le carbone, le fer, la chaux, etc.

Dira-t-on avec le botaniste Dutrochet et avec l'anatomiste Bichat, que la vie est une exception temporaire aux lois générales de la matière, une suspension accidentelle des lois physico-chimiques, qui finissent toujours par terrasser l'être et gouverner la matière ? Mais nous ne craignons pas d'appeler cette idée une erreur, la vie étant le but le plus élevé et le plus brillant de la création, et se perpétuant, par les espèces, du premier au dernier jour du monde.

Au surplus, on aura beau penser et beau dire, on ne fera jamais que la vie ne soit pas une force, supérieure aux affinités élémentaires de la matière.

Ce qui caractérise les êtres vivants, c'est la *force* organique qui groupe ces molécules suivant la forme respective des individus, suivant le type des espèces. « Les vrais ressorts de notre organisation, disait Buffon, ne sont pas ces muscles, ces artères, ces veines ; ce sont des *forces intérieures* qui ne suivent point du tout les lois de la mécanique grossière que nous avons imaginée (1) et à laquelle nous voudrions tout réduire. Au lieu de chercher à connaître les forces par leurs effets, on a tâché d'en écarter jusqu'à l'idée, on a voulu les bannir de la philosophie. Elles ont reparu cependant, et avec plus d'éclat que jamais. »

La force organique qui constitue notre être se cache sous le vêtement variable de la chair ; mais on la sent palpiter dans son ardente vigueur. Elle forme, elle dirige, elle gouverne. Voyez ces représentants des degrés primitifs de l'échelle zoologique, ces crustacés, qu'une carapace protégeait contre les bouleversements de l'écorce terrestre, ces annelés et ces vers qui, brisés par morceaux, continuent de vivre. Brisez la patte d'une écrevisse : elle se reproduit dans tout son caractère. Coupez celle d'une salamandre, elle se reformera dans toutes ses parties. Cassez la queue d'un lézard, elle repoussera. Divisez un ver en plusieurs fragments, chacun d'eux reformera ce qui lui manque. La fleur du corail séparée de sa mère, s'en va à travers les ondes reformer un nouvel arbre. Est-ce que la matière seule opère de pareilles choses ? Est-ce que ces faits ne révèlent pas l'action incessante de la force typique qui constitue les êtres chacun selon son espèce, et qui est certainement plus essentielle à leur

---

(1) Buffon qui n'était pas mécanicien, se trompe ici, et nous savons aujourd'hui que la mécanique, comme la chimie, joue un rôle important dans la construction du corps. Mais cette erreur n'empêche pas les paroles du grand naturaliste d'être vraies en ce qui concerne la prépondérance de la force.

existence que les molécules mêmes de leurs corps et leurs propriétés chimiques ?

Et que conclure des métamorphoses des insectes, formes transitoires sous lesquelles la force seule persiste à travers les phases de la léthargie et de la résurrection ? Le papillon qui s'envole vers la lumière n'est-il pas le même être qui animait la chenille ou la larve ?

Il est clair, il est incontestable, d'après ces faits, qu'*une force* quelconque (peu importe le nom qu'on lui donne) *organise la matière* suivant la forme typique des espèces végétales et animales. Or, nos adversaires ne craignent pas d'affirmer qu'il n'en est absolument rien et que les propriétés chimiques des molécules suffisent pour tout expliquer.

Que serait-ce, par exemple, si la forme seule était sauvegardée, et qu'aucune direction virtuelle ne présidât à l'élection des molécules chimiques ? On aurait bientôt le corps le plus hétérogène qu'on pût imaginer, quoiqu'il gardât la perfection de sa forme. Imaginez, par exemple, que l'élément qui constitue la virginale blancheur de ce teint, l'incarnat de ces lèvres, la finesse de cette bouche, la délicatesse du nez, la nuance expressive de ces yeux, se trouve au hasard remplacé par des molécules d'autre espèce, par de l'iode, qui noircit à la lumière, par de l'acide butyrique, qui fond au soleil, par quelque sel qui se dissout à l'humidité, etc... L'humanité aurait là un beau personnel ! Voilà pourtant où l'on en vient en prétendant qu'une force vitale n'existe pas.

De l'individu passant à l'espèce, nous observons, ici encore, la prédominance nécessaire de la force. Si chaque individu reste vivant, c'est grâce à sa dynamique intime. Si les espèces végétales ou animales demeurent, c'est grâce à la force initiale qui seule peut caractériser l'identité d'espèce, qui se transmet par la génération et qui existe, à l'état latent ou sensible, dans l'œuf végétal et dans l'œuf animal.

D'où vient que ce chêne immense est éclos d'un gland tombé dans l'humus ? D'où vient qu'il est devenu *chêne*, à côté de la fève d'où est sorti le *hêtre*, de la pomme d'où s'est élancé le *pin*, de l'amande sur la tombe de laquelle le *cornouiller* déploie ses baies écarlates, à côté du grain de *blé* ou d'*avoine*, dans le même terrain, sous le même rayon de soleil et les mêmes gouttes de pluie, en un mot dans une condition identique ? D'où vient que les éléphants d'aujourd'hui sont exactement les mêmes que ceux dont se servait Pyrrhus il y a vingt siècles, et que le corbeau de Noé (si Noé il y a) était vêtu du même deuil que ces bandes croassantes qui rayent notre ciel de septembre ? sinon que le germe organique ne réside pas seulement dans la structure anatomique, mais encore et surtout dans une force spéciale qui se charge d'organiser l'être sans jamais se tromper de sens, et sans donner une tête de mouton au cheval ou des pattes de canard au lapin !

Puisque vous affirmez avec tant de passion qu'il n'y a aucune force spéciale dans les êtres vivants, et que la vie n'est autre chose qu'un résultat de la présence simultanée des molécules qui constituent le corps animal ou végétal, essayez donc au moins de démontrer ces audacieuses affirmations par une modeste expérience. Construisez seulement un être vivant, et... nous vous en féliciterons. Voyons. Voici ! une bouteille contenant du carbonate d'ammoniaque, du chlorure de potassium, du phosphate de soude, de la chaux, de la magnésie, du fer, de l'acide sulfurique et de la silice. De votre aveu même (1), le principe vital complet des plantes et des animaux est renfermé dans ce flacon. Or, faites donc une petite plante, un petit animal ou un petit homme, nous vous en prions.

Vous différez ! vous ne répondez pas ? Vous êtes pourtant du pays de Gœthe. Ne vous souvenez-vous pas du sombre laboratoire de Wagner, encombré d'appareils confus, difformes, de fourneaux et de cornues pour des expériences fantastiques ? La bouteille que nous venons de nommer était déjà entre ses mains.

C'est en vain que vous essayez de vous substituer au Créateur ; c'est en vain que vous écrivez : « La toute-puissance créatrice, c'est l'affinité de la vie. » Avec toute votre magnifique connaissance de la matière et de ses splendides propriétés, vous ne pouvez encore faire un champignon.

Mais vous vous récusez, ou vous vous excusez, je crois. Ce que nous ne pouvons pas faire, la nature le peut, car elle est encore plus habile que nous (charmante modestie, vraiment, mais alors que devient votre intelligence, si d'un autre côté vous prétendez qu'il n'y a pas d'Esprit dans la nature). Mais passons. Et d'ailleurs, ajoutez-vous finement, si nous ne produisons pas encore d'êtres vivants par les procédés de la chimie, nous produisons toutefois des matières organiques, par exemple l'acide caractéristique de l'urine et l'huile essentielle de moutarde (éther allylsulfocyanique). Cela nous fait grand plaisir.

(1) *Circulation de la vie*, t. II, lettre xv.

Non, messieurs, malgré votre position affirmative et audacieuse, vous ne pouvez créer la vie, vous ne pouvez même seulement savoir ce que c'est que la vie, et vous êtes contraints d'avouer votre ignorance en même temps que vous vous laissez opposer les preuves de votre impuissance.

En vain ripostez-vous par des faux fuyants ou des suppositions gratuites : « Pour soutenir l'existence d'une force vitale propre, dites-vous, on invoque constamment l'impuissance où nous sommes de faire des plantes et des animaux. Mais *si nous pouvions* nous rendre maîtres de la lumière, de la chaleur, de la pression atmosphérique, comme des rapports du poids de la matière, non seulement nous serions à même de recomposer des corps organiques, mais nous serions capables de remplir les conditions qui donnent naissance aux corps organisés. »

Puis vous ajoutez, sans vous apercevoir que vos paroles même continuent de tourner à l'avantage de notre cause : « *Quand* les éléments, le carbone, l'hydrogène, l'oxygène et l'azote *sont une fois organisés*, les formes arrêtées qui en résultent *ont le pouvoir* de persister dans leur état, et, ainsi que l'expérience acquise jusqu'à ce jour nous l'apprend, *elles se conservent* à travers des centaines et des milliers d'années. Par le moyen des semences, des bourgeons et des œufs, les mêmes formes reparaissent dans une succession déterminée. »

En d'autres termes, deux propositions sont démontrées ; la première, c'est que nous ne pourrions donner naissance à la vie qu'en héritant de la puissance de la nature ; la seconde, que la vie se conserve, a le pouvoir de persister, de se transmettre par une vertu qui lui est propre.

Tel est vraiment l'état de la question. De deux choses l'une : ou l'homme est (ou sera) capable de constituer la vie, ou il ne l'est pas.

Dans le dernier cas, vos prétentions sont condamnées sans autre forme de procès.

Dans le premier, vous êtes condamnés dans la forme suivante : En travaillant à l'organisation de la vie, vous êtes forcés de vous *soumettre aux lois* ordonnées, et de les appliquer humblement en ayant soin de ne les contrarier en aucune façon. Ici donc, ce ne serait pas encore nous qui formerions la vie, mais bien *les lois* éternelles dont nous nous serions faits un instant les mandataires

Je vous entends crier au sophisme et déclarer que nous nous échappons par la tangente. Pardon, messieurs, remarquez d'abord que si quelqu'un s'échappe dans un procès, ce ne peut guère être que l'accusé ; remarquez ensuite que nous ne restons pas à la superficie des choses en parlant ainsi, mais que nous traitons l'essence même de la question.

Réfléchissez un peu. Vous le savez bien : on ne crée rien ici-bas, on applique des lois dominantes. Créez-vous de l'oxygène quand vous décomposez par la chaleur du bioxyde de manganèse et que les bulles d'oxygène s'élèvent dans le tube à dégagement ? Non ; vous ne faites que voler, ou si vous aimez mieux, demander au bioxyde de manganèse le tiers de l'oxygène qu'il renferme. Créez-vous de l'azote en enlevant l'oxygène à l'air atmosphérique ? Mais le nom même de ce procédé indique qu'il consiste en une soustraction. Créez-vous de l'eau quand, réunissant l'hydrogène à l'oxygène dans l'eudiomètre, vous en faites la synthèse ? Ce n'est là qu'une combinaison. Créez-vous le carbone quand vous décomposez le carbonate de chaux par l'acide chlorhydrique ? Créez-vous les acides oxalique, acétique, lactique, tartrique, tannique, quand vous les tirez des matières végétales ou animales par des agents d'oxydation ? Non, mille fois non. Si nous nous servons parfois du mot créer, c'est par abus de langage. Or, lors même que vous parviendriez à former un morceau de chair, vous ne l'auriez certainement pas *créé* : vous auriez réuni les éléments qui le constituent, selon la formule inexorable des lois assignées à l'organisation de la nature. Et si jamais nos descendants voient un jour apparaître au fond de leurs tubes un être vivant formé sur le fourneau de la chimie, nous leur déclarons d'avance qu'ils se tromperont indignement s'ils en concluent que les lois de Dieu n'existent pas, car ce n'est que par la permission de ces lois qu'ils seront parvenus au chef-d'œuvre de l'industrie humaine.

Enfin, si les raisonnements qui précèdent n'ont pas suffi pour établir votre erreur, nous consentons, en terminant cet exposé de la circulation de la matière, à admettre que la nature emploie dans la construction des êtres vivants les mêmes procédés que l'homme, c'est-à-dire qu'elle traite simplement par la chimie des matières inorganiques. Or, dans cette hypothèse même, vous ne pouvez éviter la nécessité pour le constructeur de *savoir* ce qu'il veut faire ou d'agir conformément à un ordre. Une nature intelligente, ou ministre d'une intelligence, remplace le chimiste. L'œuvre du génie consiste précisément à faire découler d'un petit nombre de principes facilement formulables les applications les plus ingénieuses et les inventions les plus puissantes. Or ce génie dont les plus merveilleuses intelligences humaines ne sont que des réductions infiniment petites, a ramené à une simplicité extrême, à la plus grande simplicité possible, toutes les opérations de la nature ; *l'intelligence divine nous apparaît comme la conscience d'une loi unique et simple embrassant tout l'univers*, et dont les applications indéfinies engendrent une multitude de phénomènes qui se groupent par analogie et sont régis par les mêmes lois secondaires, découlant de la loi primordiale. Certes, le chimiste ne remplace pas encore la vie, et ne sait encore former cet embryon dans lequel le germe joue un rôle si merveilleux ; mais dans ses actes, il s'efforce de se substituer à la nature, et comment ? par l'intelligence. Il existe un élément dont il est absolument impossible de se passer : c'est *l'intelligence*.

L'intelligence souveraine s'impose nécessairement à la pensée de celui qui étudie la nature. Elle est visible dans ces règles qui peuvent être déterminées à l'avance, calculées, combinées parce qu'elles ont entre elles un admirable enchaînement et qu'elles sont immuables dans des conditions identiques, parce qu'elles ont reçu l'inflexibilité de l'infinie sagesse.

Il est donc surabondamment démontré que *la circulation de la matière* ne s'accomplit que sous la direction d'une force intelligente.

Mais par quelque route que nous passions, dans quelque détour que nous consentions à vous suivre, nous revenons toujours et quand même au mode de formation de la nature, à la cause même de toute existence ; et ici, le champ devient plus vaste encore, plus immense. Les procédés humains n'embarrassent plus le regard. A l'extrémité de toutes nos avenues, nous arrivons au point capital ; et il s'agit pour nous maintenant d'examiner l'*origine* même de la vie sur la Terre. Les êtres vivants sont-ils éclos à la surface du globe ? sont-ils apparus en six jours à l'ordre de la baguette d'un magicien ? se sont-ils éveillés soudain au fond des bois, sur le rivage des fleuves, dans les vallées endormies ? Quelle est la main qui apporta du ciel le premier homme dans les bosquets de l'Éden ? Quelle est la main qui s'ouvrit dans l'atmosphère et mit en liberté la multitude chantante des oiseaux à la brillante parure ? Seraient-ce les forces physico-chimiques qui, par une expansion féconde, auraient donné naissance aux habitants de la mer et des continents ? Ces forces sont-elles donc stériles aujourd'hui ? Nous ne rencontrons pas d'êtres qui ne soient nés d'un père et d'une mère, ou dont la naissance ne se rattache aux lois établies de la génération. Comment les espèces animales et végétales sont-elles apparues à la surface de la Terre ? c'est là la question qui vient actuellement dominer notre intérêt ; après le spectacle de la salle, après le préambule et les causeries des spectateurs, levons le rideau qui nous cache la véritable scène, et pénétrons sur le théâtre. La nature elle-même en est l'invisible machiniste. Essayons de la surprendre ! et berçons-nous de l'espérance qu'elle n'est pas assez fine, et que d'ailleurs elle n'a aucune raison pour soustraire son jeu à notre indiscrète perquisition !

L'ESPRIT ET LA MATIÈRE

Ces messieurs déclarent, sans autre forme de procès, qu'*il est évident* que la force est un attribut de la déesse matière, et que l'âme n'est qu'une illusion d'elle-même, qui croit à sa personnalité, tandis qu'elle n'est que la résultante passagère d'un certain mouvement du phosphore ou de l'albumine dans les lobes cérébraux.

Si cette grossière explication est si bien démontrée et si *évidente* pour nos adversaires, nous avouons franchement qu'elle est pleine d'obscurité pour nous, et qu'il nous paraît actuellement impossible de rien prouver à cet égard. Non seulement la physiologie du cerveau est encore dans l'enfance, mais de l'avis même des plus éminents physiologistes, les rapports du cerveau et de la pensée sont profondément inconnus.

Sans doute l'état de l'âme est lié à l'état du cerveau; sans doute l'affaiblissement du second entraîne la défaillance de la première; sans doute l'enfant et le vieillard (quoiqu'il y ait de nombreuses exceptions pour celui-ci) raisonnent avec moins de lucidité, moins de vigueur que l'homme mûr; sans doute une lésion au cerveau entraîne la perte de la faculté correspondante... mais qu'est-ce que cela prouve, si le cerveau est l'instrument nécessaire ici-bas et *sine qua non* de la manifestation de l'âme? — si, au lieu d'être la *cause*, il n'est que la *condition*?

Si le meilleur musicien du monde n'avait à sa disposition qu'un piano où plusieurs touches manqueraient, ou bien un instrument défectueux dans sa construction, serait-il légitime de nier l'existence de son talent musical, par la raison que l'instrument lui ferait défaut, surtout lorsque à côté de lui d'autres artistes doués d'instruments en parfait rapport avec l'ordre de leurs facultés font admirer ces facultés à qui veut les entendre?

Broussais a beau se moquer du petit musicien caché au fond du cerveau, il ne fera pas que le nœud de la question ne soit précisément là. Ne faisons pas de cercles vicieux. C'est ici en vérité le premier point à examiner. L'âme est-elle une force personnelle animant le système nerveux?

Une première réponse au problème est donnée par ce fait relaté plus haut, que les hémisphères cérébraux offrent d'autant plus de sinuosités et de méandres, et des circonvolutions d'autant plus irrégulières, que l'individu auquel appartient le cerveau est *plus pensant*?

Ne semble-t-il pas que c'est précisément parce que la pensée, indépendante et active, a fortement travaillé dans cette tête : parce qu'elle s'est repliée maintes fois sur elle-même, qu'elle a tressailli sous les angoisses de l'anxiété, les serres de la crainte, les extases du bonheur; qu'elle a cherché, médité, creusé les problèmes; qu'elle s'est tour à tour révoltée et soumise, en un mot, qu'elle a accompli de rudes labeurs sous ce crâne, que la substance qui lui servait à communiquer avec le monde extérieur a gardé les traces de ces mouvements et de ces veilles? — C'est du moins là notre opinion, et nous pensons qu'il serait difficile de nous démontrer le contraire.

Un anatomiste de Bonn, Albert, a disséqué le cerveau de quelques personnes qui s'étaient livrées à un travail intellectuel pendant plusieurs années; il a trouvé que la substance de tous ces cerveaux était très ferme, la substance grise et les anfractuosités très sensiblement développées. Si nous observons d'un autre côté avec Gall, Spurzheim et Lavater, que la culture des facultés supérieures de notre esprit fait éclater son témoignage sur notre visage et notre tête; si nous visitons le musée d'anthropologie de Paris et que nous remarquions sur la riche collection de crânes due aux recherches de l'abbé Frère, que les progrès de la civilisation ont eu pour résultat d'élever la partie antérieure du crâne et d'aplatir la partie occipitale, nous pourrons tirer de ces faits une conclusion diamétralement opposée à celle qu'en tirent nos adversaires, et affirmer que *la pensée regit la substance cérébrale.*

Le travail de l'esprit sur la matière n'est-il pas évident comme le jour? et les conclusions ne descendent-elles pas d'elles-mêmes ouvrir le passage triomphal à notre doctrine?

A propos de conclusions, nous ne pouvons nous empêcher d'admirer combien il est facile de tirer des mêmes faits des conclusions tout à fait contraires: le tout dépend de notre disposition d'esprit, et il y aurait de quoi désespérer des progrès de la théorie, si la majorité des hommes avait le caractère mal fait. Par exemple, on a fait l'expérience que des aliénés avaient parfois recouvré la conscience et la raison peu de temps avant leur mort. Les spiritualistes en avaient conclu que les âmes de ces malheureux revenaient après un long isolement à la connaissance d'elles-mêmes et à la liberté d'action sur le corps, et qu'à ce moment suprême, il leur était permis d'ouvrir le regard de leur conscience, sur le passage de cette vie à l'autre. Les matérialistes invoquent au contraire cet argument en leur faveur en disant que l'approche de la mort délivre le cerveau des influences gênantes et morbifiques du corps (1).

L'anatomie physiologique est plus embarrassée elle-même qu'on ne le suppose sur les rapports de l'état du cerveau avec la folie ; et tandis que les uns, comme ceux que nous avons cités, trouvent beaucoup, — d'autres, non moins habiles, ne trouvent rien, absolument rien. Ainsi M. Leuret, l'aliéniste, déclare qu'on ne trouve d'altération dans le cerveau que dans le cas où la folie est accompagnée de quelque autre maladie, et que ces altérations sont si variables et si différentes, qu'on n'est pas autorisé à les présenter affirmativement comme de véritables causes. De même qu'à propos des anfractuosités dont nous parlions tout à l'heure, on pourrait aussi bien y voir des effets.

Lorsque nos adversaires ajoutent que les cas d'aliénation mentale protestent contre l'existence de l'âme, ils ne sont pas mieux autorisés à défendre leur système. Deux hypothèses sont en présence pour expliquer la folie. Ou il y a une lésion au cerveau, ou il n'y en a pas. Dans le premier cas, le défaut d'instrument ne démontre pas l'absence de l'exécutant, dans le second cas le problème reste dans l'ordre mental. Mieux encore, le premier cas peut rentrer dans le second si l'on admet, comme l'expérience invite à le croire, que la folie, causée soit par une douleur subite, soit par une terreur soudaine, soit par un profond désespoir, a dans tous les cas *sa source dans*

(1) Büchner, loc. cit., p. 126.

l'être mental, qui réagit contre l'état normal du cerveau et occasionne en lui une altération quelconque. Ici encore, c'est évidemment l'être pensant qui souffre, et détermine dans l'organisme un dérangement correspondant à cette souffrance.

Et, en fait, on a constaté que les altérations ne se rencontrent que dans les folies déjà anciennes, comme si l'esprit était ici aussi la cause des mouvements dans la substance.

D'un autre côté, tandis que nos adversaires tirent de la description anatomique du cerveau la conclusion que la faculté de penser n'est qu'une propriété des mouvements divers de cet ensemble; nous voyons dans la multiplicité même de ces mouvements, dans cette soumission du cerveau à la grande loi de la division du travail, dans la distinction des fonctions remplies par ses divers organes, selon leur situation, leur structure, leur composition, leur forme, leur poids, leur étendue : nous voyons dans cette variété d'effets un argument en faveur de l'indépendance de l'âme. Car l'hypothèse de ces physiologistes ne peut en aucune façon concilier cette complexité naturelle de l'organe cérébral avec la simplicité nécessaire et reconnue du sujet intellectuel. Nous parlerons tout à l'heure plus spécialement de la simplicité du sujet pensant; mais il nous reste encore à continuer auparavant notre étude sur les rapports du cerveau et de l'âme.

Les comparaisons faites sur les crânes trouvés dans les anciens cimetières de Paris depuis la reconstruction de cette capitale par le préfet de Napoléon III, et en particulier la différence entre les crânes des fosses communes et ceux des tombes particulières ont établi de nouveau que les individus qui par leur position sociale sont appelés à s'occuper d'arts et de sciences, possèdent une plus grande quantité cérébrale que les simples ouvriers. Les mêmes fouilles ont montré que la capacité du crâne des Parisiens s'est accrue depuis Philippe-Auguste. La capacité du crâne du nègre libre est plus grande que celle du nègre esclave. C'est là un autre fait significatif; et qui pourrait (en certaine circonstance) être invoqué en faveur de la liberté

Si nous avons des preuves que les impressions extérieures influent sur la pensée, nous en avons également qui établissent que *la pensée domine* les sens eux-mêmes. Combien voyez-vous sur la terre d'êtres souffrants dont le cerveau, comme toutes les parties du corps, sont atteints par une maladie lente et opiniâtre, qui traînent un corps appauvri dans le gîte de la douleur et souvent, hélas! dans celui de la misère, et qui néanmoins, forts dans l'épreuve, gardent la fleur de leur vertu au-dessus du fleuve bourbeux qui les entraîne, et dominent par la grandeur de leur caractère l'adversité et ses chaînes ? Nierez-vous aussi qu'il n'y ait pas de douleurs morales, qui résident, déchirantes, dans les insondables profondeurs de l'âme ? des douleurs intimes qui ne sont causées ni par un accident du corps, ni par la maladie extérieure, ni par une altération du cerveau, mais seulement par une cause incorporelle, par la perte d'une mère, par la mort d'un enfant, par l'infidélité d'un être passionnément aimé, par l'ingratitude d'un protégé, par la fourberie d'un ami, et aussi par le spectacle de la misère, par le tableau de l'infortune, par la chute d'une cause juste, par la contagion des idées malsaines, en un mot par une multitude de causes qui n'ont rien de commun avec le monde de la matière, qui ne se mesurent ni géométriquement ni chimiquement, mais qui constituent le domaine du monde intellectuel ?

Et ne voyons-nous pas, même sous son aspect physique, l'influence de l'esprit sur le corps ? Les passions se réfléchissent sur le visage. Si nous pâlissons de crainte, c'est parce que ce sentiment, manifesté par un mouvement du cerveau, rétrécit les vaisseaux capillaires des joues; si la colère ou la honte empourprent le visage, c'est parce que les mouvements occasionnés par elles élargissent ces mêmes vaisseaux, suivant les individus : mais ici encore l'esprit joue le principal rôle. Si vous avez quelquefois *rougi* sous l'impression soudaine d'un regard de femme (il n'y a pas de honte à l'avouer), n'avez-vous pas senti que l'indiscrète impression se transmettait à votre cerveau par l'intermédiaire de vos yeux, et descendait ensuite du cerveau au cœur, pour remonter au visage. Analysez un jour cette succession ; ou, si vous ne rougissez plus, lorsqu'une peur subite vous arrêtera, appliquez-lui la même analyse, et vous observerez qu'à votre insu les impressions passent rapidement par votre esprit avant de se traduire extérieurement. Il en est de même des sentiments : c'est en notre poitrine et non dans notre tête, qu'une inexprimable sensation de vide et de gonflement se manifeste, lorsqu'en certaines heures de mélancolie nos inquiètes pensées s'envolent vers l'être *aimé*. Mais comme cette sensation ne se produit qu'après que nous avons pensé, il est certain qu'ici encore l'esprit joue le rôle primitif. Sous d'autres aspects, une terreur soudaine de l'esprit se communique au cœur et accélère ou ralentit le pouls; elle peut même causer un arrêt complet, une syncope. La tristesse ou la joie amènent la sécrétion des larmes. Le travail intellectuel fatigue son instrument, le cerveau; le sang s'appauvrit, la faim se fait sentir. Toutes ces observations et un grand nombre d'autres nous invitent à croire que la pensée, être immatériel, a son siège dans le cerveau, que cet organe est son serviteur, aussi bien pour lui transmettre les dépêches du monde avec lequel elle communique, que pour porter ses ordres au dehors.

Et du reste, nous savons déjà que le cerveau et la moelle ne sont pas autre chose que de puissants assemblages de fibres nerveuses, que des nerfs partent de ces filons en rayonnant en tous sens vers la surface du corps, et qu'il y a dans tous les nerfs un courant analogue au courant électrique. Les nerfs sont les fils télégraphiques qui transmettent à la conscience les impressions de l'intérieur, et les muscles sont ceux qui transmettent ou effectuent l'ordre du cerveau. Or, Dubois-Reymond a montré que toute activité des nerfs qui se manifeste dans les muscles à titre de mouvement, dans le cerveau à titre de sensation, est accompagnée d'une modification du courant électrique des nerfs. Mais dire avec Dubois-Reymond lui-même que la conscience n'est autre que le produit de la transmission de ces mouvements, c'est commettre la même naïveté que si l'on prétendait que les échanges télégraphiques qui s'opèrent journellement entre les cabinets diplomatiques de Londres et de Paris ont pour cause le passage d'un nuage orageux ou d'une bobine d'induction vers le manipulateur, et que le récepteur renvoie de lui-même la réponse aux intelligentes dépêches.

Proclamer qu'il n'y a dans l'homme autre chose qu'un produit de la matière, l'assimiler à un composé chimique et impliquer que la pensée est une production chimique de certaines combinaisons matérielles, est une monstrueuse erreur. Nous savons tous que la pensée n'est pas un ingrédient d'officine. L'esprit et la matière sont deux existences si complètement étrangères l'une à l'autre, que toutes les langues de tous les peuples et de tous les âges les ont toujours diamétralement opposées. Les lois et les forces de l'esprit existent, indépendamment des lois et des forces du corps. La force de volonté est bien distincte de la force musculaire. L'ambition est bien différente de la faim. Le désir est bien distinct de la soif. Où trouvez-vous l'action de la matière dans les lois morales qui régissent la conscience ? Que le cerveau caucasique soit ovale, le mongol rond et le nègre allongé, en quoi le sentiment humain est-il associé aux fibres granulaires ou cylindriques ? Qu'est-ce que les notions du juste ou de l'injuste ont de commun avec l'acide carbonique ? En quoi un triangle, un cercle ou un carré touchent-ils la bonté, la générosité, le courage ? Serait-ce parler juste que de dire que Cromwell avait 2,231 grammes d'intelligence, Byron 2.238 et Cuvier, 1,829, par la raison que leurs cerveaux offraient respectivement ces poids ? En vérité, lorsqu'on cherche à sonder attentivement le fond du sujet, on s'étonne que des hommes accoutumés à penser aient pu en arriver au point de confondre en un seul objet le monde de l'esprit et le monde de la matière.

Cependant isolés dans leur triste désert, nos

passionnés physiologistes font la nuit autour d'eux et refusent d'avouer l'existence des plus nobles facultés de l'esprit humain. Ils prétendent être les rigoureux interprètes de la science, tenir l'avenir de l'intelligence entre leurs mains, et regardent d'un œil de dédain les pauvres mortels dont la poitrine sert de dernier refuge à la foi des anciens jours, à l'espérance exilée. Hors de leur cercle, il n'y a que ténèbres, illusions, fantômes. Ils tiennent en main la lampe du salut, sans s'apercevoir, hélas! que la noire fumée qui s'en exhale trouble leur vision et égare leur route. Ils pressent les choses à tour de bras pour en exprimer l'essence, et lorsqu'ils consentent à s'apercevoir que cette essence ne répond pas à ce qu'ils attendaient, ils déclarent que « l'essence des choses n'existe pas en soi, mais qu'elle n'est autre chose que les rapports que nous croyons saisir entre les transformations de la matière. » Il n'y a plus de loi, si ce n'est dans notre imagination. Il n'y a même plus de forces, mais simplement des propriétés de la matière, des qualités occultes, qui, au lieu de nous faire avancer, nous ramènent à vingt-cinq siècles en arrière, au temps d'Aristote. Leurs conclusions sont purement arbitraires, ni la chimie ni la physique ne les démontrent, comme ils cherchent à le faire entendre. Ce ne sont point des propositions de géométrie qui dérivent nécessairement les unes des autres comme autant de corollaires successifs, mais ce sont des greffes étrangères qu'ils soudent arbitrairement à l'arbre de la science. Fort heureusement pour nous, ils ne connaissent pas non plus les lois de de la greffe. Ces rejetons mort-nés, d'une espèce étrangère, ne sont pas capables de recevoir la sève vivifiante, et l'arbre grandissant les oublie dans son progrès. Aussi n'offrent-ils pas aujourd'hui plus de vie qu'ils n'en offraient au temps d'Épicure et de Lucrèce, et la postérité n'aurat-elle jamais la peine d'y cueillir des fleurs et des fruits Cependant, à les entendre, on croirait qu'ils sont si naturellement entés sur l'arbre verdoyant de la science qu'ils se nourrissent de sa propre vie et sont alimentés par ses propres soins, comme si une mère intelligente pouvait consentir à verser la fleur de son lait entre les lèvres de semblables parasites ! Au point de vue historique, la posture magistrale qu'ils prennent devant les combattants de la science moderne est curieuse et digne d'attention ; ils font époque, car, s'ils ne sont pas tous savants, quelques-uns d'entre eux sont aux premiers rangs de la science, ont donné des travaux d'une certaine valeur en physique, qui en imposent et font accepter la fausse métaphysique de ces expérimentateurs.

Devant le résultat de ces tendances, devant ce fait brutal de la matérialisation absolue de toutes choses, devant ce prétendu dernier terme du progrès scientifique : l'anéantissement de la loi créatrice et de l'âme humaine : que deviennent les plus nobles aspirations de l'humanité, ses croyances les plus instinctives, ses conceptions les plus anciennes et les plus grandioses ? Que deviennent les idées de Dieu, de justice, de vérité, de bien, de moralité, de devoir, d'intelligence, d'affection ? Néant et vile poussière que tout cela ! Nous ne sommes tous, penseurs animés de l'ardent désir de connaître, nous ne sommes que l'évaporation d'un morceau de graisse phosphorée. Admirons encore les tableaux splendides de la nature, élevons nos pensées en ces hauteurs lumineuses que le soleil dore aux heures mélancoliques du soir, écoutons les harmonies de la musique humaine et laissons-nous bercer sur les mélodies des vents et des brises, contemplons l'immensité murmurante des mers, montons aux sommets candides des montagnes resplendissantes, observons la marche si belle et si touchante de la vie terrestre en toutes ses phases, respirons le parfum des fleurs, élevons encore nos regards vers les étoiles rayonnantes qui se voilent dans les splendeurs de l'azur, mettons-nous en communication avec l'humanité et son histoire, respectons encore les génies illustres, les savants qui dominèrent la matière, vénérons les moralistes persécutés, les législateurs des peuples, et autour de nous permettons encore à l'amitié de réunir les cœurs, à l'amour de palpiter dans nos poitrines, au sentiment de la patrie et de l'honneur d'enflammer notre parole : dans toutes ces illusions surannées il n'y a que l'effet chimique d'un mélange ou d'une combinaison de quelques gaz.

Que notre cœur arrête ses battements, que notre âme ne s'attache plus au respect des biens intellectuels, que notre regard ne s'élève plus vers le ciel : la vie de l'esprit n'est qu'un fantôme. Résignons-nous à savoir que nous ne sommes autre chose que la sécrétion impalpable et sans consistance de trois ou quatre livres de moelle blanche ou grise !...

IDENTITÉ DE L'AME

Les observations sévères, faites à divers points de vue et comparées, ont montré que non seulement notre corps se renouvelle successivement tout entier, molécules par molécules, mais encore que ce renouvellement perpétuel est d'une étonnante rapidité et qu'il suffit d'une trentaine de jours pour donner au corps une composition nouvelle. Tel est le principe de la désassimilation dans l'animal. A rigoureusement parler, l'homme corporel ne reste pas deux instants de suite identique à lui-même. Les globules de sang qui circulent dans mes doigts au moment où j'écris ces lignes, le magique phosphore qui bat dans mon cerveau au moment où je pense cette phrase, ne feront plus partie de moi-même lorsque ces pages seront imprimées, et peut-être qu'au moment où vous les lisez, ami lecteur, ces mêmes molécules font partie de votre œil ou de votre front... peut-être, ô lectrice rêveuse qui tournez délicatement ce feuillet de vos doigts aimés, ladite molécule de phosphore qui, dans l'hypothèse de nos adversaires, eut la fantaisie d'imaginer la phrase en question, peut-être, dis-je, cette heureuse molécule est-elle présentement emprisonnée sous l'épiderme sensible de votre index... peut-être tressaille-t-elle ardemment sous les palpitations de votre cœur... (Il y aurait beaucoup à dire sur cet indiscret sujet des voyages d'une molécule, mais je n'ose pas allonger ma parenthèse.) La question sérieuse est de rappeler cette vérité : que la matière est en circulation perpétuelle dans tous les êtres, et que l'être humain corporel en particulier ne demeure pas deux jours de suite identique à lui-même.

Si la valeur de ce fait ne nous abuse pas, elle nous paraît avoir son importance dans la question qui nous occupe, et nous nous faisons un véritable plaisir de l'adresser à nos adversaires et de les inviter à l'expliquer. Comme c'est aux champions mêmes du matérialisme que la science est redevable d'une partie de ces observations intéressantes, ils sont plus à même que personne de les interpréter en faveur de leur théorie, si toutefois cette sorte d'interprétation n'est pas un tour de force trop exagéré. Voyons.

« Le sang abandonne constamment ses propres parties constitutives aux organes des corps en qualité d'éléments histogènes. L'activité des tissus décompose ces éléments en acide carbonique, en urée et en eau. Les tissus et le sang subissent, par la marche régulière de la vie, une déperdition de substance, qui ne trouve de compensation que dans le dédommagement fourni par les aliments. Cet échange de matières s'opère avec une rapidité remarquable. Les faits généraux indiquent que le corps renouvelle la plus grande partie de sa substance dans un laps de temps de vingt à trente jours. Le colonel Lann, par le moyen de plusieurs pesées, a trouvé une perte moyenne d'un vingt-deuxième de son poids en vingt-quatre heures. Le renouvellement complet demanderait donc vingt-deux jours. Liebig déduit une rapidité de vingt-cinq jours d'une autre considération de l'échange des matières : la combustion du sang. Quelque surprenante que puisse paraître cette rapidité, les observations s'accordent sur tous les points » (1).

Ainsi, c'est vous-mêmes qui l'enseignez, en quelques jours, en quelques semaines, notre corps est entièrement renouvelé. Notre être matériel a vu successivement son assemblée cons-

---

(1) Jac. Moleschott, *la Circulation de la vie*, t. I, pp. 169, 170, 172,

tituante dissoute et remplacée ; il n'est pas resté une même molécule d'oxygène, d'hydrogène, de carbone, de fer, de phosphore, d'albumine... ; ces molécules sont alliées à d'autres substances et sont actuellement bercées dans les nuages, charriées dans les flots, ensevelies dans le sol, recueillies par les plantes ou par les animaux, et notre propre substance a entièrement changé.

Ceci est une lacune sensible, messieurs, et puisque votre plus grande ambition est de tenir compte de toutes les difficultés et de ne rien passer sous silence, — reproche que vous adressez à vos adversaires, — je vous engage, dans l'intérêt même de votre puissance et de votre renommée, à ne plus l'oublier et à expliquer physiquement ou chimiquement comment le renouvellement de vos atomes peut avoir pour propriété celle d'établir comme résultante *un être pensant qui a conscience de la permanence de son identité.*

Nos traits restent inscrits sur notre visage ; nos yeux gardent la même couleur, nos cheveux la même nature, notre physionomie le même caractère fondamental. Ceux qui ont eu l'avantage de rapporter de la gloire militaire quelque noble cicatrice, gardent cette marque solennelle, malgré le renouvellement des chairs Tel est le fait général de la permanence et du caractère physionomique individuel.

Nos adversaires peuvent prétendre que, puisqu'il en est ainsi du corps, il n'y a rien d'impossible à ce que l'identité de l'esprit soit semblablement le résultat des phénomènes matériels.

Or, voilà justement l'erreur : 1° on ne peut pas prouver que la permanence des traits soit le résultat des simples phénomènes d'assimilation et de désassimilation et de la modification incessante de la substance ; 2° lors même qu'il en serait ainsi, on n'aurait jamais là qu'une identité de forme, une identité apparente, conservée par des molécules successives, et non une identité de fond, un être substantiel qui reste ; 3° l'âme n'est pas une succession de pensées, une série de manifestations mentales, mais un être personnel, qui a conscience de sa permanence.

La différence qui sépare, par conséquent, l'hypothèse matérialiste de la nôtre, consiste donc simplement à observer que rien ne s'explique dans la première, tandis que tout s'explique dans la nôtre. C'est une légère différence, comme on voit.

Dira-t-on que les atomes matériels en se remplaçant suivent précisément la même direction que leurs prédécesseurs, sont entraînés par le même tourbillon, se remplaçant comme des soldats à la faction, qui se donnent successivement le mot d'ordre, et que si la pensée n'est qu'une série de vibrations, ce sont bien les mêmes vibrations qui se perpétuent, quoique la substance des cercles vibrants ait changé. Mais une telle prétention est doublement insignifiante, attendu qu'elle n'explique pas mieux que les premières l'identité du moi, et qu'elle a une tendance à nous ramener aux qualités occultes et à transformer le corps en un parloir de petites molécules qui parviendraient à s'entendre et à s'accorder, malgré le bavardage et la légèreté de leur sexe.

On peut encore dire que si le cerveau change petit à petit, il en est de même de nos idées, de notre caractère, de nos tendances, de notre esprit même. Mais si d'un côté nous considérons la substance constitutive du cerveau à un moment donné, il arrivera quelques semaines ou quelques mois plus tard (peu importe le temps), que la moitié, par exemple, de cette substance sera changée, et qu'il n'y aura plus par conséquent que la moitié de la substance considérée au moment en question. Plus tard, il n'y en aura plus que le quart. Plus tard encore, le demi-quart, et ainsi de suite. De sorte que, dans cette hypothèse, nous serions à moitié changés, puis aux trois quarts, puis aux trois quarts et demi, puis il ne resterait presque plus rien de notre personne primitive. Or, qui ne sent qu'il n'en est pas ainsi, qu'on ne tranche pas de la sorte un morceau plus ou moins considérable de notre âme, que notre âme est une, simple, indivisible, identique à elle-même en chaque instant consécutif de sa durée ? La permanence du *moi* sort donc encore victorieuse de cette mêlée.

Avancera-t-on enfin qu'il y a quelque part dans le cerveau un sanctuaire au sein duquel une molécule cérébrale reste affranchie des lois générales de la matière, immuable et permanente, privilégiée entre toutes et douée d'une intégrité inattaquable, et que c'est cette molécule qui est le centre des pensées et qui constitue l'identité de notre personne ? Une telle supposition est non seulement purement arbitraire et dénuée de sens, mais encore en contradiction avec l'observation scientifique et l'esprit de la méthode positive, et nul d'entre nos adversaires ne se décide du reste à en assumer la responsabilité.

Ainsi, qu'on le veuille ou non, l'identité permanente de notre être mental est un fait inconciliable avec la mutabilité incessante de l'organe cérébral, dans le cas où l'on fait de notre être mental une qualité de cet organe.

N'est-ce pas une audace singulière, lorsqu'on y songe, de venir nier, en face de la conscience individuelle et universelle, ce grand fait de l'existence personnelle de l'âme? Ne savons-nous pas tous, avec l'évidence la plus incontestable, que notre *moi* et nos organes sont radicalement distincts, que notre personne se connaît et s'affirme indépendamment elle-même, que nos organes ne sont pas *nous*, mais sont *à nous*, ce qui est bien différent, et ne semble-t-il pas que nier ce fait, c'est nier la lumière en plein midi ?

Mettre ainsi en doute la première affirmation de notre conscience, et prétendre que nous sommes dans l'illusion, et que tandis que nous nous croyons personnellement exister et posséder nos organes, ce sont eux qui nous possèdent, et que nous n'avons pas une existence personnelle ; c'est mettre en même temps en doute le principe même de toute certitude, et réduire en vapeur l'édifice séculaire des connaissances humaines.

Si l'on nie ce premier fait de conscience, plus rien ne tient dans l'humanité.

Comprend-on l'audace de cette plaisanterie ? Si nous sommes dans l'illusion sur notre propre personnalité, de quoi serons-nous sûrs à présent et quelle chose oserons-nous affirmer ? Nous admirons vraiment messieurs les matérialistes, qui posent ce doute en première ligne, et qui osent l'affirmer sur de prétendues observations de science positive. Ne trouvez-vous pas qu'ils sont à leur tour la dupe de quelque merveilleuse illusion en venant naïvement soutenir que notre identité personnelle n'est qu'un mirage et que nous sommes simplement l'adjectif de l'élément cérébral ? Ils devraient cependant être bien persuadés que leur pensée n'étant que la résultante du phosphore ou de la potasse, la nature de ces pensées dépend de la nature de ces combinaisons, et que, par conséquent, ils ont mauvaise grâce à se poser comme de personnels affirmateurs. Ils n'en ont pas le droit, et si nous voulions pousser leur propre système jusqu'à ses burlesques conséquences, nous ne les considérerions pas eux-mêmes comme existant personnellement, et au lieu de nous adresser à leur personne pensante, nous nous en prendrions à la constitution de leur cerveau. C'est le moment de remarquer avec Herschel qu'il n'est point d'absurdité qu'un Allemand n'ait mise en théorie.

L'ESPRIT MAITRE DE LA MATIÈRE

Il est facile de démontrer par l'observation de notre vie et par les preuves que nous donne l'histoire de l'humanité, la personnalité intégrale de l'âme, présidant à toutes nos études, nos efforts et nos desseins.

Il est des hommes illustres dont nous admirons la persévérance et l'obstination. Buffon a écrit que le génie c'est la patience. Parlerons-nous de Kepler, cherchant pendant dix sept ans les trois lois immortelles qui portèrent son nom à la postérité et qui régissent le système du monde aussi bien dans les profondeurs lointaines des cieux, où se bercent les étoiles doubles, que dans le mouvement de la Lune autour de la

Terre ? Parlerons-nous de Newton, répondant modestement à celui qui lui demandait comment il avait trouvé l'attraction : « C'est en y pensant toujours. » Présenterons-nous tous ces savants illustres que l'esprit seul soutint dans les combats de la matière ? Rappellerons-nous les travaux solitaires d'Harvey, Charles Bonnet, de Jenner (1). Raconterons-nous les difficultés invincibles que durent vaincre pourtant les inventeurs animés du feu sacré qui s'appelaient James Watt, Jacquard, Girard, Fulton, Stephenson ? Dirons-nous à quels travaux intellectuels nous devons nos chemins de fer, nos bateaux à vapeur et nos télégraphes, magnifiques inventions dans lesquelles nous n'acclamons pas la matière, mais l'esprit ? Rappellerons-nous les ardeurs des artistes que l'on salue des noms de Michel-Ange, Léonard de Vinci, le Titien, Claude Lorrain, Jacques Callot, Benvenuto Cellini, Nicolas Poussin ? Rapporterons-nous ce mot de Beyle, écrivant de Milan, en 1820, sur un travailleur nommé Meyerbeer : « C'est un homme de quelque talent, mais sans

(1) La manière dont fut reçue la découverte de la vaccine est un exemple particulier des obstacles qui généralement s'élèvent devant toutes les idées nouvelles et tendent à rebuter les savants et les inventeurs « On ne manqua pas, dit Smiles, de faire des caricatures sur sa découverte, de le représenter comme aspirant à *bestialiser* ses semblables, en introduisant dans leur système des matières putrides empruntées au pis des vaches malades. La vaccine fut dénoncée du haut de la chaire comme *diabolique*. On alla jusqu'à assurer que les enfants vaccinés prenaient en grandissant une *face bovine*, que des abcès se déclaraient sur leur tête *indiquant la place des cornes, et que toute la physionomie se changerait peu à peu en une physionomie de vache, et la voix en un mugissement de taureau.* »

génie : il vit comme un solitaire, et travaille quinze heures par jour. » Mais si nous voulions faire l'histoire des rudes épreuves qui assaillirent les génies les plus puissants, nous devrions descendre jusqu'aux noms inconnus de ceux qui sont tombés dans cette mer orageuse, victime du sort, mais non de leur courage, en se frappant le front comme Chénier au pied de l'échafaud, en se débattant, comme Gilbert, contre l'égoïsme universel. Nous devrions faire comparaître ceux qui succombèrent glorieusement, les Jordano Bruno, qui préféra la mort à une rétractation et se laissa brûler vif pour ses doctrines astronomiques et religieuses; Campanella, qui subit sept fois la torture, sept fois versa son sang et succomba corporellement sous la douleur, et sept fois recommença ses amères satires contre les inquisiteurs; Jeanne d'Arc, qui sauva la France; Socrate, qui sauva la philosophie et préféra la mort à une simple rétractation ; Christophe Colomb emprisonné, mourant dans le dénûment et le chagrin; le vieux Pierre Ramus, égorgé à la Saint-Barthélemy, dont Ambroise Paré devait être également victime si Charles IX n'avait pris soin de l'épargner pour ses services personnels ; tous les martyrs de la science, tous les martyrs du progrès, tous les anciens martyrs de la religion qui tombèrent au cirque romain sous la dent des lions et des tigres en priant Dieu pour leurs frères. A quelque croyance qu'elles appartiennent ces victimes sacrifiées à la cause qu'elles défendaient, quelle que soit également la valeur réelle de cette cause, elles ont droit à notre respect profond, à nos hommages immortels. Elles nous montrent que l'homme n'est pas seulement une masse de matière organisée, et que l'énergie, la persévérance, le courage, la vertu, la foi, ne sont pas des propriétés de la composition chimique du cerveau. Elles proclament du fond de leur tombe que les prétendus savants qui osent identifier l'homme à la matière inerte ne se doutent pas de la valeur de l'homme, et qu'ils gisent dans l'ignorance la plus ténébreuse sur les vérités qui font à la fois la gloire et le bonheur des intelligences.

Et pensez-vous qu'il soit nécessaire d'interroger la renommée et l'histoire pour répondre par d'aussi irrésistibles exemples à cette prétention aveugle de nier les faits de l'ordre purement intellectuel, et de faire aussi légèrement justice de la morale et de la spiritualité ? Non, ce n'est pas seulement dans les hautes sphères que l'observateur admire ces touchants exemples. Dans tous les rangs de la société, depuis le prince de la science jusqu'à l'ignorant, et depuis le trône jusqu'à la chaumière, la vie quotidienne offre dans le sanctuaire de la famille, ces mêmes faits d'abnégation ou de courage, de patience ou de grandeur d'âme, de puissance ou de vertu, qui, de ce qu'ils restent inconnus, n'en sont pas moins, en valeur absolue, aussi méritoires, aussi éloquents que les précédents. Combien d'âmes souffrent dans le mystère, n'osant révéler à nul confident leur douleur, courbant leur volonté sous l'injustice, victimes du sort et de cette fatalité impénétrable qui pèse sur tant d'êtres bons et justes ? Combien de grands cœurs battent silencieusement de ces palpitations qui seraient capables d'enflammer la parole et de soulever tout un monde, si, au lieu de s'évanouir dans l'ombre ils se faisaient entendre au soleil de la renommée ? Combien de génies ignorés dorment dans l'isolement infécond ? Combien d'œuvres sublimes sont opérées par des mains inconnues ? Combien d'âmes saintes et pures se consacrent sans réserve à une vie toute entière d'abnégation, de charité et d'amour ? Et combien ne reçoivent d'autre récompense, de la vertu la plus éprouvée, des sacrifices les plus persévérants, de la patience la plus humble et de la sollicitude la plus touchante, que la dureté ou l'ingratitude de ceux qu'elles aiment, et que le sourire des passants qui ne comprennent ni la grandeur de pareils dévouements, ni le langage de pareils exemples !

Le dernier refuge de nos adversaires est de se retirer dans le système des dispositions naturelles et de déclarer que tous ces faits de l'ordre mental ne sont que la résultante des inclinations des esprits chez lesquels nous les admirons. Si Palissy s'est obstiné pendant seize ans à la recherche de l'émail, c'est parce qu'il y était poussé par une inclination spéciale. Si Christophe Colomb ne s'est pas laissé décourager par le scepticisme de ses contemporains et par les révoltes de son équipage, c'est que la tendance de son cerveau était irrévocablement dirigée vers le nouveau monde. Si Dante a terminé la *Divine Comédie* jusque dans les fers et dans l'exil, c'est parce que le souvenir de Béatrix et les guerres civiles de l'Italie remuaient sa fibre poétique. Si Galilée, septuagénaire, se vit contraint de s'agenouiller, de rétracter ses plus intimes croyances, de réciter et de signer une déclaration inique et de se soumettre à la sentence insensée qui défendait à la Terre de tourner, il n'a pas autant souffert que nous le croyons d'une semblable humiliation : il a seulement senti que ses inclinations naturelles subissaient une légère contrariété. Si Charlotte Corday est partie de son pays pour venir poignarder Marat à Paris, ce n'était point là une persuasion intime de sauver la patrie de son prétendu sauveur, mais une simple exaltation du cerveau. Si, pendant les scènes monstrueuses de la Terreur, on a vu des femmes demander au bourreau le bonheur de mourir avec leurs époux, et gravir avec fermeté les marches de l'échafaud ; si à toutes les époques de l'histoire on a vu des victimes volontaires s'offrir à la mort pour sauver ceux qu'elles aimaient ou descendre avec eux dans la tombe ; c'était encore une inclination naturelle ou un résultat de certains mouvements cérébraux. En un mot, les actes les plus sublimes de vertu, de piété filiale, d'amour, de grandeur d'âme, de dévouement passionné, sont dus à des dispositions organiques ou à quelque égarement subit des fonctions normales du cerveau. Si le Christ est monté au Calvaire, ce n'est pas là le sacrifice sublime d'un être divin, mais le mouvement révolutionnaire de quelques molécules imprudentes... C'est à ces misérables strass que l'on réduit les plus riches diamants de la couronne de l'humanité.

Mais l'humanité ne se laisse pas ainsi voler, et ce n'est pas sur son front qu'elle permettra qu'une main profane lui ravisse sa couronne. Pour soutenir ces actes sublimes d'énergie et de courage, il faut autre chose qu'une agrégation d'atomes de carbone ou de fer, il faut autre chose qu'une combinaison moléculaire. Arrière ! négateurs insensés qui prétendez réduire à ces explications invalides la valeur et la virilité de l'intelligence. Prédispositions organiques, inclinations naturelles, facultés du cerveau, éducation même, qu'est-ce que tous ces mots, si l'on se borne aux manifestations de la matière brute et aveugle et si l'on nie l'existence de l'esprit ? Qu'est-ce que la chimie, la physique, la mécanique devant la volonté qui fait plier le monde sous sa loi et qui dirige à son gré la matière obéissante ? Ose-t-on soutenir que la valeur morale, la puissance intellectuelle, l'affection profonde des cœurs, l'enthousiasme des âmes ferventes, l'immensité du regard de l'intelligence, les investigations de la pensée qui scrute l'espace et fait resplendir les lois organisatrices de l'univers, ose-t-on soutenir que les contemplations, les découvertes et les chefs-d'œuvre de la science et de la poésie sont explicables par des transformations chimiques — et chimériques — de la matière en la pensée ? Est-ce que, pour supporter cette énergie de l'âme, il ne faut pas qu'une force souveraine, supérieure aux changements de la substance, capable de dominer tous les obstacles, et dont la portée s'étend bien au-delà de l'œil physique, soit la base même de cette force mentale, son substratum, son soutien et la condition de sa puissance ? Est-ce que la vertu réside ailleurs que dans l'âme ? dans l'âme indépendante que les tergiversations du monde matériel ne touchent pas ; dans l'*âme spirituelle* qui entend la voix de la vérité, et qui marche droitement à son but idéal, quels que soient les obstacles qui traversent sa route, quelles que soient les difficultés que l'on oppose à sa marche triomphante ?

L'humanité tout entière proteste contre ces folles allégations, et elle proteste, non pas de ce jugement basé sur l'observation des sens, qui peut se tromper comme elle l'a fait pour le mouvement du ciel, mais de ce jugement intime, basé sur l'affirmation de notre conscience même. La nationalité, le climat, la nature des aliments, l'éducation ne suffisent pas pour constituer des volontés intelligentes et insurmontables ! Dans le caractère humain, l'énergie est véritablement la puissance pivotale, l'axe de la roue, le centre de gravité. C'est elle seule qui donne l'impulsion à ses actes, l'âme à ses efforts. Cette force mentale est la base même et la condition de toute espérance légitime, et s'il est vrai que l'espérance soit le parfum de la vie, la puissance mentale est bien la racine de cette plante aimée. Lors même que les espérances sont déçues et que l'homme succombe en ses efforts, c'est encore une grande satisfaction pour lui de savoir qu'il a travaillé pour réussir, et surtout que loin d'être l'esclave de la puissance matérielle, il est resté dans les règles parfois ardues imposées par l'honnêteté. Est-il un spectacle plus beau et plus digne d'éloges que celui de voir un homme lutter énergiquement dans l'adversité, montrer par son exemple qu'une force impérissable vit dans sa poitrine, opposer la patience à la douleur, triompher par la grandeur de son caractère et, « quand ses pieds saignent et que ses genoux fléchissent, marcher encore, soutenu par son courage ! »

Dans un ordre moins général que celui des grands faits qui précèdent, on a vu des exemples particuliers de volontés puissantes effectuant des miracles. Nos désirs ne sont souvent que les avant-coureurs des desseins que nous avons la faculté d'exécuter, et parfois il suffit d'une intense aspiration pour transformer la possibilité en réalité. Si d'un côté les volontés de Richelieu, de Napoléon rayent du dictionnaire le mot impossible, à l'opposé, les esprits vacillants trouvent tout impossible. « Sachez vouloir fortement, disait Lamennais à une âme malade, fixez votre vie flottante et ne la laissez plus emporter à tous les souffles comme le brin d'herbe séchée. » Nous avons personnellement connu des personnes ferventes, arrivées au bord de l'autre vie, qui déjà avaient un pied dans la tombe, et qui, se reculant d'effroi en contemplant l'éclat séduisant de la vie qu'elles allaient quitter, résolurent de garder cette vie — et la gardèrent. Ces exemples sont rares, puisqu'ils ne sont possibles que lorsque le corps n'est pas encore touché par la main de la mort, mais ils existent. Un écrivain anglais, Walker, auteur de l'*Original* (et qui ne manqua pas de prouver une certaine originalité par cette détermination), résolut un jour de dominer la maladie qui l'abattait, et de se bien porter, ce qu'il fit dorénavant. Les fastes militaires nous offrent l'exemple de plusieurs chefs qui, vieux ou malades, apprenant, au moment décisif de la bataille, que leurs soldats lâchaient pied, se jetaient hors de leurs tentes, les ralliaient, les conduisaient à la victoire, et, aussitôt après, tombaient parfois épuisés et rendaient le dernier soupir. L'histoire a enregistré un nombre éloquent de ces traits remarquables. Non seulement la volonté, mais l'*imagination* elle-même domine la matière, contredit le témoignage des sens et cause parfois des illusions absolument étrangères au domaine physique. Que l'on explique comment un homme peut mourir lorsque des médecins lui ayant faiblement piqué les veines, lui font croire que son sang coule et qu'il meurt. (Ce fait et d'autres d'analogues sont judiciairement constatés.) Que l'on explique comment l'imagination se crée un monde de chimères qui agit souvent activement sur l'organisme et la santé ?

Au surplus, la volonté est si forte et si indépendante, les influences qui nous entourent suffisent si peu pour expliquer la marche de notre vie intellectuelle, que la plupart du temps ces influences ne dérangent pas cette vie, et, qu'au contraire, nous agissons avec une puissance d'autant plus évidente que les obstacles à surmonter sont plus considérables. Tous ceux qui travaillent des labeurs de la pensée diront avec nous que l'époque de leur carrière pendant laquelle ils ont le plus travaillé est précisément celle où ils avaient le plus de difficultés à vaincre et que, si nos volontés, comme les fleuves, suivent, lorsqu'elles le peuvent et lorsqu'elles les distinguent, les passages ouverts à leur cours, elles n'obéissent pas pour cela aux digues qui leur sont imposées, s'irritent parfois et deviennent d'autant plus puissantes que la barrière qu'on prétend leur opposer est plus haute et plus solide.

Lorsque le succès et la gloire sont venus couronner nos travaux, lorsque, après l'action longuement soutenue, la réaction vient nous inviter au repos, nous bercer et parfois nous assoupir, bien souvent nous nous laissons efféminer dans les délices de Capoue, et l'ardeur, avant-courrière de l'inspiration, ne lève plus son aurore sur notre front. Le travail personnel de la volonté est la condition même de notre développement.

LE MATÉRIALISME ET LA MORALE

L'apanage le plus glorieux de la nature humaine ne serait plus qu'un leurre dans la théorie mécanique de l'univers. Le Vrai et le Bien disparaissent comme le Beau. En vain nos adversaires nous opposent-ils leur conduite exemplaire et inattaquable. Il ne s'agit pas ici des inconséquences de leur manière de vivre, mais des conséquences de leur doctrine. Eh bien, logiquement, sans contredire son propre principe, l'athéisme ne peut constituer une morale. « Le matérialisme, dit judicieusement Patrice Larroque, n'est bon à rien qu'à ôter à la vie humaine tout sérieux et toute valeur... et qu'à donner raison à ces hommes, les plus méprisables de tous, qui font consister l'habileté à exploiter le plus sûrement possible les misères et les défaillances morales de leurs semblables. »

Nous voulons bien croire que tous les matérialistes ne sont pas pour cela des hommes corrompus, et nous ne nous faisons pas l'écho de ceux qui les accusent de vivre « plongés dans l'ivresse de la débauche ». Nous connaissons des hommes et des femmes dont la vie honnête et sans reproche est un modèle de moralité, quoiqu'ils ne croient ni en l'existence de Dieu, ni en l'existence de l'âme. Mais nous ne pouvons nous empêcher d'avouer que dans leur propre système cette honnêteté n'est qu'une affaire de tempérament, et que s'ils sont justes et bons, s'ils ont de la conscience, s'ils sont bienveillants et affectueux, s'ils résistent à certaines passions désastreuses, s'ils soulagent la misère, s'ils ne sacrifient pas au veau d'or, s'ils préfèrent l'intégrité et la pureté aux richesses équivoquement acquises, ce n'est pas à leur système qu'ils doivent cette valeur morale, mais à une conviction intime, qui les guide à leur insu et qui proteste contre leurs paroles et leur philosophie. Ils ne sont pas moraux *parce qu*'ils sont sceptiques ; ils le sont *quoique* sceptiques. Et en vérité, qu'est-ce qu'une moralité sans base, sans raison et sans but ?

Certes, nous croyons à une *morale indépendante* du catholicisme, du christianisme même, et en général de toute forme religieuse ; mais nous ne croyons pas à une morale indépendante de l'idée même de Dieu. Si les vérités de l'ordre physique existaient seules, si les vérités que nous tenons pour appartenir à l'ordre moral n'étaient que des mythes, nous avouons qu'à nos yeux la morale elle-même serait une utopie, et l'honnêteté une naïve sottise.

Mais il y a d'autres affections que celles de la matière. « L'homme qui passe ses jours dans une condition supportable, ou plutôt qui ne consume pas tout son temps à pourvoir à son existence physique, dit un grand astronome (1), éprouve des besoins où les sens n'interviennent pas ; il éprouve des peines, des jouissances qui n'ont rien de commun avec les misères de la vie. Et si une fois ces peines, ces jouissances se sont manifestées avec une certaine force, il ne peut plus les confondre avec celles que donnent les appétits animaux ; il sent qu'elles sont d'une autre espèce, qu'elles appartiennent à un ordre

---

(1) *Discourse on the study of natural philosophy*, by J. F. W. Herschel.

plus élevé. Ce n'est pas tout. L'homme n'est pas seulement sensible aux jeux de l'imagination, aux douceurs des habitudes sociales, il est de sa nature spéculatif. Il ne contemple pas ce monde, les objets qui l'entourent avec un froid étonnement, comme une série de phénomènes auxquels il ne s'intéresse que par les rapports qu'ils ont avec lui. Il les considère comme un système disposé avec ordre et dessein. L'harmonie des parties, la sagacité des combinaisons lui causent l'admiration la plus vive. Il est ainsi amené à l'idée d'une puissance, d'une intelligence supérieure à la sienne, capable de produire, de concevoir tout ce qu'il voit dans la nature. Il peut appeler cette puissance infinie, puisqu'il n'aperçoit pas de bornes aux œuvres par lesquelles elle se manifeste. Loin de là : plus il examine, plus il étend ses observations, plus il découvre de magnificence, plus il discerne de grandeur

« Il voit que tout ce que la plus longue vie et la plus forte intelligence peuvent lui permettre de découvrir par ses propres recherches ou lui donner le temps pour profiter de celles d'autrui, le conduit au plus sur les limites de la science. Est-il étonnant qu'un être ainsi constitué accueille d'abord l'espoir, arrive ensuite à la conviction que son principe intellectuel ne suivra pas la destinée de l'enveloppe qui le renferme, que l'un ne finira pas quand l'autre se dissoudra ? Est-il étonnant qu'il se persuade que loin de s'éteindre il passera à une nouvelle vie, où, libre de ses mille entraves qui arrêtent son essor, doué de sens plus subtils, de plus hautes facultés, il puisera à cette source de sagesse dont il était si altéré sur la terre ? »

DIEU FORCE VIVANTE ET PERSONNELLE

Les vues par lesquelles nous nous permettrons de clore notre démonstration générale en sont plutôt la synthèse que la péroraison, et s'il est vrai que la science et la poésie soient intimement associées dans la contemplation de la nature, nous ne pouvons judicieusement interdire au sentiment poétique de se manifester en ces dernières impressions du spectacle du monde sur notre pensée.

A peine nous serait-il nécessaire maintenant de consacrer une étude spéciale à la cause de Dieu, car nous avons combattu pour cette cause dès les premières pages de ce plaidoyer, et toutes nos conclusions particulières ont abouti à ce but suprême. Cependant, il est bon de les couronner par une conclusion générale. De même que le naturaliste, le botaniste, le géomètre, l'arpenteur, l'artiste ou le poète, après avoir examiné les détails d'un paysage et gravi la colline dont le versant domine les sites étudiés se retourne pour contempler, sous un même regard, l'ensemble de ce paysage et embrasser, dans sa grandeur, la distribution générale, le plan et la beauté du panorama ; de même, après les études particulières sur les lois de la matière et sur celles de la vie, il est bon de se retourner et d'admirer avec calme. Le regard de l'âme aime s'abreuver du rayonnement céleste dont la nature est inondée. Ici ce n'est plus la discussion, mais la contemplation recueillie de la lumière et de la vie qui resplendissent dans l'atmosphère, brillent dans l'éclat des fleurs, chatoient dans

dans leurs nuances, circulent sous le feuillage des bois, embrassent d'un universel baiser les êtres innombrables qui s'agitent dans le sein de la nature. Après la puissance, après la sagesse, après l'esprit, c'est la bonté ineffable qui se laisse pressentir ; c'est l'universelle tendresse d'un être toujours mystérieux, faisant succéder à la surface du monde les formes innombrables d'une vie qui se perpétue par l'amour et ne s'éteint pas.

La corrélation des forces physiques nous a montré l'unité de Dieu sous toutes les formes passagères du mouvement ; par la synthèse, l'esprit s'élève à la notion d'une loi unique, d'une loi et d'une force universelles qui ne sont autres que l'action de la pensée divine. Lumière, électricité, magnétisme, attraction, affinité, vie végétale, instinct, intelligence, prennent leur source en Dieu. Le sentiment du beau, l'esthétique des sciences, l'harmonie mathématique, la géométrie, illuminent ces forces multiples d'une attrayante clarté et les revêtent du parfum de l'idéal. Sous quelque aspect que l'esprit méditatif observe la nature, il trouve une voie aboutissant à Dieu, force vivante, dont on croit sentir les palpitations sous toutes les formes de l'œuvre universelle, depuis le tressaillement de la sensitive jusqu'au chant cadencé de l'alouette matinale. Tout est nombre, rapport, harmonie, révélation d'une cause intelligente agissant universellement et éternellement. Dieu n'est donc pas, comme disait Luther, « un tableau vide sur lequel il n'y a d'autre inscription que celle que nous y mettons nous-mêmes. » Il est, au contraire, la force intelligente, universelle et invisible, qui construit sans cesse l'œuvre de la nature. C'est en sentant l'éternelle présence de ce Dieu que nous comprenons les paroles de Leibnitz : « Il y a de la métaphysique, de la géométrie, de la morale partout » ; et l'antique aphorisme de Platon que nous pouvons traduire : « Dieu est le géomètre éternellement agissant. »

C'est en dehors des troubles de la société humaine, dans le recueillement des solitudes profondes qu'il est permis à l'âme de contempler en face la gloire de l'invisible manifestée par le visible. C'est dans cette entrevue de la présence de Dieu sur la Terre que l'âme s'élève dans la notion du vrai (1). Le bruit lointain de l'océan, le paysage solitaire, le miroir silencieux des eaux, les forêts qui soupirent dans des sommeils anxieux, les orgueilleuses et vigilantes montagnes qui regardent tout d'en haut sont des manifestations sensibles de la force qui veille au fond des choses. Je me suis parfois abandonné à votre douce contemplation, ô vivantes splendeurs de la nature, et j'ai toujours senti qu'une ineffable poésie vous enveloppait de ses caresses. Lorsque mon âme se laissait séduire par la magie de votre beauté, elle entendait des accords inconnus s'échapper de votre concert. Ombres du soir qui flottez sur le versant des montagnes, parfums qui descendez des bois, fleurs penchées qui fermez vos lèvres, bruits sourds de l'océan dont la voix ne s'éteint pas, calme profond des nuits étoilées ! vous m'avez entretenu de Dieu avec une éloquence plus intime et plus irrésistible que les livres des hommes. En vous, mon âme a trouvé la tendresse d'une mère et la

---

(1) *Ascensio mentis in Deum per scalas rerum creatarum.* Bellarmin.

pureté candide de l'innocence, et lorsqu'elle s'est endormie sur votre sein, elle s'est réveillée dans la joie et dans le bonheur. Colorations splendides des crépuscules ! ravissements des dernières clartés ! recueillements des avenues solitaires ! vous gardez à ceux qui vous aiment de délicieux instants d'ivresse ! Le lis s'ouvre et boit avec extase la lumière descendue des cieux ! En ces heures de contemplation, l'âme devient une fleur qui aspire avec avidité le rayonnement céleste. L'atmosphère n'est plus seulement un mélange de gaz ; les plantes ne sont plus seulement des agrégations d'atomes de carbone ou d'hydrogène ; les parfums ne sont plus seulement des molécules insaisissables se répandant le soir pour préserver les fleurs du froid ; la brise embaumée n'est plus seulement un courant d'air ; les nuages ne sont plus seulement des amas de vapeur aqueuse ; la nature n'est plus seulement un laboratoire de chimie ou un cabinet de physique : on sent une loi souveraine d'harmonie, d'ordre, de beauté, qui gouverne la marche simultanée de toutes choses, qui entoure les plus petit êtres d'une vigilance instinctive, qui garde précieusement le trésor de la vie dans toute sa richesse, qui, pendant son rajeunissement éternel, déploie dans une immuable puissance la fécondité créée. Dans cette nature tout entière, il y a une sorte de beauté universelle, que l'on respire et que l'âme s'identifie, comme si cette beauté tout idéale appartenait uniquement au domaine de l'intelligence. Etoile avant-courrière de la nuit ! char du septentrion ! magnificences constellées ! perspectives mystérieuses de l'insondable abîme ! Quel est l'œil instruit de vos richesses qui pourrait vous regarder avec indifférence ? Combien de regards rêveurs se sont perdus parmi vos déserts, ô solitudes de l'espace ! Combien de pensées curieuses ont voyagé d'une île à l'autre de votre étincelant archipel ! et dans les heures de l'absence et des mélancoliques attitudes, combien de paupières humides se sont abaissées sur des yeux fixés vers une étoile préférée.

C'est que la nature a de douces paroles sur ses lèvres, des trésors d'amour dans ses regards, des sentiments d'exquise affection en son cœur ; c'est qu'elle ne consiste pas seulement dans une organisation corporelle, mais encore dans sa vie et dans son âme. Celui qui n'a jamais entrevu que son aspect matériel ne la connaît qu'à demi. La beauté intime des choses est aussi vraie et aussi positive que leur composition chimique. L'harmonie du monde n'est pas moins digne d'attention que son mouvement mécanique. La direction intelligente de l'univers doit être constatée au même titre que la formule mathématique des lois. S'obstiner à ne considérer la création qu'avec les yeux du corps et jamais avec les yeux de l'esprit, c'est s'arrêter volontairement à la surface. Nous savons bien que nos adversaires vont nous objecter que l'esprit n'a pas d'yeux, que c'est un aveugle-né, et que toute affirmation qui n'est pas donnée par l'œil corporel n'a aucune espèce de valeur. Mais c'est là une supposition arbitraire fort mal fondée elle-même. Nous avons vu que l'on ne peut de bonne foi révoquer en doute les vérités de l'ordre intellectuel et que c'est dans notre jugement même que s'établit la certitude de toute vérité. Nous franchirons donc sans troubles ces tristes objections. Pour nous, la nature est un être vivant et animé ; elle est plus encore : une amie; toujours présente, elle nous parle par ses couleurs, par ses formes, par ses sons, par ses mouvements ; elle a des sourires pour toutes nos joies, des soupirs pour toutes nos tristesses, des sympathies pour toutes nos aspirations. Fils de la Terre, notre organisme est en vibration avec tous les mouvements qui constituent la vie de la nature : il les comprend, les partage et en laisse dans notre être un retentissement profond lorsque l'artifice ne nous a pas atrophiés. Fille du principe de la création, notre âme retrouve l'infini dans la nature. Pour la science spiritualiste, il n'y a plus, en face l'un de l'autre, un mécanisme automate et un Dieu retiré dans son absolue immobilité. Dieu est la puissance et l'acte de la nature ; il vit en elle et elle en lui; l'esprit se fait pressentir à travers les formes changeantes de la matière. Oui, la nature a des harmonies pour l'âme. Oui, elle a des tableaux pour la pensée. Oui, elle a des biens pour les ambitions de l'esprit. Oui, elle a des tendresses pour les aspirations du cœur. Car elle ne nous est pas étrangère, elle n'est pas séparée de nous ; mais nous ne faisons qu'un avec elle.

Or, la force vivante de la nature, cette vie mentale qui réside en elle, cette organisation de la destinée des êtres, cette sagesse et cette toute-puissance dans l'entretien de la création, cette communication intime d'un esprit universel entre tous les êtres : qu'est-ce autre chose, sinon la révélation de l'existence de Dieu ? Qu'est-ce, sinon la manifestation de la pensée créatrice, éternelle et immense ? Qu'est-ce que la faculté élective des plantes, l'instinct inexplicable des animaux, le génie de l'homme ? Qu'est-ce que le gouvernement de la vie terrestre, sa direction autour du foyer de sa lumière et de sa chaleur, les révolutions célestes des soleils dans l'espace, le mouvement universel des mondes innombrables qui gravitent ensemble dans l'infini sinon la démonstration vivante et impérieuse de la volonté inaccessible qui tient le monde entier dans sa puissance et toutes nos obscurités dans sa lumière ? Qu'est-ce que l'aspect spirituel de la nature sinon le pâle rayonnement de la beauté éternelle ? splendeur inconnue que nos yeux dévoyés par les fausses clartés de la terre peuvent à peine entrevoir aux heures saintes et bénies où l'Être divin nous permet de sentir sa présence.

* *

Après avoir contemplé l'ordre de l'univers, nous arrivons par une évidence irrésistible à avouer que, de la part d'un être raisonnable, le comble de la déraison est de supposer que la raison n'existe pas. Il nous paraît tout à fait absurde de croire que l'esprit ait pu apparaître dans le cerveau humain et se manifester dans les lois de l'univers, s'il n'existe pas éternellement. Les théologiens ne sont pas toujours à dédaigner, et, ici, le prédicateur de Notre-Dame de Paris nous paraît appliquer son talent oratoire à la défense du vrai : « La force aveugle, dit le P. Félix, produisant l'universelle harmonie du cosmos complétée au dernier terme de ses développements par l'apparition de l'être pensant : mais, grand Dieu ! que faire de notre raison s'il faut désormais admettre un tel renversement d'idées et une telle perversion de langage ? Comment une force qui n'est pas intelligente, arrive-t-elle à donner ce qu'elle n'a pas et ce qu'elle ne peut avoir, l'intelligence? Comment ces forces aveugles et inintelligentes, en se poussant les unes les autres dans leur incompréhensible engrenage, arrivent-elles à produire la pensée au bout de leurs élaborations spontanées, comme la force végétale fait apparaître et épanouir la fleur au sommet de la tige? Quoi! c'est sérieusement que votre raison de philosophe se montre en face de cette hypothèse métaphysiquement risible : l'ordre existant dans l'univers, avant même qu'il y eût une pensée pour le concevoir, une intelligence pour le comprendre, un regard pour le contempler, une âme pour l'admirer? Quoi, cette nature aveugle, inconsciente, sans intelligence et sans liberté, sans regard et sans amour, c'est elle qui tisse de ses mains, dans un silence éternel, la trame divine de toute chose; elle qui fait l'harmonie sans le vouloir et même sans le savoir; jusqu'à ce qu'enfin à la surface et au sommet de ce cosmos, fils fatal de la force aveugle, l'esprit arrive pour écouter cette harmonie qu'il n'a pas faite, et prendre conscience de cet ordre qui ne vient pas de lui, puisqu'il est plus ancien que lui! »

Il y a tout au moins dans l'univers la raison qui existe dans l'esprit de ceux qui se sont élevés à la découverte des lois qui le régissent, et ces lois elles-mêmes existent véritablement, ou autrement tout l'édifice de la raison humaine chancelle sur sa base. Les procédés d'induction par lesquels nous nous élevons de l'analyse à la synthèse, doivent avoir en effet des objets réels d'application, sans quoi nous ne raisonnons plus que dans le vide. Généraliser une loi partiellement observée; simplement croire que le soleil se lèvera demain parce qu'il s'est levé hier, ou que le blé semé cet automne germera avant l'hiver et donnera des moissons à l'été qui va venir; traduire les faits naturels en formules mathématiques, c'est supposer que la nature est soumise à un ordre rationnel et que l'horloge marquera l'heure selon la construction de l'horloger. Le procédé même de l'induction scientifique est un syllogisme transporté du domaine de l'homme dans le domaine de la nature; il se réduit à ce type fondamental : un ordre rationnel régit le monde; or, la succession ou la généralisation de certains faits observés rentre dans l'ordre rationnel; donc, cette succession ou cette généralisation existe. Si l'homme se trompe parfois dans les applications de ce procédé, c'est lorsqu'il ne se borne pas aux applications immédiates ou lorsque sa base d'observation directe est insuffisante. Toutes les sciences et toutes les synthèses inductives de l'homme reposent sur la certitude que la nature est soumise à un ordre rationnel.

La merveilleuse organisation du monde ne vous force-t-elle donc pas à avouer l'existence de l'Être suprême? Et d'ailleurs, en vérité, nous nous sommes souvent demandé pourquoi l'on se refuse si obstinément à reconnaître cette existence. Quels sont donc les avantages de l'athéisme? En quoi peut-il être préférable au théisme? Qu'est-ce que l'humanité peut gagner à être désormais privée de la croyance en Dieu? Lequel est le meilleur, de l'homme qui croit et de celui qui ne croit pas? Est-ce donc un acte de si grande faiblesse que d'être logique avec sa conscience? Est-ce donc une faute si grave que d'avoir du sens commun? Peut-être les esprits forts qui escaladent le ciel sur une échelle de paradoxes, croient-ils monter bien haut ! mais ils se tromperaient fort, car leur ascension ressemble à celle de l'épreuve maçonnique antique, dans laquelle l'initié gravissait une échelle de cent cinquante marches qui descendait à mesure, de sorte qu'au sommet de son ascension, au moment de s'élancer dans le vide, il avait à peine quitté le sol. Non, messieurs, votre escalade n'est pas plus terrible que celle-là, seulement elle peut porter de mauvais fruits chez les hommes à vue étroite qui ne s'aperçoivent pas de votre erreur et vous prennent pour les phénix de la science. Si votre illusion était agréable, si vos doctrines étaient consolantes, si vos idées étaient capables d'exciter l'émulation de l'humanité pensante et de l'élever vers un idéal suprême, on vous pardonnerait peut-être ce médicament. Mais, où voyez-vous qu'une saine croyance en Dieu ait été funeste à l'esprit humain ? Où voyez-vous que la connaissance du vrai ait rendu les cerveaux malades ? En dépouillant l'humanité de son plus précieux trésor, en exilant la vie de l'univers, en chassant l'esprit de la nature, en n'admettant plus qu'une matière aveugle et des forces borgnes, vous privez la famille humaine de son père, vous privez le monde de son principe et de sa fin ; le génie et la vertu, reflets d'une splendeur plus éclatante, s'éclipsent avec le principe de la lumière, et le monde moral, comme le monde physique, ne sont plus qu'un immense chaos, digne de la nuit primitive d'Epicure.

Mais l'athéisme absolu ne peut être qu'une folie nominale, et l'esprit le plus négateur ne peut en réalité qu'attribuer à la matière ce qui appartient à l'esprit, et se créer un dieu-matière à son image. Ainsi, nous venons de le voir, depuis le panthéisme ondoyant et mystique jusqu'à l'athéisme le plus rigoureux, les erreurs humaines, sur la conception de la personnalité divine, n'ont pu que voiler ou dénaturer la révélation de l'univers, mais non l'anéantir. Notre Dieu de la nature reste inattaquable au sein de la nature même, force intime et universelle gouvernant chaque atome de matière, formant les organismes et les mondes, principe et fin des créations qui passent, lumière incréée, brillant dans le monde invisible et vers laquelle les âmes se dirigent en oscillant, comme l'aiguille aimantée qui ne trouve son repos que lorsqu'elle s'est identifiée avec le pôle magnétique.

En arrivant au terme de notre travail, arrêtons-nous un instant ensemble pour bien nous pénétrer des vérités acquises en notre discussion et garder la véritable impression que doit laisser en nous ce plaidoyer scientifique. Il y a aujourd'hui dans le monde deux grandes erreurs, aussi vives et aussi profondes qu'aux âges les plus ténébreux de l'histoire, qu'aux époques reculées où l'intelligence humaine n'était encore parvenue à aucune conception exacte de la nature. Ces deux erreurs (nous les avons parallèlement combattues) sont : d'un côté, l'athéisme, qui nie l'existence de l'esprit dans la création ; de l'autre, la superstition religieuse qui se crée un petit Dieu à sa ressemblance et fait de l'univers une lanterne magique à l'usage de l'homme. Comme ces deux erreurs, aussi funestes l'une que l'autre, quoique la première ait un air d'indifférence et que la seconde soit essentiellement orgueilleuse, cherchent maintenant à s'appuyer l'une et l'autre sur les principes solides de la science contemporaine, nous nous sommes imposé le devoir de montrer qu'elles ne peuvent revendiquer ces principes en leur faveur, qu'elles restent fatalement isolées de la science positive, et qu'elles chancellent sous le souffle des moindres discussions, comme d'enfantins échafaudages, tandis qu'au milieu demeure et se continue la ligne droite du spiritualisme scientifique.

Résumons notre argumentation. — Nous avons d'abord constaté, en établissant la position du problème, que l'étude essentielle consiste à distinguer la force et la matière, et à examiner si dans la nature c'est la matière qui est souveraine de la force ou si c'est la force qui régit la matière. Les affirmations des matérialistes nous ont paru dès le premier aspect purement arbitraires et de simples pétitions de principes faciles à démasquer.

CHAPITRE IV

> Pourquoi tant regretter l'âme qui se déplace
> Pour quitter les bas-fonds ?
> De ce monde qui fuit au-dessus de nos fronts
> La vie est la préface.
>
> La chaîne de l'amour a des mailles sans nombre,
> La mort vient les sortir,
> Et quand nous avons peur de ce grand mot : Mourir
> Nous avons peur d'une ombre.
>
> **Paul D.**

> Tout s'explique dans ce monde que nous voyons, par un autre monde que nous ne voyons pas.
>
> « Cte de Maistre »

> Voici ma réponse aux objections : si c'est une fraude, montrez comment s'exécute cette fraude.
>
> W. Crookes.

ÉVOLUTION ET FINALITÉ DE L'AME (1)

L'évolution matérielle, la destruction des organismes n'est que temporaire ; elle représente la phase primaire de l'épopée de la vie. Les réalités impérissables sont dans l'esprit. Lui seul survit à ces conflits. Toutes ces enveloppes éphémères ne sont que des vêtements venant s'adapter à sa forme fluidique permanente. Comme des costumes, il les revêt pour jouer les nombreux actes du drame de l'évolution sur la grande scène de l'Univers.

(1) Extrait du *Problème de l'être*, de L. Denis.

Emerger, degré à degré, de l'abîme de vie pour devenir esprit, génie supérieur, et cela par ses propres mérites et ses efforts ; conquérir son avenir, heure après heure ; se dégager un peu plus tous les jours de la gangue des passions ; s'affranchir des suggestions de l'égoïsme, de la paresse, du découragement ; se racheter peu à peu de ses faiblesses, de son ignorance, en aidant ses semblables à se racheter à leur tour, en entraînant tout le milieu humain vers un état plus élevé : voilà le rôle assigné à chaque âme. Et ce rôle, elle a, pour le remplir, toute la suite des existences innombrables qui lui sont dévolues sur l'échelle magnifique des mondes.

Tout ce qui vient de la matière est instable ; tout passe, tout fuit. Les montagnes s'affaissent peu à peu sous l'action des éléments ; les plus grandes cités se changent en ruines ; les astres s'allument, resplendissent, puis s'éteignent et meurent ; seule, l'âme impérissable plane dans l'éternelle durée.

Le cercle des choses terrestres nous enserre et limite nos perceptions ; mais quand la pensée se détache des formes changeantes et embrasse l'étendue des temps, elle voit le passé et le futur se rejoindre, frémir et vivre dans le présent. Le chant de gloire, l'hymne de la vie infinie remplit les espaces ; il monte du sein des ruines et des tombes ; sur les débris des civilisations mortes s'élancent des floraisons nouvelles. L'Union se fait entre les deux humanités, visible et invisible ; entre ceux qui peuplent la terre et ceux qui parcourent l'espace. Leurs voix s'appellent, se répondent, et ces bruits, ces murmures, encore vagues et confus pour beaucoup, deviennent pour nous le message, la parole vibrante, qui affirme la communion d'amour universel.

※

Tel est le caractère complexe de l'être humain — esprit, force et matière — en qui se résument tous les éléments constitutifs, toutes les puissances de l'Univers. Tout ce qui est en nous est dans l'Univers, et tout ce qui est dans l'Univers se retrouve en nous. Par son corps fluidique et son corps matériel, l'homme se trouve lié à l'immense réseau de la vie universelle ; par son âme, à tous les mondes invisibles et divins. Nous sommes faits d'ombre et de lumière. Nous sommes la chair avec toutes ses faiblesses et l'esprit avec ses richesses latentes, ses espérances radieuses, ses magnifiques envolées. Et ce qui est en nous se retrouve dans tous les êtres. Chaque âme humaine est une projection du grand foyer éternel. C'est là ce qui consacre et assure la fraternité des hommes. Nous avons en nous les instincts de la bête, plus ou moins comprimés par le long travail et les épreuves des existences passées, et nous avons aussi la chrysalide de l'ange, de l'être radieux et pur que nous pouvons devenir par l'entraînement moral, les aspirations du cœur et le sacrifice constant du moi. Nous touchons par les pieds aux profondeurs obscures de l'abîme et par le front aux altitudes éblouissantes du ciel, à l'empire glorieux des Esprits.

Quand nous prêtons l'oreille à ce qui se passe au fond de notre être, nous entendons comme le bruissement d'eaux cachées et tumultueuses, comme le flux et le reflux de cette mer houleuse de la personnalité que soulèvent les souffles de la colère, de l'égoïsme et de l'orgueil. Ce sont les voix de la matière, les appels des basses régions qui nous attirent et influencent encore nos actions. Mais ces influences, nous pouvons les dominer par la volonté ; ces voix, nous pouvons leur imposer silence, et, lorsque le calme s'est fait en nous, lorsque le murmure des passions s'est apaisé, alors s'élève la voix puissante de l'Esprit infini, le cantique de la vie éternelle, dont l'harmonie emplit l'immensité.

Et plus l'esprit s'élève, se purifie et s'éclaire, plus son organisme fluidique devient accessible aux vibrations, aux voix, aux souffles d'en haut. L'Esprit divin, qui anime l'Univers, agit sur toutes les âmes ; il cherche à les pénétrer, à les éclairer, à les féconder ; cependant la plupart restent obscures et fermées ; trop grossières encore, elles ne peuvent ressentir son influence ni entendre ses appels. Souvent, il les entoure, les enveloppe, cherche à atteindre les couches profondes de leurs consciences, à les éveiller à la vie spirituelle. Beaucoup résistent à cette action, car l'âme est libre. D'autres ne la ressentent qu'aux moments solennels de la vie, dans les grandes épreuves, aux heures désolées où elles éprouvent le besoin d'un secours d'en haut et l'appellent. Pour vivre de la vie supérieure à laquelle ces influences nous convient, il faut avoir connu la souffrance, pratiqué l'abnégation, avoir renoncé aux joies matérielles, allumé et entretenu en soi cette flamme, cette illumination intérieure qui ne s'éteint jamais et dont les reflets éclairent, dès ce monde, les perspectives de l'au-delà. Seules, de multiples et pénibles existences planétaires nous préparent à cette vie.

* *

Ainsi se dévoile le mystère de Psyché, l'âme humaine, fille du ciel, exilée dans la chair et qui remonte vers sa patrie d'origine à travers des milliers de morts et de renaissances.

La tâche est rude, les pentes à gravir, escarpées ; l'effrayante spirale à parcourir se déroule sans terme apparent ; mais nos forces sont sans limites, car nous pouvons les renouveler sans cesse par la volonté et la communion universelle.

Et puis, nous ne sommes pas seuls pour effectuer ce grand voyage. Non seulement nous rejoignons, tôt ou tard, les êtres aimés, les compagnons de nos vies passées, ceux qui partagèrent nos joies et nos peines ; mais d'autres grands Etres qui furent, eux aussi, des hommes et qui sont maintenant des Esprits célestes, se tiennent à nos côtés aux passages difficiles. Ceux qui nous ont dépassés dans la voie sacrée ne se désintéressent pas de notre sort, et quand la tourmente sévit sur notre route, leurs mains secourables soutiennent notre marche.

Lentement, douloureusement, nous mûrissons pour des tâches de plus en plus hautes ; nous participons plus complètement à l'exécution d'un plan dont la majesté remplit d'une admiration émue celui qui entrevoit les lignes imposantes. A mesure que notre ascension s'accentue, de plus grandes révélations nous sont faites, de nouvelles formes d'activité, de nouveaux sens psychiques naissent en nous, des choses plus sublimes nous apparaissent. L'univers fluidique s'ouvre toujours plus vaste à notre essor ; il devient une source intarissable de joies spirituelles.

Puis vient l'heure où, après ses pérégrinations à travers les mondes, l'âme, des régions de la vie supérieure, contemple l'ensemble de ses existences, le long cortège des souffrances subies. Elle le comprend enfin : ces souffrances sont le prix de son bonheur, ces épreuves n'ont enfanté que son bien. Et alors, son rôle change. De protégée, elle devient protectrice. Elle enveloppe de son influence ceux qui luttent encore sur les terres de l'espace ; elle leur souffle les conseils de sa propre expérience ; elle les soutient dans la voie ardue, dans les rudes sentiers par elle-même parcourus.

L'âme parviendra-t-elle jamais au terme de son voyage ? En avançant dans la voie tracée, elle voit toujours s'ouvrir de nouveaux champs d'études et de découvertes. Semblables au courant d'un fleuve, les ondes de la science suprême descendent vers elle en un flot toujours plus puissant. Elle arrive à pénétrer la sainte harmonie des choses, à comprendre qu'aucune discordance, aucune contradiction n'existe dans l'univers, que partout règnent l'ordre, la sagesse, la prévoyance. Et sa confiance, son enthousiasme augmentent encore ; avec un plus grand amour de la Puissance suprême, elle goûte d'une manière plus intense les félicités de la vie bienheureuse.

Dès lors, elle est étroitement associée à l'œuvre divine ; elle est mûre pour remplir les missions dévolues aux âmes supérieures, à cette hiérarchie d'esprits qui, à des titres divers, gouvernent et animent le Cosmos. Car ces âmes sont les agents de Dieu dans l'œuvre éternelle de la Création. Elles sont les livres merveilleux sur lesquels il a écrit ses plus beaux mystères. Elles sont comme les courants qui vont porter aux terres de l'espace les forces et les radiations de l'Ame infinie.

Dieu connaît toutes les âmes, qu'il a formées de sa pensée et de son amour. Il sait quel grand parti il en tirera plus tard pour la réalisation de ses vues. D'abord, il les laisse parcourir lentement la voie sinueuse, gravir les sombres défilés des vies terrestres, accumuler peu à peu en elles ces trésors de patience, de vertu, de savoir qu'on acquiert à l'école de la souffrance. Puis, un jour, attendries sous les pluies et les rafales de l'adversité, mûries par les rayons du soleil divin, elles sortent de l'ombre des temps, de l'obscurité des vies innombrables, et voilà que leurs facultés s'épanouissent en gerbes éblouissantes ; leur intelligence se révèle en des œuvres qui sont comme un reflet du génie divin.

LA MORT

La mort n'est qu'un changement d'état, la destruction d'une forme fragile qui ne fournit plus à la vie les conditions nécessaires à son fonctionnement et à son évolution. Au delà de la tombe, une autre phase de l'existence s'ouvre. L'esprit, sous sa forme fluidique, impondérable, s'y prépare à des réincarnations nouvelles ; il trouve dans son état mental les fruits de l'existence qui vient de finir.

Partout est la vie. La nature entière nous montre, dans son cadre merveilleux, le perpétuel renouvellement de toutes choses. Nulle part la mort, telle qu'on la considère généralement autour de nous ; nulle part l'anéantissement. Aucun être ne peut périr dans son principe de vie, dans son unité consciente. L'univers est débordant de vie physique et psychique. Partout, l'immense fourmillement des êtres, l'élaboration d'âmes qui n'échappent aux lentes et obscures préparations de la matière qu'afin de poursuivre, dans les étapes de la lumière, leur magnifique ascension.

La vie de l'homme est comme le soleil des régions polaires pendant l'été. Il descend lentement, il baisse, s'affaiblit, semble disparaître un instant sous l'horizon. En apparence, c'est la fin ; mais aussitôt, il se relève, pour décrire de nouveau son orbe immense dans le ciel.

La mort n'est donc qu'une éclipse d'un instant dans cette grande révolution de nos existences. Mais cet instant suffit pour nous révéler le sens grave et profond de la vie. La mort, elle aussi, peut avoir sa noblesse, sa grandeur. Il ne faut pas la craindre, mais plutôt s'efforcer de l'embellir, en s'y préparant sans cesse par la recherche et la conquête de la beauté morale, la beauté de l'esprit qui moule le corps et l'orne d'un reflet auguste, à l'heure des suprêmes séparations. La façon dont nous savons mourir est déjà, par elle-même, une indication de ce que sera, pour chacun de nous, la vie de l'espace.

Il y a comme une lumière froide et pure, autour de l'oreiller de certains lits de mort. Des visages, jusque-là insignifiants, semblent s'auréoler des clartés de l'Au-delà. Un silence imposant se fait autour de ceux qui ont quitté la terre. Les vivants, témoins de la mort, sentent de grandes et austères pensées se dégager du fonds banal de leurs impressions habituelles et donner un peu de beauté à leur vie intérieure. La haine, les mauvaises passions, ne résistent pas à ce spectacle. Devant le corps d'un ennemi, toute animosité s'apaise, tout désir de vengeance s'évanouit. Près d'un cercueil, le pardon semble plus facile, le devoir plus impérieux.

Toute mort est un enfantement, une renaissance. C'est la manifestation d'une vie jusque-là cachée en nous, vie invisible de la terre qui va se réunir à la vie invisible de l'espace. Après un temps de trouble, nous nous retrouvons, de l'autre côté du tombeau, dans la plénitude de nos facultés et de notre conscience, près des êtres aimés qui partagèrent les heures tristes ou joyeuses de notre existence terrestre. La tombe ne renferme qu'une vaine poussière. Elevons plus haut nos pensées et nos souvenirs, si nous voulons retrouver la trace des âmes qui nous furent chères.

Ne demandez pas aux pierres du sépulcre le secret de la vie. Sachez-le, les ossements et les cendres qui reposent là ne sont rien. Les âmes qui les ont animés ont quitté ces lieux. Elles revivent sous des formes plus subtiles, plus affinées. Du sein de l'invisible, où vos prières les atteignent et les émeuvent, elles vous suivent du regard ; elles vous répondent et vous sourient. La révélation spirite vous apprendra à communiquer avec elles, à unir vos sentiments dans un même amour, dans une ineffable espérance.

Ils sont souvent à vos côtés les êtres pleurés que vous allez chercher au cimetière. Ils reviennent et veillent sur vous, ceux qui ont été la force de votre jeunesse, qui vous ont bercés dans leurs bras, les amis, compagnons de vos joies et de vos douleurs ; et toutes les formes, tous les doux fantômes des êtres rencontrés sur votre route, qui ont été mêlés à votre existence et ont emporté avec eux un peu de vous-même, de votre âme et de votre cœur. Autour de vous flotte la foule des hommes disparus dans la mort, foule confuse qui revit, vous appelle et vous montre le chemin à parcourir.

O mort ! ô majesté sereine ! toi dont on fait un épouvantail, tu n'es pour le penseur qu'un instant de repos, la transition entre deux actes de la destinée, dont l'un s'achève, et l'autre se prépare ! Quand ma pauvre âme, errante depuis tant de siècles de par les mondes, après bien des luttes, des vicissitudes et des déceptions, après bien des illusions éteintes et des espérances ajournées, ira se reposer de nouveau dans ton sein, c'est avec joie qu'elle saluera l'aube de la vie fluidique. C'est avec ivresse qu'elle s'élèvera du milieu des poussières terrestres, à travers les espaces insondables, vers ceux qu'elle a chéris ici-bas et qui l'attendent.

Pour la plupart des hommes, la mort reste le grand mystère, le sombre problème qu'on n'ose regarder en face. Pour nous, elle est l'heure bénie où le corps fatigué retourne à la grande nature pour laisser à Psyché, sa prisonnière, un libre passage vers la patrie éternelle.

Cette patrie, c'est l'immensité radieuse, parsemée de soleils et de sphères. Près d'eux, combien notre pauvre Terre paraîtrait chétive ! L'infini l'enveloppe de toutes parts. Il n'y a pas plus de fin dans l'étendue qu'il n'y en a dans la durée, qu'il s'agisse de l'âme ou de l'univers.

De même que chacune de nos existences a son terme et doit s'évanouir pour faire place à une autre vie, de même chacun des mondes semés dans l'univers doit mourir pour faire place à d'autres mondes plus parfaits.

Un jour viendra où la vie humaine s'éteindra sur le globe refroidi. La Terre, vaste nécropole, roulera, morne, dans l'étendue silencieuse. Des ruines imposantes s'élèveront là où furent Rome. Paris, Constantinople, cadavres de capitales, derniers vestiges de races éteintes, gigantesques livres de pierre que nul œil de chair ne lira plus. Mais l'humanité n'aura disparu de la terre qu'afin de poursuivre, sur des sphères mieux douées, d'autres étapes de son ascension. La vague du progrès aura poussé toutes les âmes terrestres vers des planètes mieux aménagées pour la vie. Il est probable que des civilisations prodigieuses fleuriront alors sur Saturne et sur Jupiter ; des humanités renaissantes s'y épanouiront dans une gloire incomparable. Là est la place future des humains, leur nouveau champ d'action, les lieux bénis où il leur sera donné d'aimer encore et de travailler à leur perfectionnement.

Au milieu de leurs travaux, le triste souvenir de la terre viendra peut-être hanter encore ces esprits ; mais, des hauteurs atteintes, la mémoire des douleurs subies, des épreuves endurées, ne sera plus qu'un stimulant pour s'élever plus haut.

En vain l'évocation du passé fera-t-elle surgir à leurs yeux les spectres de chair, les tristes dépouilles couchées dans les sépultures terrestres, la voix de la sagesse leur dira :

Qu'importent les ombres évanouies ! Rien ne périt. Tout être se transforme, s'éclaire, monte les degrés qui conduisent de sphère en sphère, de soleil en soleil, jusqu'à Dieu, Esprit impérissable, souviens-toi de ceci :

Il n'y a pas de mort !

TABLE DES MATIÈRES

	Pages
NOTE DE L'ÉDITION...........................	2
RÉMINISCENCES...............................	3
PRÉFACE : **Qu'est-ce que le spiritisme ?** — L. DENIS.	5
INTRODUCTION. — J. SOLAM.....................	19

PREMIÈRE PARTIE

CHAPITRE I. — **Historique**...................... 21
    Prélude, notions sur la personnalité de l'âme et sa forme.

CHAPITRE II. — **Etude de l'âme. — Antiquité**...... 28
    Le spiritisme est aussi vieux que le monde. Preuves tirées des Védas. — L'initiation antique. — Phénomènes d'évocations chez les Egyptiens, les Hébreux. — En Grèce, les pythonisses. — Les tables tournantes chez les Romains. — Les sorciers du moyen âge. — Perpétuité de la tradition à travers les âges.

CHAPITRE III. — **L'étude dans les temps modernes**.. 36
    La famille Fox. — Les persécutions à Rochester. — Contrôle par voie de Commissions des premières expériences publiques. — Les savants étudient. — La Société des recherches psychiques d'Angleterre.

DEUXIÈME PARTIE

CHAPITRE I. — **Les manifestations de l'âme**........ 49
    Les résultats de la Société anglaise. — Les photographies du double de l'être humain ou corps fluidique de l'âme. — Photographies d'esprits inconnus des assistants identifiés plus tard avec une personne ayant vécu sur la terre. — Esprits vus par des médiums et photographiés en même temps. — Empreintes et moulages de formes matérialisées. — Histoire de Katie King. — Les expériences de Crookes. — Contrôle électrique. — Le cas de Mme Livermore. — Résumé. — Conclusion.

TABLE DES MATIÈRES

Pages

Chapitre II. — Le monde spirituel et les fluides.... 119

Les forces. — Théorie mécanique de la chaleur. — Conservation de l'énergie. — Le monde spirituel. — Ce que disent les savants. — Fragments de discours de M. P. Sabatier, doyen de la Faculté des Sciences de Toulouse.

Chapitre III. — Les médiums, le périsprit........ 132

Description et fonctionnement du périsprit. — Les médiums. — Classification des médiums. — Médiums à effets physiques, typtologues, à apports, à matérialisation, à dédoublement, écrivains automatiques, intuitifs, pneumatographes, inspirés, voyants, auditifs, parlants, sensitifs, somnambules, guérisseurs, possessifs.

Chapitre IV. — L'obsession et les médiums....... 154

Médiums débutants. — Conséquences de l'obsession. — Les effets de la pensée. — La folie. — L'hystérie. — Les préjugés sur la continence. — La neurasthénie. — Conclusion.

Chapitre V. — Charlatanisme et vénalité.......... 169

Fraudes. — Le désintéressement est la meilleure garantie contre les fraudes.

TROISIÈME PARTIE

Chapitre I. — Les vies successives et la réincarnation 173

L'oubli des existences. — Les enfants prodiges et l'hérédité. La réincarnation. — Les preuves positives. — Objections et critiques.

Chapitre II. — La photographie transcendantale... 209

Le Comité d'étude de photographie transcendantale. — Sir Alfred Russel Walace. — Les travaux du Docteur Ochorowicz. — Le double de Sigurd Trier. — Wiliam Stead et le fantôme de Piet Botha. — La crèche spirite de Lyon.

Chapitre III. — Dieu dans la nature (1)............ 241

La force et la matière. — La vie. — L'esprit et la matière. — Identité de l'âme. — L'esprit maître de la matière. — Le matérialisme et la morale. — Dieu force vivante et personnelle.

Chapitre IV. — Evolution et finalité de l'âme. — La mort... 308

(1) Extrait du savant ouvrage *Dieu dans la nature*, de Camille Flammarion.

Librairie des SCIENCES PSYCHIQUES

42, Rue Saint-Jacques, Paris

OUVRAGES A CONSULTER

Léon DENIS

Après la mort, 1 volume, 436 pages, 25e mille	2.50
Christianisme et spiritisme, 1 volume, 448 pages, 7e mille	2.50
Dans l'invisible, 1 volume, 466 pages, 6e mille	2.50
Le problème de l'être et de la destinée, 1 vol., 540 p., 6e mille	2.50
Jeanne d'Arc médium, 1 volume, 450 pages, 6e mille	2.50
Pourquoi la vie ?, brochure, 48 pages, 95e mille	0.10
La grande énigme, ouvrage remarquable, 1 vol., 350 pages	1.50

Gabriel DELANNE

Revue scientifique et morale du spiritisme, 65 pages, mensuel	1 »
Le Spiritisme devant la Science, 1 volume, 4e édition	3.50
Le Phénomène spirite, 1 volume, 5e édition	2 »
L'Evolution animique, 1 volume, 3e édition	3.50
L'Ame est immortelle, 1 volume, 3e édition	3.50
Recherches sur la médiumnité, 1 volume, 3e édition	3.50
Les Apparitions matérialisées des vivants et des morts, tome I	6 »
— — — tome II	10 »

Librairie FLAMMARION & VAILLANT

Camille FLAMMARION

La pluralité des mondes habités, 1 volume, 37e édition	3.50
Les mondes imaginaires et les mondes réels, 1 vol., 23e édition	3.50
La fin du monde, 1 volume, 16e mille	3.50
Lumen, récits de l'infini, 1 volume, 14e édition	3.50
— illustration de Lucien Rudaux, 1 volume luxe	5 »
— édition populaire, 1 volume, 57e mille	0.60
DIEU DANS LA NATURE, ouvrage remarquable, 1 vol., 28e édit.	3.50
Les derniers jours d'un philosophe, de Sir H. Davy	3.50
Uranie, roman sidéral, 1 volume, 24e mille	3.50
Stella, roman sidéral, 1 volume, 10e mille	3.50
L'inconnu et les problèmes psychiques, 1 volume, 15e mille	3.50
Les forces naturelles inconnues, 1 volume	3.50

TOUS DROITS RÉSERVÉS

www.ingramcontent.com/pod-product-compliance
Lightning Source LLC
Chambersburg PA
CBHW060509170426
43199CB00011B/1389